YUANZHONG MANBU

园中漫步

何光漫教育教学论文集

何光漫◆著

陕西新华出版传媒集团
陕西科学技术出版社
Shaanxi Science and Technology Press
西 安

图书在版编目（CIP）数据

园中漫步：何光漫教育教学论文集 / 何光漫著．—
西安：陕西科学技术出版社，2020.6
ISBN 978-7-5369-7800-3

Ⅰ．①园… Ⅱ．①何… Ⅲ．①中学教育—文集 Ⅳ．
①G63-53

中国版本图书馆 CIP 数据核字（2020）第 079777 号

YUANZHONG MANBU——HEGUANGMAN
JIAOYU JIAOXUE LUNWENJI
园中漫步——何光漫教育教学论文集
何光漫 著

责任编辑 高 曼 孙雨来
封面设计 人文在线

出 版 者 陕西新华出版传媒集团 陕西科学技术出版社
西安市曲江新区登高路 1388 号陕西新华出版传媒产业大厦 B 座
电话（029）81205187 传真（029）81205155 邮编 710061
http：//www. snstp. com
发 行 者 陕西新华出版传媒集团 陕西科学技术出版社
电话（029）81205180 81206809
印　　刷 凯德印刷（天津）有限公司
规　　格 710 mm×1000 mm 16 开
印　　张 16. 25
字　　数 309 千字
版　　次 2020 年 6 月第 1 版
2020 年 6 月第 1 次印刷
书　　号 ISBN 978-7-5369-7800-3
定　　价 65. 00 元

序言：花木成畦手自栽

和大多数我的同事、同行一样，自走上三尺讲台以来，我就一直耕耘在教学一线。其间，虽曾辗转三地四校，甚至有一小段时间暂离讲台，但很快便又重返校园，一路走来，转瞬之间就20年了。

2000年从学校毕业初踏讲台，就受命担任川东北一所县中的高中班主任，并兼两个班的语文教学，任务非常重。当时学校背着沉重的“高考压力”，每月只放月末的一天假（老师实际上只放大半天），学校也不重视科研工作，所有老师都铆着一股打教学“翻身仗”的劲儿，只“张”无“弛”地把所有的精力和闲暇都无私地奉献给了学校和学生。

两年后的秋季，我受聘于当时在南充比较有影响力的一所私立学校，担任班主任就只上一个班的语文课，每周可以休息一天，教学任务虽然有所减少，但那时候学校初创不久，仍处于打基础、创品牌、强声誉的阶段，教学和管理的要求更细、更高，同样几乎没有时间进行经验总结和教学反思，即使偶尔开展个人教研工作，实际上也仅仅是局限于完成“官方任务”而已，而且为数不多的一些文稿也在后来的辗转中散佚了。

12年前，我有幸加入了成都市树德实验中学。学校教学管理非常科学规范，学校领导也非常重视教学科研工作。在这种良好的教学、教研环境和氛围影响下，我开始重拾笔墨，忙里偷闲地写一点自己有所感悟的文字，将自己近20年在教育教学和班级管理实践中行之有效的做法总结为教学案例，将一些通过检验后自身感觉有一定价值的案例归纳为自己的教学经验，将一系列经验提炼为

“我的”论文。总体而言，就是乘兴动笔、兴尽则收，既未考虑方向和体系，也未深究章法和细节。这种自我的耕耘是有动力但没有压力的，有感则发，写完之后就搁置一边。

教研是一项需要结合实际、与时俱进的工作，研究成果自然不同于厨师的一锅卤水越陈越香。回头检视自己写过的这些文字，有的受写作当时个人经历的束缚，或有经验不足思考不深的问题；有的受个人能力的限制，或有蓬麻杂生良莠并存的现象；有的受当时教学管理要求的影响，或有视野狭隘水平不高的局限。但文不嫌旧，学不厌新，不管是案例还是论文，也不管质量是高还是低，所有的文字都是自己园中秉耒耕耘的记录，所有的文章都是自己精心培育的花果，因而倍加爱护和珍惜。

用心种树，静待花开。渐渐地看到园中越来越多的花红果绿，竟有了一丝“茅檐长扫静无苔，花木成畦手自栽”的窃喜，因而择要采收梳理，揉捏整饬，成形为这个集语文教学、素质教育、心理教育、师德修养和班级管理于一体的杂集。我也没管其味酸甜，今即手奉于前，就是想表达一种急于与您分享这份园中采撷的喜悦心情！

是为序。

何光漫

2019年2月于成都市树德实验中学

目录 MULU

语文教学

素质教育

心理教育

师德修养

班级管理

015—2016学年度下期
聚集时光

语文教学

YU Wen Jiao Xue

成都市树德实验中学
2018
我们Together

中学语文阅读教学中的学生感悟能力培养方法探索[①]

【摘 要】中学生处于阅读习惯养成的关键阶段，要提高其语文学习的主动意识，最首要、最关键的切入点就是兴趣培养。本文针对中学生阅读感悟中存在的问题，就培养和提高学生的感悟能力、全面提高学生语文素养进行研究并提出了可行方法。

【关键词】中学生；语文阅读；感悟能力；培养方法

《新课程标准》指出："语文教学必须要珍视学生的独特感受、体验和理解，充分激发学生的主动意识和进取精神。"中学生处于阅读习惯养成的关键阶段，要提高其语文学习的主动意识，最首要、最关键的就是兴趣的培养。阅读教学作为语文教学重要的组成部分，其核心是培养和提高学生的感悟能力，使其在"有兴趣"进行学习活动的基础上，能够全面提高自身的语文素养，并由此及彼、触类旁通，进而在学习、生活中逐步养成喜欢思考问题、善于发现问题和善于解决问题的习惯。

1 感悟能力在阅读教学中的作用

较强的感悟能力对学生学习兴趣的建立、学习能力的提升乃至其成长、发展都具有非常积极的促进作用。就阅读本身而言，强化感悟能力培养主要有以下几个方面的作用。

---

① 本文曾获四川省第九届教师优秀论文一等奖，原载于《四川教育》2009 增刊。

1.1 较强的感悟能力能够促进提高学生阅读和学习的兴趣

哲学家康德说过："兴趣是任何思想情感都具有的能力，兴趣滋养着促进施展思想情感能力的条件。" 阅读教学中最关键的问题就是要让学生对语言文字 "有兴趣" "有感觉"，提升感悟能力是培养学生学习兴趣的前提。提高学生的语文感悟能力，可以使他们在轻松愉悦的阅读感受中领会文章的要义，获得审美的体验，进而促进养成能动、自主的学习动力和习惯，建立起主动阅读、自主学习的兴趣。

1.2 较强的感悟能力能够激发学生的学习情感

中学生的心理处于尚未成形阶段，其可塑性非常强。要培养学生的自主能力，进行阅读习惯的培养非常重要。但对中学生感情的引导和熏陶不能只靠教师的 "直言相告"，而是要通过情境创设、气氛烘托、角色换位等手段，增强教学的直观性和形象性，才能有效地引导学生建立自我感悟的习惯。有了较强的感悟能力，他们就能在阅读时步入文中及语言文字所外化的场景中，潜心与作者、教师和文中意境等产生心理共鸣和情感激荡，在学习中达到 "入妄" 的理想境界。

1.3 较强的感悟能力能够培养学生独立思考的能力

较强的感悟能力能够帮助学生在阅读中逐步体会主动观察、分析、理解和感悟文章、文字的奥妙，进而发现事物的内部联系和知识的一般规律，逐步形成独立思考、独立学习的习惯和能力。

1.4 较强的感悟能力能够帮助学生强化积累知识

在阅读教学中，较强的感悟能力能够使学生处于具体形象的情境和充满情趣的意境中，把文字和语言符号的描绘聚像成具体的情境和形象，便于学生会学、活学、巧记和勤用，顺利实现知识的内化和积淀。

2 培养学生语文感悟能力应当关注的重要因素

影响学生语文感悟能力的因素因 "人" 而异，这里的人，不仅指学生自己，还包括可能影响其感悟能力养成的朋友、同学、家长、长辈、老师等。除了 "人" 外，学生受影响的还有个人经历、阅读物特性等其他复杂因素。因此，培养和提高学生语文感悟能力必须高度关注和重视这些因素。

2.1 必须重视学生的个体差异问题

每个学生都是一个独立个体，他们对未知世界都充满着好奇与渴望，希望得到师长的指点。同时，他们各有自己独特的观察能力、思想方式和审视事物的经验。同样，在阅读中他们也有各自擅长的方式：有的学生的感悟能力较强，教师只要引导他们的阅读视野扩展到一定的程度，他们便可以联系自身情况，促进自我感悟能力的提升；有的学生的感悟能力相对要弱一点，需要教师为他们做有效的辅导和铺垫，他们才能将语言材料进行内化，才能转换为自己的阅读体验。

2.2 必须重视阅读材料的客观性问题

学生在语文阅读中不仅需要获得对语言材料的初步感受，更主要的是要将这种感受进行内化，并形成自己的见解。没有让学生形成自身见解的阅读教学是不成功的，但忽视语言材料而获得的见解又是脱离实际的空乏的理解。只有在语言材料的基础上形成有自己独特的见解才是真实而又科学的体悟。因此，在语文感悟能力培养过程中，教师的语言材料准备和选择至关重要，这是阅读课堂教学的基础，也是学生语言活动的基础。在教学中，阅读材料的选择和把握要以能够让学生易于从材料中发现问题、提出问题，能够将自己的发现和探究结果用科学的方式表达出来为原则。所以教学引导的时机、情境的选择，导向的正确性、有效性都是阅读教学中不容忽视的问题。

2.3 必须关注学生前期学习的经历、经验问题

新课程改革强调教师必须改变教学方式，要多对学生进行研究。这实际上包括对学生前期（如小学阶段）学习经历和学习经验的研究。要充分把握和了解学生的表现、观点和思维模式，对他们的语文感悟能力和现状有一个准确的判断，才能“积跬步以至千里，积细流以成江河”，逐步引导学生丰富知识、积累经验，形成良好的阅读兴趣和较强的感悟能力。

3 培养和提高学生感悟能力的基本方法

语文阅读的感悟需要学生更多的自发行动。阅读中的问题处理需要的是教师的引导但不是直接告诉答案，需要传授经验但不是直接灌输知识，需要教给学习方法但不是直接的行为拷贝。在课堂教学中，教师可以通过各种手段和方法提升学生的理解和认知能力，从而促进其理解能力和感悟能力的提升。

3.1 加强阅读引导

阅读教学就是要引导学生广泛阅读，这是提升学生语文感悟能力的前提。阅读感悟是学生在语言刺激和知识碰撞后产生的，是建立在学生对语言现象非常熟悉的基础上的一种直觉，强化这种直觉感受最有效的途径就是大量的阅读训练。中学生的世界观、人生观和认识事物规律的能力处于成长阶段，更是需要在教师的引导下才能实现对文本的正确感悟。所以，阅读教学就要以直观的阅读为基础，以适度的引导为手段，以有所感悟为目的，指导学生在广泛的阅读中感悟情感、感悟场景和感悟含义。

以阅读引导促进学生感悟能力的提升，一是可以通过默读感悟语言的深刻内

涵。在引导学生对课文初步感知，有了一定的感悟或见解之后，可以让学生带着自己发现的问题或教师设计的问题，仔细默读，静心思考，在默读中了解蕴藏在语言外表下的深层含义。二是可以通过轻读想象领悟语言意境。学生阅读课文特别是读一些意象优美的散文篇章时，可以引导他们轻读，并启发他们在轻读中通过联想、想象等形象思维构筑意象，把文字符号化作情境、画面，在心理角色转换中实现对语言意境的感受。三是可以通过朗读体验语言情感。朗读适用于一些语言节奏铿锵、韵律明快的课文，如诗词、散文等。可通过朗读调动眼、耳、口、心，用语气、语速和语调等形式再现语言形象，传达文字情感，从而进一步挖掘语言的场景、形象、层次、韵律和情感，直观地感受文字的优美，直观地领略语言的韵味，形成语言的感悟能力，加深对形象、感情的领悟。阅读本身是一个琢磨和体验过程。新编中学课本中有不少精美的、真正适合学生阅读的课文。可以说，再多的分析材料和再精彩的讲解都不能代替学生自主阅读所能体会到的感受。阅读教学也要贯彻“解放思想、转变观念”的要求，减少繁复无效的宣讲灌输，淡化机械无趣的知识传授，倡导引入大量的阅读以触发学生对语言文字的自主感悟。

3.2　创设体验情境

任何文章都是作者的生活体验和情感外现，因而必然包含作者的情感寄托。而学生在阅读中要获得真切的感受，就必须调动自己的成长经验，把语言文字的描述同自己的情感联系起来，充分调动已有的积极的生活经验，体会语言文字意蕴和文章描述事物与自己生活经验的联系，把自己对生活和学习的体验、情境叠加进阅读过程，扩展思维空间，感悟人生真谛，进而认识生命的意义和个体的社会价值。比如《童趣》一文中“我”鞭打驱赶癞蛤蟆的场景、《背影》中父亲翻过站台给“我”买橘子的场景描述等，文章的描写场景如在眼前，教师可以很方便地引导学生比较自己的童年经历，创设生动有趣的教学情境，引导学生在情境体验中获得知识的化解、情感的熏陶、阅读兴趣的提升和感悟能力的培养。

3.3　运用比较方法

比较方法是辨别和认识事物的重要方法之一，语文阅读也不例外。在阅读教学中，教师可以运用比较方法，让学生在关联、近似的知识点比较中准确地理解和掌握知识，并逐步学会用比较方法去独立品味、揣摩文章要义，领悟语言文字的表达方法和技巧，有效地培养学生敏锐、准确的感悟能力。比如《风筝》中的“送他风筝，赞成他放，劝他放，和他一起放”。通过阅读比较，学生就会体会到“赞成”“劝”“一起放”这三句描述，每一句所展示的心理距离都在逐步拉近，实际上包含了双方的关系，抑或感情的递进，非常形象地写出了“我”的心理动态变化的过程。同时，通过比较分析，学生也就能够充分感受到作者遣词用语的独到、精妙之处。

学生有了语言感悟就会自然而然地增加生活感悟，所以比较方法的运用不仅是培养学生敏锐的感悟能力，更是培养他们对生活、对社会、对自我的感悟，让他们能够更敏锐地观察社会、理解人生，进而逐步积累起丰富的改造社会、创造美好未来的知识和技能。

3.4　大胆扩展想象

语文教学需要大力拓展学生的形象思维能力。形象思维是学生语文学习能力重要的组成元素。在语文阅读教学中，教师可以围绕中心，抓住重点进行形象、背景、意境的假设和拓展延伸，创设情境，引发学生借助联想和想象大胆进行发散思维，大胆地通过想象感受文学的意境，把文章内容转化为可感知的影像，加深理解，触发感悟。对那些本身就非常形象的描述，更是可以创造出更加生动活泼的画面，从而促使他们更好、更深入地体会到文章的趣味性和语言文字的精妙之处。

所有课内和课外的阅读文章，教师都可以精心设置一些发散性的问题，引导学生大胆进行推测和想象，尽量引申拓展和发散思考，以便学生更加快速有效地在广博的知识宝库和有限的阅读内容里获得更多的感悟和更有用的知识。比如《皇帝的新装》一文，在阅读中可以这样扩展联想：骗子是为了骗人，所以自然要说衣服是真的，但是皇帝为什么这么蠢呢，难道作为正常人他真不知道这件“新衣”是假的吗？大臣们为了保住自己的乌纱帽溜须拍马情有可原，但所有百姓为什么也异口同声地赞美皇帝的“新装”呢？小孩说出了真相之后，皇帝、大臣、市民和骗子等人会有怎样的表现等。通过类似的扩展和联想，学生就可以在发散思维中获得更加深刻的阅读体验和感受。

语文感悟能力的培养不仅是针对语文或语文教学本身，更重要的是要通过语文感悟来扩展和提升学生对其他学科知识和日常事务的感悟能力，是要借助语文阅读感悟能力的培养帮助他们开拓生活视野，形成正确的世界观、人生观、价值观。因此，帮助学生建立感悟自然、感悟社会的知识体系，真正促进学生成长、成才才是感悟能力培养的终极目标。

探究式教学和“三三课堂”促进学生自主学习能力提升①

——中学“三三课堂”教学改革的有益尝试

【摘　要】探究式教学由来已久且广泛应用，而“三三课堂”是近年来提出且“流行”起来的一种课堂教学模式。本文就“三三课堂”模式和探究式教学的结合进行研究，提出了“三三课堂”模式下实施探究式教学的方式，以及需要注意的环节和问题。

【关键词】探究式教学；“三三课堂”；课程改革；模式；效果

在大力深化和推进素质教育理念指导下，“推进素质教育、改变课堂结构、加强学法指导和还课堂给学生”是目前急需深入的课堂教学改革探索。按照这个指导思想，笔者在持续的语文课堂教学实践和探索中，将“探究式教学”融入“三三课堂”中，教师以课堂教学组织者、参与者和引导者的角色，引导学生做课堂学习的主人，着力培养学生的自主学习意识，着力深化素质教育，有效保证了课堂效果，促进了学生知识掌握的程度和自主学习能力、水平的提升，在课堂改革方面做了大量有益的探索，也积累了提升学生自主学习能力和综合素质的成功经验。

1　探究式教学在“三三课堂”模式中的重要作用

“三三课堂”模式的核心和本质，是深化素质教育的一种创新和探索，教师作为学生自主学习的组织者、参与者和引导者，其核心作用是引导学生建立学

① 本文曾获四川省2010—2011年基础教育课程改革优秀论文二等奖。

习、理解和质疑、解惑的意识、兴趣和习惯。因此，在“三三课堂”模式下，探究式教学模式具有很重要的作用。

1.1 “探究式教学”有利于培养学生自主学习的能力

探究式教学要求学生在教师的启发和带动下，通过自主学习和合作讨论，最终解决问题，并在不断的探究中实现自我学习能力的积累和提升，是在教材基本内容的基础上，学生以能够感受到的人、事、物为参照对象，搭建学生充分自由表达、质疑、探究、讨论的“舞台”，让学生通过探究活动，学会用已有知识解决实际问题。这个过程的强化和习惯的养成，实际上就是培养学生自主发现问题和解决问题能力的过程。

1.2 培养和提升实践能力是素质教育的基本要求

在当前以课堂教学为主要渠道的中学教育实践中，无论是教师的教学方式还是学生的学习方式，都将直接影响课堂教学质量和学生发展水平。推进素质教育持续深化和确保课程改革顺利进行，就必须改变教师单向传授和学生被动接受的方式，让教师的“教”服务于学生的“学”，把“学”作为“教”的出发点，就是要引导学生改变学习方式，而且关键是教师首先必须要改变传统的教学方式。教学是“教”与“学”相辅相成、双向互动的过程，引导学生在探究中学会自主学习，养成自主探究习惯，提升学习实践能力，正是探究式教学和“三三课堂”追求的终极目标。

1.3 探究习惯的养成就是科学态度和创新意识的养成

以“三三课堂”模式为指引，植入探究式教学，把学生主动参与的探究式学习方式引入“三三课堂”教学、学习过程中，引导学生运用探究方法，联系身边实际学会自主发现和解决问题，有利于培养学生自主获取和应用知识的能力，有利于培养学生的创新思考和探索实践的能力，全面提高其科学素质，为学生终身学习和全面发展打下良好的基础，使所有学生通过学科学习、扩展，进而养成主动获取科学知识、掌握科学方法、提高科学探究能力的习惯，自觉养成科学的态度和创新的精神。

2 “三三课堂”模式下的探究式课堂教学操作

中学是学校教育的关键阶段，也是强化学生学习方式的关键阶段。在中学“三三课堂”模式下引入探究式教学，观念的转变尤其重要——教师首先要转变教育观念，使自己的教育思想与时代发展、社会需要、教育理论发展和教育实践有机结合，“与时俱进”探索新的学习和能力培养模式，并通过探究活动，教会学生把习得的方法转化为具体的学习行动。中学各科教学中的探究空间都相当广泛，在“三三课堂”模式中植入和实施探究式教学，关键是要确保课堂的“教学成效”和学生良好学习习惯的养成，因此教学活动中需要注意把握好以下几个主要元素。

2.1 要引导学生进行有依据、有作用的质疑

学自疑始。问题引入是探究式教学最关键的环节。高水平的富于探究的问题设计易于激发和维持学生主动探究学习和大胆发散思考的积极性，是探究式教学的精髓。不管是学生自学后的质疑意识的培养，还是教师为教学需要而设计给学生探究的问题，都要考虑有利于激活教学内容并转化为探究性提问，因此应着重考虑以下几个因素：

第一是引导学生形成有疑而问、主动探究的习惯。不管是学生预习提出的问题还是教师设疑的问题，都要考虑引导在有疑之处、有意之处和有趣之处，才有利于激发学生探究的兴趣和习惯，激活学生的思维。如果学生没有考虑到必要的知识点，教师要善于启发学生质疑，大胆提出问题，并引导学生进行评价，分析问题是否适合探究。

第二是预设问题难易适度，符合学生实际能力。学生对探究性提问的理解，要建立在教学内容、学生生活和社会生活的实际之上，要符合学生知识和能力水平。因教学需要，教师在预测学生质疑问题的基础上，往往还需要预设一些有一定挑战性的问题，这类问题的设计要充分把握学生真实的知识和技能水平，提问设计既要有一定的难度，又要保证让学生通过探究，能够从可靠途径获取相关学科知识，能够对问题做出正确的解答。

第三是问题探究要强调启迪，激发学生的学习兴趣。提出探究问题，“能够帮助学生打开思路，发展创造性思维”是衡量标准，要能使学生在掌握知识的同时发展智力。在进行《观沧海》的人物形象分析时，笔者就根据学生质疑，引导设计了作为诗人、政治家的曹操和文学作品《三国演义》中的曹操形象的比较探讨，引发了学生的极大兴趣。

第四是设疑要符合科学教育观，善用现成教学资源。符合新课程计划、课程标准的新教材本身已提供了一些探究问题，这对设计探究提问已有一定的指导作用，但教师在灵活运用现成教学材料的基础上，还要建立科学的教育观念，要善于挖掘有关教学内容，紧密结合学生的学习、生活实际，将现成的教学内容加工转化为探究性提问。

2.2 要组织学生进行高效率、科学化的探讨

“三三课堂”的核心是把课堂“更多地交给学生”，而学生质疑的问题正好是探究讨论中极容易遇到的开放性问题，探究讨论可以刺激学生萌发富有新意的

联想，促进其以创造性思维解决学科问题，并进行有效的能力拓展。教师不但要引导学生提出问题和推测学生可能提出什么问题，还要进一步收集和处理相关资料，让学生在讨论中有新的发现，得出自己探究的结论，并在讨论的过程中促进学生探究知识的强化和探究能力的提升。另外，为了保证课堂效率，探究性讨论应该以分组的形式展开，要求所有学生都积极参与，充分发表自己的观点，集思广益；教师只要在做好方向控制工作的基础上，发动全体学生平等参与其中，就能起到很好的课堂效果。在讨论过程中，教师要引导学生尊重他人的想法和感受，学会在分歧中不得贬低或者中伤他人，并在恰当的时候进行点拨，对讨论进行提示和调节，但一般情况下不要直截了当地回答学生的所有问题，避免限制学生思维的开放性和发散性。

2.3　要在教学中进行多感官、交互式的演示

视觉、听觉、动作等演示是利用各种“非语音”的方式来加深印象、巩固知识的手段之一。精心设计的演示是重要的课堂探究途径。教师在演示初期要给出“谜面”，引导学生将理论和实践结合起来，并善于从探究演示中领悟对应的道理，寻找“谜底”。在演示探究环节要突出学生学习的主体性，教师主要是进行指导，创造使每个学生都能参与演示操作的机会，让学生在探究中真正理解演示所要强化的知识和所要达到的目的。教师可以用文字展示、文学作品、影音艺术、图片作品等手段，通过多样化、交互性手段等发挥演示的探究功能，强化知识巩固。

3　在“三三课堂”模式下实施探究式教学应注意把握的几个问题

“三三课堂”模式强调“三讲三不讲”，即普遍问题集中讲、难点重点仔细讲、变式拓展精心讲；没有预习前不讲、没有问题前不讲、没有互动质疑前不讲。“三讲三不讲”的要求和探究式教学的操作要点，在本质上可以说是殊途同归的。要确保探究式教学真正达到激发学生学习兴趣、全面培养学生探究能力的目的，在探究式教学和“三三课堂”结合的探索中应特别注意把握和处理好以下几个方面的问题。

3.1　课堂环境问题：创设宽松课堂环境是确保教学效果的前提

宽松的课堂环境是探究活动进行的必备环境因素，教师要培养和激励学生求知发问的勇气和兴趣，营造人人平等参与、人人平等发表意见的氛围。“一千个读者眼里有一千个哈姆雷特”，很多非定义性的知识性问题都适宜引入探究方式，但学生探究出的问题的答案却有可能是“非客观性”的，对缺乏经验和阅历的中学生而言更是这样。这就要求教师在积极、正向地引导学生进行学习、探究的同

时，一定要注意尊重学生的人格，要多关注、多发现他们的亮点，多肯定、少否定，多鼓励、少指责，对所有学生都一定要一视同仁，不歧视差生，充分体现教师平易近人、有教无类的人格魅力，这样才有可能让所有学生都能够充满自信地加入探究的全过程。

3.2 教师角色问题：教师角色的自然转换是提高课堂效率的关键

“三三课堂”教学过程中，教师更多的是以扮演“学习伙伴”的身份角色出现的，这是为了让学生自己去讨论、探究，教师只是适时、适当给以点拨，解决学生自主探究过程中出现的较高难度的问题，引导和培养学生学会自己寻找解决问题的方法，提高解决问题的能力。教师在课堂教学中要多设计开放性的问题，让学生结合所学知识和生活经历展开讨论。但中学生的知识能力还处于需要引导强化建立“标准”的阶段，这就必须要强调知识传递的“准确性”，因此教师在做结论时一定要恢复到“教练”的角色，从学生给出的各种答案中判别，做出肯定或要求进一步探究，并不失时机地给学生以肯定和表扬。但在角色定位上教师应当做好的是“向导”和“裁判”，而不是“看守”和“学究”，教师在教学过程中，甚至要从根本上考虑重新构建师生关系。

3.3 教师素质问题：教师素质的提升是学生能力拓展的保障

探究式教学模式不是传统的“照本宣科”模式。在探究的氛围中，很多问题及其解决方法都可以说是“未知的”，但并不是所有问题都只探究、无结论。因此，对教师的素质要求更高，特别是在问题的设置上，教学中应当选取一些学生感兴趣、易于促进学生创造性思维的有争论性话题或社会热点问题，而且要求教师的课堂教学具有预见性，课前要尽可能地预测出学生探究中可能会出现的情况并确定解决办法。教学中遇到未能预见的问题时，教师要能随机应变，及时改变教学方法，机智灵活地处理问题，保证教学任务能顺利完成。

3.4 教学准备问题：充分的课前准备是完成教学任务的基础

充分的课前准备是确保课堂教学目标实现的基础。这些准备包括对学生知识水平的综合判断和定位、资料收集、话题选择、活动方式确定，以及多媒体课件制作等，为探究而设计的教学活动要能承载科学知识的掌握、科学探究能力的发展、科学创新精神的强化和科学思维习惯的培养等多重任务。否则，探究的意义和价值就会大打折扣。

4 结语

对教师而言，“三三课堂”模式本身就是新课改大潮下的一种新的教学模式，而“三三课堂”与探究式教学的结合更是一种新的尝试，“三三课堂”模式下还有很多具体的教学方法可用，探究式学习也只是引导学生进行学习经验建构的途径之一。在具体的教学实践中，并不是所有课堂都适合采用探究式教学模式，有些内容用探究方式甚至会影响课堂效率，效果不一定很好，所以广大教师只有持续探索和灵活把握“三三课堂”模式下的各种教学手段和方式的应用，才能真正达到促进学生自主探求新知、增长能力，并建立起科学探究意识和习惯的目的。

参考文献

[1] 余映潮. 关于语文课堂教学的几个关键词 [J]. 语文教学通讯，2009 (1).

[2] 曾庆伟. 论课堂教学从预设到生成性机制的转换 [J]. 当代教育科学，2007 (18).

[3] 树德实验中学第十四届教研会学习资料 [C]. 树德实验中学教研室，2009-11.

[4] 实施教学改革，构建现代课堂 [EB/OL]. http://www.cdsdsy.net，2009-11.

信息时代“社会语文”负效应及中学课堂语文的应对策略①

【摘　要】随着信息化的飞速发展，信息多元化和网络良莠不齐的问题日趋严重，中学生缺乏科学的识别能力和系统的语文能力，课堂语文受社会多元语文环境的负面影响日渐明显。在此情况下，语文课堂要承担起更为重要的责任，通过“四个并重”的课堂语文和“社会”语文的甄别、扬弃，实现对中学生语文能力和道德判别的一体化、规范化、科学化教育。

【关键词】信息化；语文环境；中学语文教育；应对策略

随着时代发展和社会转型，特别是网络信息的高速发展，课堂语文往往更容易受到社会多元化语文环境的负面影响，尤其在城市发达地区，课堂语文有针对性的教育与社会各方面无目的、无意识的语文学习往往相互冲撞，特别是中学生，由于缺乏科学的识别能力和系统的语文能力，加之发达地区信息化程度更高，学生受到的负面影响往往更加严重。

1　发达地区多元社会语文环境对课堂语文教育的影响

从实践来看，如果引导得当，多元社会语文环境对课堂语文教学有相互促进的一面，但发达地区各方面的信息高度聚集，网络失控、功利思维、通俗文化、家庭模式的负面影响更为严峻，导致中学生语文学习不再局限于教师课堂有计划、有方向、有意识地培养，大量语文活动往往会通过家庭、社会影响来完成。而家庭、社会负面因素对中学生语文学习的影响更显突出，特别是网络信息和非

① 本文原载于《文科爱好者》2013年第21期，曾获成都市2012年中学语文教学优秀论文一等奖。

法低俗读物的影响，更是不能有丝毫的松懈。

1.1 无处不在的网络信息影响

相较而言，经济社会越发达的地区，网络普及程度和信息化发展水平就越高。中学生好奇心重，网络信息往往会给青少年造成很多不良的影响，他们一旦学会上网，一是往往乐此不疲、欲罢不能，游戏、聊天、音乐、下载是他们的最爱，往往沉溺其中，导致对语文学习在内的有益活动兴趣减弱；二是电脑使用减弱了学生书写、阅读、写作、查阅工具书、诵读课文等良好的习惯，甚至引发网络语言是否应该进入学生课堂的问题大讨论，以发泄和煽情为主流的网络文学对中学生的作文产生了不可忽视的冲击，他们往往不自觉地模仿着写一些脱离现实、文体模糊的网络化文章；三是网络信息的便捷性极易造成学生急功近利心态，形成“网络冲浪”的习惯，导致心浮气躁、用心不专、坚持不久，失掉了阅读的平和、专注等心理品质；四是网络大潮泥沙俱下、良莠不齐，甚至充斥低俗信息，除了影响课堂语言训练外，更影响了语文陶冶情操、净化心灵、培养学生文学欣赏水平和高尚审美观的目标达成。

1.2 追求功利的社会取向影响

经济和信息越发达的地区，社会浮躁、功利的思想对中学生的影响越严重，这种影响大多是源于价值观、使命感的判断。落脚到语文教育中，由于中学生已开始广泛接触社会并在进行非系统性、非客观性的社交尝试和思索，他们接触和了解社会往往是从大人身上观察和揣摩的，因此往往受到成人社会功利取向的消极影响，认为语文学习的目的只是认字、书写、阅读、考试，往往认为理工类知识才是社会需求和生存的根本，看不到良好的语文素养对人生、对社会所产生的积极、重要的影响。同时，高考模式下的功利趋向教育也是导致学生认为语文仅仅是“考试需要”这种误判的根源，而且现有教学模式下对考试往往要求答案的思想性、标准性甚至唯一性，也在很大程度上限制了学生的发散性思维，影响了学生的个性化发展。

1.3 良莠不齐的通俗文化影响

一方面，通俗文化“产量高”“快餐化”“传播快”，质量良莠不齐，各种广告、音乐、影视无孔不入，占据了学生的“课余时间”，青少年学生因心智尚不成熟，极易受到通俗文化音视频“趣味性”的影响，放弃了对文学作品的阅读，因而对语言、文字的应用渐趋弱化。另一方面，含有消极思想、偏离历史真实、滥用词语的影视、文化节目等充斥其间，也在很大程度上影响了中学生的道德认知和价值判断。比如“屈原为什么会跳江？”这本身是一个思想、文化和人格教育的题材，但经过通俗文化节目——“一周立波秀”的恶搞和故意曲解以博取观众收视率，少不更事的孩子们就记住了其中片面的东西——“屈原怕高考”。高雅的文化经周立波之流的有一定“影响力”但实际并无责任感的“艺人”恶搞，必然后患无穷。

1.4 各种各样的家庭因素影响

不同于落后地区相对稳定的家庭模式，经济社会发达地区的家庭模式更显多样。双职工或父母均忙于事务，无暇对孩子进行科学的家庭教育引导，更不要说和孩子一起共同学习；单亲家庭对孩子学习心理、学习环境的负面影响；父母因为追求所谓的财富、地位等，忽视与孩子共同学习、共同阅读和共同成长等，家庭教育的各种缺失不一而足。而中学语文教育大环境除了学校，家庭是至关重要的因素。

影响语文教育的社会语文环境因素还有很多，如社会交流方式、现代信息技术进步等，在为学生学习成长带来便利的同时，作为语文教师，更应关注的恰恰是那些蕴含在背后的负面因素，并力所能及地进行“扬弃”。换言之，就是不仅要“取长”，更要“补短”。

2 多元化社会语文环境对中学语文教育的影响表现

社会语文与课堂语文是相互促进又相互影响的关系，但对中学生而言，多元化社会语文环境的负面影响却大于其正面作用，这种负面的影响主要表现在以下4个方面。

2.1 对学生语文环境的严重破坏

受多元化社会的影响，课堂语文教育受到冲击，有的学生甚至会误认为课堂语文“学”而不能“致用”（考试除外）。集语言逻辑、情感抒发、语文美育、书法艺术于一体的传统文化语言应用被电话、短信、QQ、MSN、飞信、彩信等“快餐文化”替代，作文能力被各种范本仿写、抄袭甚至直接拷贝所替代，传统经典文学作品被粗制滥造的影视替代，学生语文功底和传统文化精髓被网络语言、流行歌曲、恶搞段子等负面信息冲击，写作和表述能力日渐弱化，赏读和解析经典的意识日渐淡漠，甚至让学生、教师都受影响于无形。

现代社会大语文环境在持续恶化，学生不喜欢文学作品，反而喜欢漫画书；对传统的、公认的名著不感兴趣，反而对篡改原著、粗制滥造、非主流的影视兴趣盎然；更有甚者，笔者抽样的班级调查大约有15%的学生直接接触过暴力、低俗影视和书籍、动漫等，既受消极影响，更受严重诱导。语文教育工作者不重视、不呼吁社会各方面的改变和杜绝这类问题，长久下去将是语文教育的重大失败，轻则会祸害那些道德容易滑坡的学生，重则会贻误一代甚至几代人的文化自信和道德判断。

2.2 对课堂教学的巨大挑战

现代信息技术的迅速发展和流行文化、非主流信息的迅速传播，导致教师权威地位受到强烈冲击。当然，信息技术的正向功能是能够促使教师与时俱进加强学习，构建更深、更广的语文功底的，但从负面来看，教师个体必然会从知识传授者完全转化为论争参与者。中学生往往对新鲜事物接受能力特别强，一大群学生的信息搜集和积累的能力，必然远远超过教师个体，所以我们更需要关注的是纠正中学生掌握的知识中那些片面甚至错误的认识。

同时，人掌握知识、获取和使用信息的能力与年龄是反比关系，教师依靠经验来积累和阅历来丰富的传统知识将被海量信息逐渐冲淡。特别是流行文化的“入侵”和学生质疑精神日益显性化，新思想一直会不断地冲击旧体系，新信息、新观点往往会成为课堂争论焦点。教师如何面对现代媒体流行信息，如何说服学生，如何取舍教参上传统的观点，让自己的思路更开阔、更有效地将学生往“正道上”带等，教师在“以一对多”，以寡“敌”众的前所未有的压力和暂时无法改变现状的情况下，其压力必然大增甚至很有可能走向极端，从自我肯定、自我激励走向自我质疑、自我否定，增加不必要的心理负担。

2.3 对学生学习本身的负面影响

多元社会每时每刻都有海量事物涌现和信息传递，学生随时可从网络平台获取新鲜信息，丰富学生的思维和增加知识储备，启发他们从不同角度思考和解决问题。但无形无序的渗透自然会冲击其原有知识体系，而因为语文学科本身具有开放性，课堂教学中就更容易引起师生争论甚至无休止的循环，严重影响正常的系统、科学的教学。

近年来，伴随着网络文学的出现和流行，网络抄袭已经成为学生完成作业的“便捷”途径，语文更是重灾区。特别是作文，即使老师挖空心思力避有抄袭可能的题目，部分学生仍能通过网络抄袭完成。这不仅是诚信问题，更是不尊重知识产权、不尊重他人劳动的不道德行为，更严重的是学生并没有这方面的意识，必须要引起教育工作者的重视。

2.4 对语言文字规范化的挑战

汉语是表情达意、阐释问题、交流思想的工具，任何人的日常生活都离不开语言文字。流行文化的出现也必然会诞生许多流行用语，越来越多的学生把模仿使用流行语当作时尚、前卫的表现，在日常和课堂中应用流行用语，久而久之就导致了用语不规范的严重后果。从笔者接触的实际来看，这种不良现象目前还有逐步蔓延恶化的趋势。比如广告“仿词”甚至是滥用词义等现象的泛滥，就已经对中学生语言规范产生了严重的“恶意”影响。

此外，语文教学一直强调写规范字、说普通话，但网络和影视剧、广播剧中的方言剧、方言节目的兴起，导致学生一旦离开课堂就进入方言世界，“恢复”方言习惯，口语不规范了，书写也就很难规范了。

3 推进语文课堂教育同多元社会语文教育共同优化的策略

对学生而言，多元化的语文大环境对中学生语文学习更多的是弊大于利，在学生基本的是非美丑判辨能力尚待形成的关键期，我们一方面不能因噎废食，另一方面却必须力所能及地杜绝多元社会信息对学生的负面影响，积极引导和培养学生科学的语文认知、良好的语文习惯和深厚的语文功底，才能打好“百科之母”的语文学科在学生成长、成才过程中的基础作用。

3.1 语文能力和道德培养并重，立足课内打好功底，着眼社会增强语文能力

语文课堂教育最首要的任务是坚持对学生的能力培养和道德素质教育的共同提升，在教学管理中找准立足点，坚持以课内（课堂）教育为基本出发点，在教学大纲和教师有计划、系统性的指导下，对学生做好基本的语文能力训练和良好的道德品质培养，实行有组织、有方向、有科学指导和道德判辨的多元社会语文活动，特别是一定要有针对性地纠正和抵制妨碍学生提高语文能力和道德修养的负面问题。

语文课堂教育要启发和引导学生充分利用课堂提供的语文知识，坚持以吸收“正统”语文知识精髓为主导，在科学知识的指导下触类旁通，举一反三地运用到多元社会的语文大课堂，并从中有选择地吸取有用的知识。对社会大语文环境中的负面知识，教师要引导学生用正向道德判辨体系去加以过滤，要有心理、勇气和毅力去抵制负面、消极、低级趣味的东西。

对学生特别是中学生而言，多元社会是一个巨大的泥沼，其“语文”貌似更“实用”（诚然，这里面也确实不排除有用的知识点），实则泥沙俱下。教师必须要本着对教育负责的原则和教育人、培养人的使命；必须要坚持把立足点和核心放在学校语文课堂上；必须要通过课堂教育帮助学生建立起语文知识体系和道德价值判断能力，这是不容置疑的。一谈社会语文大课堂就不加区隔地“拿来”，最终受害的是孩子们。

3.2 增长知识和提升技能并重，以课堂教育主导课外活动，以课外学习促课堂效率提升

课堂学习是教给学生基本语文知识，建立语文体系，同时培养学生自我学习

能力的场所。要坚持以课内基础主导课外语文活动，并通过有选择、有促进作用的多元社会语文学习活动促进学生运用知识提升实践能力。只有引导学生提升科学的鉴别能力，形成良好的道德素养，语文课内学习和课外学习才能相辅相成、相得益彰，才能引导学生建立牢固的语文根基，逐步形成对多元社会大语文环境的负面信息的“免疫抗体”。

目前，中学课本都选有游记题材文章，如《桃花源记》《小石潭记》《满井游记》等，针对这类课文，可在课内引导学生建立游记散文、笔记的语言美育和艺术感悟，培育其对祖国大好河山的热爱之情。打下了这样的基础，就可以引导学生走进社会，到优美的山川河流中去实地熏陶，就可以进一步进行点化、类比、启发，激发学生体会景物、历史、人文巨大的感染力。比如中学散文名篇——朱自清的《春》，如果有条件，就可以在课文进行过程中将学生带到自然中去，即使只是校园春景或者操场边露出嫩芽的小草，都能够让学生进入真正具有自然气息的意境中去。如果能够再深入引导学生观察和描写春天，自然就会收到意想不到的正向教育引导效果。

而针对中学的《水浒传》《三国演义》选段等历史题材文章，教师在教授历史、文学常识的基础上，可以引导学生观看经典影剧、阅读原著，学生也会兴趣大增，知识掌握就更加牢靠了。

当然，教师也可以反过来有目的、有引导地让学生进行社会实践或阅读，有扬弃地在多元社会语文环境中实践，再回到课堂，通过教师讲解释疑，去伪存真的效果也非常好。但不管是由实践进课堂还是从课堂走向社会，前提都是要有引导、有方法，有鉴别、有扬弃。

3.3 学校教育和家庭教育并重，通过课堂建立知识体系，通过家庭强化巩固

语文教育需要课堂教育和社会教育的有机结合，社会教育中最关键的就是家庭教育。要达成语文教学目标，学生、家长的配合和支持是至关重要的一环。目前的教育体系下，在高中阶段就实行文理分科，大学更是实行专业教学，因此家长的文化教育程度、专业知识差异很大，不是所有家长都能在课堂之外施以有效的社会语文引导的。特别是中学高级阶段，很多家长在中考、高考功利思想影响下，都害怕子女“不务正业”，都希望把学生禁锢在课本之内，不准看课外书籍，因噎废食地不准学生受到社会熏陶，陷入“本本主义”教条深渊，也会影响学生知识的广度和深度。

家庭教育中另一种更为严重的倾向是，家长将孩子送进学校就“完全撒手不管”，一概交由学校“打理”，有的家长甚至把孩子在家里才会出现的一些坏习

惯也带到学校来由教师纠正，自己当“甩手掌柜”，给包括语文教育、道德素质教育在内的学校教育秩序造成严重的影响，这对学生健康成长是一种极大的伤害。如果再遇到家庭关系长期不稳定、不和谐、父母素质不高或者单亲家庭、留守儿童家庭，负面影响就更大了，非但不能提供良好的家庭学习和社会教育环境，甚至还会在无意识中将学生向学校教育的反方向引导。

3.4 学校语文氛围和社会语文氛围并重，学校氛围影响社会环境，社会规范促进整体提升

中学语文教育的主阵地无疑是在校园，不管社会负面影响和渗透多严重，学校始终“守土有责”，要重视环境育人，学校本身也是多元社会，但能更科学、更有选择地向学生传授内容健康、反映社会主流、有利学生成长的语文知识和能力（包括其他学科），并通过学校教育，在语文和各学科中弘扬爱国主义、集体主义、社会主义主旋律，引导学生鉴别和抵制低俗文化，预防多元社会负面因素对青少年的腐蚀与诱导。往大了说，就是要“坚持以科学的理论武装人、以正确的舆论引导人、以高尚的精神塑造人和以优秀的作品鼓舞人”，作为主阵地的学校和语文课堂，首先形成浓缩的“良好社会环境”，利用校园和语文课堂主阵地的育人功能，积极探索多元社会语文环境下的中学生语文学习活动新方向和新规律，形成适度接轨社会的、形式多样的、为中学生所喜闻乐见的语文学习活动，在中学生急需建立科学的语文体系和能力的关键时期，将其引入对先进、高雅、科学的文化学习、欣赏、研究、创新和实践中，并从中体会到语文学习的兴趣，形成科学严谨的习惯。

与此同时，广大教育管理者、教师和学生要通过积极、正向的社会影响，呼吁、推进和强化整个社会的核心价值观教育，高度重视以传统文化育人，积极全面抵制低俗文化的负面影响，加强对中学生和广大青少年的传统文化教育，增强他们对多元社会大环境消极影响的免疫力，教育人士、学校、家长各方要协同引导和营造良好、规范的社会语文大环境和教育大环境，激励和引领青年学生健康成长、成才。

4 结语

新时期社会大环境下，多元文化“入侵”语文教育是时代发展和社会前进的必经历程，需要我们进行更多的探索研究，并在教学实践和道德培养方面做出更大的努力。互联网时代信息快速传播和便捷交互的特点虽然会给中学生的语文学习带来一定的负面影响，但只要坚定地守住课堂和学校教育的主阵地，用积极的态度去应对这种新的挑战，全力持续推进语文大环境规范，学校和整个社会的语

文教育就一定能够发挥好引领主流观念、先进文化和传统文化的作用，践行好时代赋予广大教育工作者的崇高使命和责任。

参考文献

[1] 张传宗．中学语文教育学研究 [M]．杭州：浙江教育出版社，1984.

[2] 王荣生，等．语文课程建设书系 [M]．上海：上海教育出版社，2007.

[3] 王尚文．中学语文教学研究 [M]．2 版．北京：高等教育出版社，2010.

“互联网+”教学信息化应用提升课堂教学效率的实践和思考①

【摘　要】随着现代信息技术和信息化应用的发展，教育信息化进程加快，越来越多的新型教学媒体和手段被引入课堂，但具体应用却不尽如人意。本文针对教学信息化应用中的问题，结合具体的课堂教学实际，对深化信息化课堂应用的途径进行了研究，并有针对性地提出了借力信息化促进提升课堂效率的建议。

【关键词】“互联网+”；信息化；教育信息化；课堂教学；应用途径

1　“互联网+”教学信息化应用的普及已成大势

1.1　信息化应用已成为未来教改趋势

现代信息技术的飞速发展，快速催生了信息化的行业应用，随着教育信息化进程的推进，越来越多的新型教学媒体和手段被引入课堂。近 30 年来，在经济、信息发达区域特别是在大中城市，课堂教学的“道具”已经从过去粉笔、挂图等简单应用，快速实现了向影音媒介、宽带网络、信息化交互多媒体应用的发展，课堂教学中的信息化应用已成为未来教改方向和促进教学水平全面提升不可逆转的趋势。

1.2　信息化应用将有效推进教学模式变革

信息化技术应用越来越多、越来越普及课堂，在有效激发学生学习兴趣，强化学生多感官、多渠道、多模式接受和巩固知识的同时，也为课堂教学本身提供了多元的载体和手段。在信息化发展前沿区域，信息化应用进入课堂甚至从本质上推进了传统课堂教学模式的变革。同时，信息化发展还将先进教学经验、教学

① 本文原载于《四川教育》2016 年第 12 期。

模式甚至可以直接“拿来”使用的教学课件便捷地通过信息网络公开传递，实现了教学交流的“时空跨越”。

1.3 信息化应用应该“占领”课堂前沿

课堂教学是实施教育和推进教育信息化的前沿阵地，在课堂教学中积极运用现代信息技术，将有效推进教学信息化和教育现代化，使信息技术应用真正融入课堂教学系统之中，为传统的课堂教学模式注入新的信息化元素，有效促进提升课堂教学效率。

2 “互联网+”教学信息化应用对推进教学改革的作用

2.1 信息技术应用的“技术性、新颖性”特点能有效激发学生自主意识和潜力

现代教育技术在教学过程中，教师可充分利用多媒体声色并茂、视听结合、师生交互的特点，在知识传授和学生求学心理之间搭建起优于传统语言教学的新“桥梁”，营造宽松愉悦、趣味性强的学习场景，激发学生好奇心、积极性和求知欲，并通过信息化应用激活学生的思维和想象潜力，现场高效完成知识的理解、内化，促进学生认知能力、自学能力和创新能力的快速提升。比如讲《水调歌头·明月几时有》，运用传统教学方法无论多精彩、多生动的分析、引导，其效果都比不上配乐欣赏。

2.2 信息技术应用的影音媒体和交互功能可为课堂教学提供科学手段

现代教育技术中影视媒介色彩鲜明、生动具体、音视合一的特点，能够形象地再现知识的形成过程。重视信息化多媒体在课堂中的应用，有利于通过信息化手段，更好地解决教学中亟待解决的既要突出课堂效率又要实现教学目标，既要考虑高中低层次学生对语言信息的接受、理解程度又要突出重点、破解难点等问题，收到常规“语言+粉笔”教学所无法实现的教学效率和效果。

2.3 信息技术应用可以在单位时间内融入更多的信息进行高效的课堂展示

利用信息化手段，很多信息在课前通过课件媒体聚集、内容加工整合，可以减少文字板书、手绘图像、语言描述转换的时间，直观高效地进行课堂展示，最大限度地让学生在有限的40分钟课堂时间里获取更多的知识和信息，增大课堂的信息量和趣味性，极大地提高课堂时间的利用率。

2.4 信息技术应用可将抽象的意象具象化、动态化、直观化以确保学生在潜移默化中接受知识

传统的课堂教学，教师更多的是通过语言、文字进行展示，有一定的局限性，而现代信息技术则可便捷地进行图像、影视、声音、动态变化、物理化学反

应等，动态交合、交互展示事物发展、变化的过程、规律和本质，减少信息转换，将传统教学语言描述无法展现的内容直观“再现”给学生，通过具象、直观手段调动学生多重感官融入，高效凸显教学重点、难点，激发学生乐学、深思，促进教学质量的提高。

3 “互联网+”教学信息化应用提升课堂效率应当遵循的原则

3.1 认知规律原则

信息技术的课堂应用，要遵循学生身心成长规律，确保与学生已有认知和教育教学规律适配，突出培养学生学习积极性和自学能力这个核心。进而基于不同阶段学生心理，突出课堂教学目标内容展示，而不是代替学生在课堂中应有的思考。如果仅追求课件美观或外在形式而忽略教学要求本身，则会导致展示信息偏离课堂教学目标，甚至直接违背学生身心特点和知识接受的规律，与课堂教学的主旨“离题背道”。

3.2 辅助应用原则

信息化应用能够给课堂教学带来诸多“便利”，但并不能完全代替传统的教学，也不能代替教师应有的创造性和主导性。信息化应用仅作为课堂教学的辅助手段或辅助工具，因此，信息化媒体展示策划就要突出为教学内容、教学目标服务的功能，既要避免“弃而不用”，又要避免“全程仅用”，否则教师就会“退化”为多媒体“机械手”，而不是课堂教学的引导者。

3.3 合适匹配原则

信息化应用在课堂教学中主要用于处理传统教学难以解决或效果不佳的问题，帮助学生调动视听感官感受比较复杂的事物和现象，理解抽象的概念和道理。因此，信息化应用必须要与教学内容相匹配，并据此选用合适的媒介。音像、图片、投影、多媒体交互、网络应用等各有特点，具体选用什么类型的媒体，要与教学实际、教学目标合理匹配，而不是进行简单的媒体内容堆砌。

3.4 多元应用原则

信息化应用除了对复杂、抽象信息的直观展示外，还具备激发学生兴趣的特有功能。因此，信息化手段的课堂应用要力求多元化，特别要避免仅使用静态PPT或长期只用PPT，要结合使用多种媒体展示，“多渠道、多手段”激发学生的兴趣，有了兴趣才能激发学生的学习动力。当然，强调多元应用并不是必须什么都用，而是要结合现实条件和学生的情况加以选用。比如给农村学生讲达·芬奇，一般都会提到“蒙娜丽莎的微笑”，如果条件有限找不到更多的媒体资料，课堂上即使能用到一幅画，也可以起到比传统的语言描述引导学生“天马行空”进行想象好很多倍的课堂效果。

4 “互联网+”教学信息化应用需注意处理好的几个关系

4.1 信息化应用设计要处理好“传统模式备课”与信息化应用元素备课的关系

传统模式备课，更多的是通过语言组织（包括教师在课堂上的临时发挥）完成教学内容，而利用现代信息技术，在备课前教师更需要充分解读教学内容，同时要准确把握好教学重点和难点，媒介选择、时段选择、交互应用要更多地体现“以学生为中心”的教学思想，才能更好地激发学生的学习兴趣，更好地调动学生的课堂思维。

4.2 信息化应用选择要处理好媒介功能与受众实际的关系

选择教学手段是为了更好地服务学生、服务教学内容，因此媒介的选用、设计要从学生实际、班级实际出发，符合学生的思想、思维和学习能力基础，才能收到切合学生实际、激发学生兴趣的教学成效，才能真正起到培养学生自学能力的作用。

4.3 课堂媒介设计制作要处理好知识传授与信息交互的关系

将信息化应用引入课堂中，既要体现信息媒体多感官作用对提升课堂效率的积极作用，更要强调学生探究空间和师生、生生之间的信息交互，否则仍然是将学生置于被动从属的地位，只是从过去从属于教师变为现在从属于媒介而已，学生并未实现“主动”思考和学习，始终是被动地接受和“认同”，时间一长就会产生学习和思考的倦怠。

5 多方联动推进“互联网+”教学信息化应用

5.1 实施信息化的课堂应用，教师是关键

任何事物都有优劣利弊。因各地教育投入、教师水平、学生认知、信息化普及情况不一，对信息化教学手段、性能和作用的了解、理解也自然各有差异，教师对信息化技术和应用驾驭的能力必然也参差不齐。理解、应用得好的教师会把它当作促进教学提升的手段，而有的人则可能不分精华、糟粕一概“拿来”，甚至将其作为偷懒的手段，不会或不愿独立思考，不能进行信息加工、整合和重构，信息内容选取也没有考虑是否与学生学习能力和水平相契合，因此可能导致教学质量不升反降。广大教学一线的教师更应该在教学实践中多学习、多思考、多实践，通过科学使用信息化技术，有效促进课堂效率和教学质量的提升，使信

息化应用真正有效服务于课堂教学。

5.2 教育信息化是一项系统工程，需要多方合力推进

信息化应用总体而言是利大于弊的。大力推进课堂教学信息化应用，需要教育信息化的整体、全面和深入、系统的思维，需要教育主管部门的统筹规划和投入，需要学校领导的倡导和要求，需要教师的积极使用，才能形成规模和氛围。对于教育信息化推进，各方需要联动并举，整个教育系统需要全力推进，而不应仅仅依托于某一个体或某一团体。

5.3 教育管理部门和学校要大力推进教育信息化应用

基于信息化发展和信息化教育的重要性，国家《中长期教育改革和发展规划纲要》已将教育信息化纳入国家信息化整体战略，超前部署教育信息网络，覆盖城乡各级各类学校的数字化教育服务体系已经初步建成，教育工作者需要借助国家、学校在教育信息化硬软件方面逐年改善的机遇和条件，加强自我学习，促进自我提升，注意抓好课堂的信息化应用，进而促进教育内容、教学手段和教学方法的信息化、现代化、高效化。

语文教学的“课外功夫”与课堂效率

【摘　要】语文课堂效率的提升是师生共同作用的结果。本文基于语文学科教学的实践，针对教师提升语文课堂效率需要练就的“课外功夫”这一话题，提出了提升课堂效率的前提、关键、基础和核心等方面的基本要素和实现路径。

【关键词】课堂效率；教师素养；学生兴趣；因材施教

提高课堂效率是个老生常谈的问题。“‘课内’十分钟’，‘课外’十年功”，要实现向课堂要质量就必须提高课堂效率，要在40分钟的有限时间里成功引导学生完成知识、技能和认知的接受或转化，教师就必须下够“课外功夫”，对教师尤其是中学语文教师而言，甚至可以说是“功夫在课（堂）外”。

1　提高语文课堂教学效率，前提是教师必须要具有良好的职业素养

“学高、身正”是对教师的基本要求，也是终极要求，“学高”是对教师知识储备和学习能力的要求，“身正”是对教师人格品质和职业道德的要求。教师要完成授业、解惑、育人的责任，最重要、最基本的要求就是在健全人格品质和道德素质的基础上还要满足“学高”的要求，要具备良好的知识素养，否则就是“盲人瞎马”，连自身适应教师角色要求的基本知识都过不了关，就更不要说提高课堂效率和教学效果了。

教师提高知识素养在于强化自身的“修炼”。第一，要塑造高尚的人格。教学是双边活动，学生首先要“亲其师”才能“信其道”，然后才会“从其教”。所以教师要对自己的职业永远充满热情，有关爱和真善的人格、有发现和赏识的心态、有优美和精准的语言，才能用良好的人格力量“征服”学生，让学生产生亲切感和信任感，并最终建立起语文学科的学习兴趣。第二，要具备广博的知

识。“学高”是“授业”的前提，在信息高度发达的今天，知识更新越来越快，学生的求知欲也越来越高，这对教师的知识储备是一个巨大的挑战。教师不但要有广博的知识储备，还要有积极的学习态度，要善于快速进行知识的更新和补充，而不仅仅是局限于语文知识，要既当“专家”又是“杂家”。面对“多元化”的学生群体，教师只有“厚积”才能“薄发”，只有把自己变成一个“知识库”，才能为个性各异的学生的学习、发展提供知识、技能的引导和帮助。第三，要有深厚的专业功底。语文教师的专业功底包括一手漂亮端庄的钢笔字、粉笔字甚至毛笔字，包括标准的普通话，包括纯熟的课文范读技巧，包括引导学生发现、感受、欣赏作品的能力，包括熟记大量的经典名篇、名作家、历史和哲学、逻辑知识并灵活应用，包括写一手漂亮的文章等。有了深厚的专业功底，教师才有底气在课堂教学中展示深邃的思想和智慧的光芒，以近乎“完人”“智者”的形象吸引学生。第四，要保持旺盛的精力。教学活动不仅仅是脑力劳动，课堂教学本身是需要付出体力的。没有健康的体魄、旺盛的精力和可感染学生的激情，在课堂教学时，必然是“再精彩的戏也出不来”。

2　提高语文课堂教学效率，关键是激发学生学习语文知识的兴趣

提高语文课堂教学效率，最关键的是引导学生建立语文学习的兴趣。“知之者不如好之者，好之者不如乐之者”。学生有了学习兴趣，在参与课堂学习的过程中就自然会全身心地投入其中，课堂活跃性、学生的参与度自然会很高，课堂效率自然就高。而且，通过这种持续的影响还可以激发学生在“课外”也保持着同样的兴趣和习惯，学习终身、受益终身。

培养学生的语文兴趣，一是教师的素质影响。即前文所述的人格塑造和专业功底，如果这种影响是积极的，学生就会“因喜欢语文老师而喜欢语文”。二是要寓教于乐。要以多样化的教学形式和手段做好课堂教学活动，通过读、写、说、悟、演、论……灵活应用，或通过影视欣赏、悬念设置、故事引入、跨学科知识应用等手段来激发学生的语文学习兴趣。三是要注意“经营学生心态”。不仅仅是语文，任何学科的教师都要注意“保护”学生的成就感，都要呵护学生的自尊意识，尤其是对成绩相对差一点的学生，更是要注意多启发、多肯定、多鼓励。尊重学生一方面是对“导师”的基本要求，另一方面，从教学的社会功用性而言，国民素质的提高需要所有学生共同进步，而“决定速度的往往是航行最慢的那艘船”。四是要倡导语文的应用实践。语文是一门最容易与日常生活发生联系的学科，因此教师可以非常方便地深化语文学科的实践拓展，通过引导和组织学生进行积极的语文课外阅读、参加社会实践活动、参与社会调查，举办朗诵比

赛、作文竞赛等，建立语文教学、应用的“第二战场”，通过更多的“课外积累”，反过来促进课堂知识传授效率的提高。

3 提高语文课堂教学效率，基础是对学生的情况有充分全面的把握

课堂教学一定要正视学生差异，做到因材施教。学生的知识基础和接受能力有一定的先天因素，但更重要的是后天的培养和引导。因此，教师应当正视班级整体情况，但更应正视个体差别，不是过分“机械”地“一视同仁”，给起点和基础不同的学生设定同一要求，这样只会让一部分学生感受“知识饥渴”，而另一部分学生则可能“消化不良”。因而教师在备课、讲课、讨论、提问及平时练习中就应有意识地对学生的思维、能力进行“归类”处理，设计不同层级的学习要求，“因材”施以有差异的提示、点拨、启发和引导。

对学生情况的把握，实际上就是备课中的“备学生”。只有了解学生的实际情况，课堂教学才能有的放矢，才能真正做到因材施教。有了对学生情况的把握，教学准备才有“方向和目标”。知道学生想学什么、能学什么、该补充什么，才清楚自己“该端一道什么样的菜上桌”。

4 提高语文课堂教学效率，核心是做好全面充足的课前教学准备

备好课是确保提高课堂教学效率和效果最核心的工作之一。备课的要求是多方面的，但其核心要义却始终只有一个，那就是了解学生的知识积淀情况，并据以确定科学的教学目标、教学重点和具体的教学内容。

课堂教学效率的高低取决于师生共同的积极性、创造性的和谐程度，学生听得懂、学得会、会学习就会有较高的学习兴趣，课堂气氛就活跃，课堂效率就高。因此，教师在备课时既要备教材、备知识，又要备“学生”、备教法。就个人的教学经验而言，需要把握的关键点和核心是教学目标的设计和定位一定要“难易适度”——难度太大，目标过高，学生绞尽脑汁也找不出答案达不成目标，当然就会因为接受不了而丧失学习兴趣；难度系数太“小儿科”，学生又会感到学习索然无味，没有成就感。适中的难度设计，学生“只要勤于起跳就能摘到最甜的果子”，就会不断通过主观努力，主动去理解和掌握知识，就会在学习过程中产生积极的内心体验。因此，备课时一定要深入了解学生的学习基础、知识结构和思想状态，教学过程中一定要注意突出重点、分散难点，科学合理地设定教学目标，使学生在学习中既有一定的层级和难度，通过努力又能完成学习任务，就会在课堂学习中保持良好的情绪和高效的状态。

今年笔者接手初一年级的语文教学和班主任工作，在开始的 1~2 个月里，

每堂课都会有意识地将进度放缓，也注意和各科教师交流沟通，尽量营造“快乐学习”的氛围，让学生对新环境和多学科知识有一个足够适应和消化的过程，注意学习兴趣的培养和学习、行为习惯的养成，保证他们在中学起步阶段就将基础打牢。基础打牢了，课堂效率就提高了，学生的成绩和能力也就随之提高了。

5 结语

综上所述，语文课堂教学效率的提高，是与老师“课外功夫”的“修炼”效果高度相关的，如果老师缺乏“课外功夫”的积淀，单纯地谈提高课堂效率是不切实际的，只有具备高尚的师德修养、扎实的专业功底，对学生情况有准确的把握，并保证每堂课都有充足的课前准备，才能确保课堂效率和效果的提高。

当然，课堂教学本身才是至关重要的，不管“课外功夫”修炼程度有多高深，都要通过课堂效率来检验。至于具体的课堂教学工作的实施，方式方法是多样的，教学有法亦无定法，不同的学校管理模式，不同的科任老师，面对不同的学生群体，教学方法的运用、教学内容的取舍必然是有差异的。此话题已不在本文论述主旨之内，在此不做赘述。

兴趣入手调动初中生自主学习的积极性

【摘　要】兴趣是最好的老师。老师要善于建立轻松愉快、平等互信、尊重学生、合作学习的氛围，坚持将帮助学生建立学习兴趣和信心作为调动学生学习主体性建设的核心和关键，始终在课堂教学中坚持激发学生学习的主体性动力和创造性潜力，从而有效帮助学生建立学习兴趣，进而引导学生形成健全的人格，树立远大的人生理想。

【关键词】初中生；学习兴趣；心理健康；尊重；教学氛围；创新方法

学习兴趣的建立是调动学生学习主体性的核心和关键，调动学生的学习主体性的前提是帮助学生建立学习的兴趣和信心，只有对学习本身比较有兴趣，学生才会主动学习、乐于学习，而帮助学生建立学习兴趣和信心，正是从教者必须要在教育教学中一以贯之的“规定动作”。教师建立起了轻松愉快、平等互信、尊重学生、合作学习的教学氛围，就一定会在课堂教学中更好地激发学生学习的主体性和创造性。

初中生需要面对从小学期间的小范围成绩拔尖到中学期间与众多优等生同台竞争、从较少学科到较多学科学习转变的不适应的情况，同时还要面临逐步步入青春期的迷茫状态和逆反阶段等实际状况，需要老师主动给予更多、更细致的关怀、帮助和引导。在多年来教学和班级管理的实践中，笔者始终坚持将帮助学生建立学习兴趣和信心作为调动学生学习主体性建设的核心和关键，并且收到了使学生快速、积极适应初中学习的较好效果。

1　师德师爱是激发初中生自主学习积极性的基础

教师是学生成长、成才最关键的引路人。对学生倾注更多的关心和给予更好的爱护，是从教者最基本、最核心的职业素养，是激励和调动学生更持久的学习兴趣的前提。老师道德高尚、有爱心，并在爱心驱动下强化自己作为教育工作者的责任意识和使命意识，才会主动接近、关心和爱护学生，时刻关注学生道德品质、学习兴趣、技能智力的建立和发展，给学生以正面、积极、温馨的情感和成功体验。

初中生进入初中阶段需要尽快适应新的环境、老师和学习要求，教师对学生发自内心的关爱对学生健康成长（而不仅仅是学习技能）至关重要。教师把对学生满腔的关爱寓于教学和管理过程之中，发乎心而见其行，学生自然就会体验到浓浓的爱意，自然会有亲切、温馨、幸福的情感体验，进而产生良好的学习兴趣和积极的学习情绪。

众所周知，初中生处于心智尚不成熟的阶段，因此在课堂上一定要注意学生的心理特点，这也是“因材施教”必须要遵循的基本原则，在具体的教育教学实践过程中，老师要多引导少代办、多肯定少否定、多鼓励少批评，主动做学生的朋友，主动增进师生情感。这样，学生就会喜欢老师，从而发展到喜欢老师的管理、引导和教育，对学习有兴趣，自然成绩就会越来越好，学生的自信心也就会越来越足，这就是“尊其师、信其道，然后从其教”的道理。反之，如果老师没有爱心、对学生不负责，学生就会疏远老师甚至产生严重的逆反心理，从乐学、愿学演变为被动学、机械学，甚至导致厌学、弃学。

教师关心爱护学生没有特定的模式要求，但总体上要善于了解学生的兴趣、爱好和个性特质，要关注学生的情绪变化，有针对性地帮助学生进行学习、成长方面的问题改进、认识转变和能力提升。

当然，关心爱护学生并不是对学生的缺点视而不见、放任自流，而是要注意教育的方式方法，即使是批评学生也要注意方式方法，要和风细雨润物无声，才能让学生从内心认识到错误；要让学生感受得到诚挚和善意，才能构建和谐融洽的教、学关系，使学生从学习兴趣和信心的初步建立到逐步强化，最终实现自我激发学习兴趣、主动克服学习障碍、强化主体性学习建设的目标。

2　尊重人格是有效增强初中生自主学习积极性的前提

尊重学生就是尊重其独立人格。学生和成人一样都有尊严。马斯洛的需求层次理论把“尊重”视为其中之一，获得尊重也是学生的基本需求。尊重学生，就要有“人性善”的基本思想，善于发现学生的优点，用尊重、平等的语言、态度和行动引领和鼓励学生，时时处处以学生获得更好的成长为教育引导的出发点。不管是正面引导还是必要的批评，都要坚持客观、科学、公正的评价，多用肯定语气，少用否定言辞，多鼓励和打气，少批评和漠视，要全心建立健康、和谐、进步、平等的教育管理氛围，让学生有适度的学习、思考和自我管理的自由，有发表言论、舒缓精神、释放压力的平台。教育管理中要坚持张弛结合的原则，全面塑造学生人格，提高学生学习兴趣，保证学生心理健康，激励学生自主学习和创新学习。

初中阶段老师要摈弃管理小学生的“家长制”方式，更要善于做学生的良师诤友，与学生建立平等互信、互敬互尊的关系。中学生已有一定的是非美丑判别能力，同时在逐步走向青春期，老师要具备一定的心理学知识，并主动换位思考才能实现更好地进行教学管理。师者，传道、授业、解惑，老师首先自己要“得道”，所谓“学高为师、身正为范”，老师不能因为自己的知识、技能和阅历比学生稍微丰富一点，就高高在上给学生造成距离感，要用人格魅力而不是用强制甚至武力来施行教育，要让学生在成长中逐步消除学习的心理障碍，实现主动学习、积极进取、自我提升。

3 善用方法是快速提升初中生自主学习积极性的保障

对初中生的教育管理除了仁爱之心、尊重人格外，还要善于运用科学的手段。笔者在实践工作中采用过的一些方法，可以有效地“刺激”学生强化知识、技能的识记和巩固，达到事半功倍的效果。

一是要营造课堂教学的良好氛围。学校教育的主要方式是课堂教育，教师面对一群特殊的“受众”，一定要有“气场影响”，这是课堂教学中非常重要的元素。课堂讲解要中气十足，用内涵丰富的语言、铿锵顿挫的语调、风趣幽默的谈吐和繁简适度的语言组织来完成知识点、知识面传授。课堂教学的核心是语言，每节课在一定程度上就是一场“演讲”或“交流”，教师必须要遵循语言表达的基本规律和技巧，充分调动一切“演讲”的技能，在互动中完成教学。课堂一定要给学生创造平等开放、宽松和谐的教学环境，让学生们在轻松愉快中完成基本知识的学习，并能够善于施展其基本技能素质。比如某些难度不是特别高的问题，就可以交给学生自己去思考、讨论和解决，通过问题解决和技能素质提升激发学生的积极性、求知欲和自信心。

二是要创新课堂教学方法。课堂教学可以运用的方法很多，操作、游戏、谜语、戏曲、影视等都可以有机结合到各科课堂，甚至可以采取“非课堂”的方式完成课堂教学和知识巩固，使学生在轻松愉快的气氛中进行学习，并通过用手、用口、用眼、用耳、用脑和用心的多重手段进行巩固强化。相比而言，大学里面有劳动技术、社会实践、讲座报告、影视鉴赏等，教学方法和手段比中学更为丰富。在中学也可以适度开展一些这种非课堂的教学方式。记得曾经看过一个山区支教学校开展教学的纪录片，支教的数学老师为了帮助孩子们建立“长度和距离”的概念，直接把孩子们带到学校前的山路上，通过距离测量、比赛跑步、观察比较距离等方式，把教室里面只能看到、比较到、理解到的毫米、厘米、分米、米、百米的概念放大到了对里、公里的直观感受。生物学老师则把孩子们带到田间地头，对着书本比较观察植物的花、种子及深入地下的根系等。这种教学案例并不是落后的表现，反而恰恰是教学中最有效的方法，也是最直观的教学方法例证。

三是要善用多媒体强化学习兴趣。多媒体的出现，在一定程度上帮助提升了教学效率，改变了教学手段。利用 PPT、动画、录音、录像、远程视频等进行情境教学，丰富了教学课堂内涵，使过去的音（语言）、字（板书）单一模式下的课堂变得更加有声有色、有动有静、生动活泼，还可以跨越时空进行学习交流，极大地增强了课堂的趣味性，将课堂学习变成了轻松的活动，不管是学生还是老师，课堂教学、学习的效果和基本知识、技能的巩固强化自然就“事半功倍”了。但是，多媒体搜集、制作有较大的难度，而且多媒体也不是万能的教学工具，要多用、善用，但不是乱用。

科学有效的教学方法和手段很多，既有成体系的，也有个案性的，但有效的方法一定要在熟练运用、符合学生实际、确保教学成效、持续创新探索的条件下运用，要善用而且要活用。教育有法但无定法，因此教学工作中既要大胆进行应用探索，尝试用多感官的方式强化中学生对知识内容的接受和强化，又要切忌机械地照搬照抄，让课堂表面的热闹繁华冲淡了教学本身的知识传播和学习能力提升的本质。

4　结语

无论什么学科的学习，对中学生尤其是低年级中学生而言，最首要的都是要解决好兴趣的问题。如果学生失去了学习兴趣和动力，教师无论用什么手段和方法都是徒然的，因为对学生而言都始终是“被动”的学习。所以为师者除了要完成既定的知识和技能传授外，更重要的就是要培养学生的学习兴趣，就是要激发学生学习的主动性和积极性，就是要引导学生建立健全的人格和远大的理想，这才是中学教育应该追求的主要目标。

以中小学为主阵地的方言区和少数民族语言区普通话推广普及策略①

【摘　要】方言区和少数民族语言区受社会环境、民族习俗以及启蒙教育、社会认知、教师专业素质等因素的影响，中小学普通话教育、推广落后。针对“推普”工作中存在的问题，学校、社会、职能部门和广大教育工作者要强化职责，从中小学开始就多渠道、多方式“强势”介入，加快打牢普通话推广普及工作的基础。

【关键词】方言；少数民族语言；语言习惯；普通话；推广普及；对策

1　方言区和少数民族语言区普通话推广工作面临的难题

1.1　语言习惯根深蒂固

在具有较强的“方言优势”的地区和少数民族语言区，因经济、文化、社会发展水平相对落后等原因，受根深蒂固的方言、民族语言影响，且不说学校普通话教育的规范性和普及性，单是家庭环境影响就会在很大程度上抵消学生好不容易才在学校建立起来的普通话规范，学生回归家庭和社会后，仍然会在小环境的影响下回复为用方言、民族语言交流的习惯，普通话的“功用性”就消失了。在一些边远地区或少数民族聚居区，甚至连教师的普通话教学都还未真正普及，在学校教育中都还存在“方言”“民族语言”教学的现象。

1.2　思想认识相对片面

毫无疑问，学校应该义不容辞地承担起推广普通话的重要责任，但是在方言地区和少数民族语言区，人们因为在本地、本民族的日常工作和生活中几乎不会

① 本文原载于《新课程学习》2014 年第 31 期，编入本书时有所改动。

用到普通话，因此大家一贯地会认为普通话并没有什么实际性的作用，而这种片面的认识则影响了这些地区、民族的语言观念的解放，有时甚至连教师在课堂教学中都没有采用普通话进行教学，甚至认为用普通话进行教学会影响课堂质量，原因是学生听、说普通话的水平就很低，所以接受普通话课堂教学就有障碍。而老师也因为说普通话“不方便”“不流利”“不习惯”，所以大多数采用“方言”教学。就因为人们在日常交际中不会用或不需要用普通话，久而久之，普通话就被“遗忘”了，把普通话推广普及置于提升全民素质的高度的认识更无从说起。

1.3 规范训练时间滞后

语言习惯的培养必须是“越早越好”，普通话的规范训练也是一样的道理。但是在条件相对落后的地区和少数民族语言区，普通话的“规范”一般都要等到孩子进入学校才有可能建立起来（有的地方甚至入学了也不规范）。错过了语言学习的最佳时期，“纠偏”的难度就增大了。而且绝大多数学生在中学之前都是就近在本地学习，缺乏严格、持续、系统的强化训练，普通话的“短板”是显而易见而且很难改善的。

1.4 教育水平参差不齐

教师普通话水平的差异是客观存在的。在边远地区和少数民族聚居区，很多教师本身从小就缺乏必要的普通话训练，有的走上讲坛前也没有经过认证，更谈不上教学中的熟练运用了，教师水平本身就影响了学生的语言基础素养。边远地区有的只有小学，条件稍好一点的地区也最多设置初中，但是现行教育体系下，并没有设置中小学阶段的普通话课程，即使有了这方面的课程，也没有得到学校、老师的重视。实质上，即使是城市地区的很多中小学也没有设置专门的普通话教育课程，严重缺乏普通话教育、推广的机制、渠道和资源。学校环节的力量弱化和缺位，加大了方言区和少数民族语言区普通话推广的难度。

2 方言区和少数民族语言区普通话推广普及工作的重要意义

2.1 文化的自信

普通话是中华民族的共同语言和国际通用工作语言之一，更是华夏文明和中华民族文化自信的集中体现。普通话推广工作不仅是增强民族凝聚力和自豪感的需要，更是培养国民意识的战略措施。蕴含在语言文字中的历史和文化具有与政治经济价值等高的重要性，但是在广大方言区和少数民族语言区，人们的生活、工作中都往往是方言、少数民族语言占据绝对优势，受区域、民族大环境的影响很大，学校教育在一定程度上也是如此。

2.2 国际的视野

随着中国社会经济发展和国际影响力的逐步扩大，汉语在国际上的影响也已经越来越深远。特别是改革开放以来，中国的国力不断持续提升，中华民族跨地区、跨国际的交流、合作、学习日益频繁，即使是在国内，随着中国城镇化进程的加快、青壮年劳动力的跨区域甚至跨国际的交流和互动，也使“推普”工作显得越来越重要。

2.3 历史的责任

总体而言，中国近50年来从中小学教育切入的普通话推广普及工作成绩是比较显著的，但在广大农村中小学，尤其是方言区和少数民族语言区，受方言和少数民族语言的影响，加之学校重视程度不够、老师水平不高，普通话推广普及工作远未达标。普通话的“通用工具性”及其蕴含其中的文化、文明价值尚未引起足够的重视。学校是普通话推广普及的重要环节，但普通话推广普及工作又远远不仅是学校的责任，更是一个必须要全社会共同解决的重要问题，需要个人、家庭、学校、社会的共同关注，整个社会更是要从提升公民素质的战略高度重视做好普通话推广普及工作。

3. 以中小学为重点做好方言区和少数民族语言区“推普”工作的措施建议

3.1 宣传推广强化语言自信

就目前的情形和趋势而言，加强宣传引导是做好普通话推广工作的首要举措。只有持续强势的宣传影响，才能用“最经济”的方式，尽可能地引导方言和民族语言区转变忽视汉语学习和普通话训练的习惯性观念，有效增强中华民族的自豪感和中华文化凝聚力，促使全体公民都充分认识到普通话的重要性，并进而建立起强大的语言自信和文化自信。

3.2 环境营造构建共同认知

方言和民族语言本身蕴含着区域、民族、历史和文化等信息，自然有其存在的重要性和必要性，但汉字、汉语是华夏文明的载体，在保护方言、少数民族语言的基础上，必须大力营造学习汉语、推广普通话的良好环境。特别是在农村地区、方言区和少数民族语言区，不管难度有多大，都必须坚守中小学这一普通话教育的主阵地，至少必须把普通话作为教学和校际交流的共同语言，并激励教师和学生“走出去”，带头使用普通话、推广普通话，通过学校、家庭、社会环境的营造扩大普通话影响力，通过语言规范促进跨区域、跨民族的文化、文明交流，进而促进全民素质的进一步提升。

3.3 多方合力完善机制体制

普通话推广普及必须要改变“各自为政”的现状，必须要依托社会各方的共同努力，建立起相互协作共同发力的体制机制，特别是各级语言文字工作机构要认真履职并付出超常努力。国家语委、普通话水平测试机构、学校（特别是师范、语言类院校）都要切实承担起历史责任，而且要特别关注广大农村地区、方言地区和少数民族集聚地区的普通话推广实际情况、问题和困难，特别是要给农村、方言区、少数民族语言区中小学更多的帮助和支持。在条件成熟的情况下，要将普通话测试从针对“普通话从业者”向广大社会公众扩展。当然，在现有体系下，社会各方协同联动需要政府进一步完善配套机制才能达成。中小学教育作为其中最关键的环节和最主要的阵地，首先要做好所有中小学教师的普通话培训，通过持续、全面的强化训练，着力解决教师普通话水平参差不齐的问题，为普通话推广工作打牢基础。同时，语言文字工作者还可通过方言研究，“破解”方言与普通话的对接“密码”，消除“方言障碍”，寻求方言区普通话推广普及的捷径。普通话水平测试机构要改变现有的工作模式，普通话水平测试当然应该包括中小学教师，但更应不遗余力扩大影响，要在现在“有求才应”的工作模式的同时，“面向全社会”主动走出去。各级语委要改进管理机制体制，在主要负责普通话水平测试、认证和推普工作的同时，可委托培训或认证机构拓展渠道，扩展影响范围。普通话测试培训模式要改变语音单词、课文“正确发音”数十年一成不变的“应试模式”，多进行有益的探索，以有效激发学习者学习和使用普通话的兴趣。

3.4 信息技术应用加快推广普及

现代信息技术和传媒发展日新月异，并且深受各年龄段特别是年轻人的喜欢。特别是随着通信终端的普及和各种信息化应用的发展，使得信息技术、信息应用和新兴传媒的互动性、交互性、易传播性变得越来越成熟和普及，可便捷地通过新技术、新媒体、新平台快速率、跨时空、低成本、广覆盖、交互性等优势，快速实现对边远地区、方言区、少数民族语言区中小学教师、学生和广大人民群众的普通话教育、指导和普及。

3.5 激励机制注入强劲动力

就目前的情况和基础而言，普通话推广普及的配套激励机制还需要进一步完善，除了针对专业机构、学校的推普成效进行激励外，尤其应该建立健全针对新媒体推普工作的激励机制，解决传统手段“鞭长莫及”覆盖有限的问题，以激励新技术媒体主动介入中小学和社会大众的普通话教育、引导和规范，促使包括农村地区、方言区、少数民族语言区中小学生、人民群众对普通话认知的统一，形成普通话推广普及的价值和意义的深刻意识。

4 结语

汉字、汉语是华夏文明的载体，普通话是中华民族的共同语言和联合国通用工作语言之一，是跨文化、跨区域高效交流信息的工具和载体，更是华夏文明和文化自信的集中体现，今天遍及全球的孔子学院，就是传递、推广华夏文明主要的策略之一。推此及彼，方言区和少数民族语言区推广普及工作必须作为一项非常重要的长期性、系统性、战略性工程，必须要引起全社会的高度重视。当然，方言和少数民族语言也是中华文化的瑰宝，也是华夏文明重要的组成部分，也需要传承和发扬，但这又是另外一个话题了。

“用”以致“学”是关键
——方言区普通话推广普及问题浅析①

【摘　要】语言是人类最重要的交流工具和思维工具，普通话是华夏文明的载体，是汉民族的共同语言，但在一些方言区推广工作却不尽如人意。普及和推广普通话，其核心是要解决认识问题，要让“学”者充分认识到普通话的“重要作用”，解决了“可用、有用、必用”的问题，普通话推广和普及困难的问题自然就迎刃而解了。

【关键词】普通话；功用性；推广；措施

语言是人类最重要的交流工具和思维工具，普通话是汉民族共同的语言，早在1956年2月6日国务院就发布了《关于推广普通话的指示》，但时至今日，在极个别的地区普通话仍未普及，需要学校、语言文字专业管理机构站在使命和职责的高度，正视存在问题，主动加强普通话应用推广特别是方言区的应用推广，更有效地消除不同区域间的语言交流障碍，更快速地提升全民族语言、文化素质。

1　对推广普及普通话重要性的认识

1.1　推普工作是文化自信的表现

语言是文化的重要载体，普通话作为当今国际六大通用工作语言之一，它不仅是中华民族语言交际的“通用工具”，更是中华民族灿烂历史文化的集中体现。统一、规范的共同语言不仅是增强民族凝聚力、自豪感必须形成的共识，更是培

① 本文为前文的姊妹篇，但分析问题的视角主要聚集在普通话的“通用工具性”方面。

养公民热爱祖国、热爱中华民族、增强中华文化自信的战略性举措。站在国家形象和文化自信的高度，蕴含在语言文字中的历史文化具有与政治经济等高的价值。

1.2 推普工作是国际交流的需要

在经济社会全球化、现代化、信息化的进程中，随着改革开放的深入和中国国际影响力的日益提高，孔子学院遍布世界各地，中华文化和汉语的国际影响也随之越来越深远，普通话推广普及工作也越来越显得重要。

1.3 方言区推普普遍滞后

学校是规范普通话最重要的环节。中国近50年来从教育切入的普通话推广取得了显著的成绩，但是在“非北方语言”区特别是七大方言区下的广大农村地区，存在的问题依然不容乐观。在一些偏远地区，“十里不同音、百里不同俗”，方言、土话优势明显压过普通话优势，强化训练和推广普及工作仍然任重道远，必须引起高度重视。

1.4 推普工作需要学校教育和社会环境的有效结合

普通话的“通用工具性”作用必须引起全民的高度重视。我们说学校教育是普通话普及的重要环节，但其“功用性”则伴随在人的整个社会活动中，因此，规范、标准的、全社会的普及需要整个社会大环境的支撑。从这个角度来看，普通话普及不仅是教育问题，更是一个社会问题，需要家庭、学校、社会的共同关注，特别是在边远地区和一些特殊的方言区，更是必须从国家战略的高度予以重视。

2 阻碍普通话普及推广的问题

2.1 方言影响

相对而言，方言影响是普通话普及推广最大的障碍，在很多“方言优势”的地区特别是这类地区的农村，由于经济文化生活都相对落后，缺乏普通话普及推广的“大环境”，由于受根深蒂固的“方言影响”，且不说学校普通话教育的规范和普及，仅社会环境的影响就会削弱学生在学校建立起来的规范，因为一旦进入方言社会环境，普通话的“功用性”就消失了。更有甚者，在一些边远地区，连学校教育的普通话都还没有完全普及。

2.2 认识问题

认识问题是一个老生常谈的“理由”。学校作为规范普通话至关重要的一个环节，自然应当义不容辞地承担推广普及的重责，但是在方言区或边远农村地区，家庭、社会对普通话的认识非常浅薄。落后的认识必然影响语言观念的解放，有的地方甚至连教师也不用普通话教学，或者认为用普通话教学会影响课堂质量，学生接受也存在问题。加之人们在日常交际中完全可以不用普通话，当大部分人主要的社会活动局限于出生地方言区时，久而久之普通话都被“遗忘”了，把推广普及普通话置于提升全民素质的高度的认识更是无从说起。

2.3 语言“规范化”介入的时间“难题”

语言习惯的培养应该是“越早越好”。但实际情况是方言区标准、规范的普通话“习惯”一直要到学生进入学校才能真正建立起来。在广大的农村边远地区，由于缺乏学龄前幼儿教育，当进入小学时，学生的部分语言习惯已经形成，“纠偏”难度大。如果缺乏规范、严格、持续的强化训练，“方言普通话”的习惯就很难扭转。

2.4 教师普通话水平的影响

教师普通话水平存在差异是客观存在的。在边远农村地区，还有很高比例的教师没有通过正规的普通话训练，即使是在城市地区，也有一定比例的老教师没有经过普通话水平测试，教师本身就缺乏必要的普通话知识，更谈不上教学中的熟练运用了，学校普通话教育水平和推普效果就可想而知。

2.5 普通话教学模式的影响

学校是普通话推广和普及的关键，但纵观普通话教学的模式，从幼儿园到中学，学生的普通话教育都是“学舌”教育，根本就没有理论支撑。即使是到大学，非汉语言专业的普通话教育也鲜有涉及理论学习。

2.6 普通话推广普及的“渠道”问题

不可否认，目前普通话推广普及的渠道是极为单一的，缺乏完整的制度机制。实际上只有学校和极个别的专业单位在承担普通话的普及推广职责。即使是这样，也只有对教师和语言工作者，普通话水平才是必需条件，而且只是“入围”条件，与待遇、职称、晋升成长并未挂钩，而在其他的绝大部分领域，普通话水平则仅仅是“优势”而已。

3 推广普及普通话的措施和建议

3.1 高度重视并认真做好宣传引导工作

只有通过强势的宣传引导才能扩大普通话的影响，真正使推普工作深入人心。已经有学者指出，目前对英语的重视已经超过了普通话的影响，呼吁和倡导对汉民族语言的重视并不是“排斥”英语、方言和民族语言，而是应该改变忽视汉语的认知观念，必须坚信汉语才能有效增强民族自豪感和凝聚力的认知，必须要促使全民认识到普通话的重要性。

3.2 大力营造“共同认知”的语言环境

方言和民族语言本身蕴含历史文化信息，自然有其存在的道理和必要性。但在“必须、必要”保留的同时，还必须要营造适合普通话普及的“大语言环境”，因为在优势的方言和民族语言环境中普及和推广普通话是相当困难的。不管是在城市地区还是农村地区，不管难度有多大，都应该且必须坚守学校教育这个阵地，必须把普通话作为教育教学和学校交际的“共同语言”，从学生到教师都要做到每时每地都用普通话交流，即使是面向方言社会，教师和学生也要带头使用普通话，要形成“习惯”，要通过学校教育环境的营造，不断地扩大普通话的影响力。从整个社会角度，也应该积极响应“国策”要求，构建完善普通话普及和推进的机制，培育普通话“成长壮大”的土壤和环境，突出从语言规范的角度切入促进全民素质的提升。

3.3 “专业机构”必须要认真履职超常努力

语委、普通话水平测试机构、学校等专业机构要付出超常的努力，切实承担起所负的伟大历史责任。普通话水平测试应该不仅仅局限于针对“普通话从业者”，可以向整个社会扩展，当然，这需要社会各方的联动，要有一定的配套的激励机制。针对学校教育，理所当然必须通过对所有教师的普通话专业培训，不管是农村地区还是方言优势区域，不管是语文学科还是其他任何学科，都必须要通过持续的、全面的强化训练，首先解决教师的水平问题，这应该是“千秋大业”；针对广大的语言文字工作者，则可以通过对方言的研究，为方言区找出方言与普通话的对接解决措施，尽可能地消除“方言障碍”的影响，为方言区普通话的普及找到“捷径”。

3.4 普通话水平测试的改进问题

目前的普通话水平测试，第一需要改进的是定位问题。如前所述，不仅是对语言文字从业者，更需要不遗余力地扩大社会影响，要主动“面向全社会”。第二需要改进的是管理机制、体制问题。作为专业机构，语委应该有相应的激励、监督职能，比如对接受普通话培训者，国家可以委托培训或者认证机构给予激励，要建立足够的普通话普及调研、推广基金等。如果还只是“认证”和被动推广的定位，没有体制、机制的促进，普通话推广就只能是“有求必应”而已，找不到自己该主动做什么，人们响应推普计划的积极性也肯定是要打折扣的，整个社会的推普工作就仍然是“任非常非常重、道非常非常远”。第三需要改进的是测试培训的模式问题，目前的测试模式已经被固化，培训模式、训练教材数十年基本上一成不变，已经成了纯粹的“应试模式”。当然，水平测试培训学习这一块阵地也非常重要，但具体如何变革才更能激发学习者的学习兴趣，这就需要语言学和社会学专家们来研究解决了。

3.5 对现代信息技术和传媒互动功能的利用

现代信息技术的发展突破了传统的电台、电视的单一传播形式，各种信息载体和新兴传媒的互动性、交互性愈加成熟，通过电子信息和互联网络技术，语言文字工作者可以把传统教育的优势和现代电子技术的优势相结合起来，实现对学生、民众的普通话指导、宣传和推广普及，使推普工作更加深入地开展起来。同时，应该有相应的机制确保各种传媒推广普及普通话的积极性得以提升，以激励传媒充分发挥其潜移默化的作用，给大众以积极的影响，促使全民对普通话认知更加统一，学习氛围更加浓厚，学习内生动力更加强劲。

4 结语

普通话作为汉民族交流的工具和中华文化的载体，其推广已逐步上升到国家战略的高度。就个人的体会和感悟而言，普及和推广普通话的核心就是要解决是否有“用武之地”的问题。否则，如果受众认为其“功用性”不强，甚至“没有用”，其根基自然不广、不牢，普及推广就必然更有难度。不管从哪个环节和角度切入，也不管采用什么措施，只要解决了“可用、有用、必用”的问题，普通话推广和普及困难的问题自然就迎刃而解了。

“双主体”课堂模式的教学环节设计

【摘　要】“双主体”课堂教学模式强调学生“学”的主体和老师“教”的主体，突出的是“以人为本”的教学理念。但“双主体”模式下，并不是机械地强调必须强化某一主体的主导性，而是要契合课堂目标、学生情况等实际，灵活掌握，才能实现“教”与“学”的平衡和教学目标、培养目标的达成。

【关键词】学生主体；教师主体；协作配合；平等性；实践性；科学性

“双主体”课堂教学模式是现代教育理论下的新兴课堂教学模式，“双主体”教学突出“以人为本”的教育思想，既不过度一味地强化学生主体，也不提倡教师完全的“单向”知识灌输，通过教学环节中“教”的主体作用发挥和“学”的主体能动性的激发，为学生也为老师创造平等和谐的教与学的环境和氛围，更加符合当前教育教学的实际情况。

1　“双主体”课堂教学模式下教学设计要考虑的主要因素

教师作为学生学习的“施教者”，是学生学习计划实施、成长发展方向引导和课堂教学目标把控的灵魂人物。课堂是学生教育的主要载体，要上好课就必须要进行教学设计，就要高度重视教学环节设计。“双主体”课堂教学模式强调教师主体和学生主体，但并不是无计划、无准备、无目的地“视课堂情况再决定怎么教”。“双主体”课堂教学模式下，科学的教学环节设计必须要考虑以下几个因素。

1.1　要考虑师生主体关系因素

“双主体”教学最重要的是良好、高效、优质的课堂互动沟通。中学课程已有的逻辑性和抽象性比较强的理论学科和所谓的“豆芽学科”，在这些学科的教学中的理论讲解、逻辑分析偏重于以教师为主体是必然的，因为学生都知道目前的文理分科问题，部分学生在一定程度上存在对理论课和非自己选取方向的学科被动应付的实际问题，有的学生甚至会认为理论课程用处不大，个别学生甚至有逆反心理。“双主体”教学是解决这一问题的“良方”，通过对等沟通和角色扮演，进而推进学生主体作用的发挥，可以逐步引导学生将理论基础的建立和逻辑分析能力的提升落实到成长认知和实践能力提升的高度，强化学生主体的自觉性学习，并保持好课堂教学过程中教与学的有效互动。

1.2 要考虑学生主体兴趣因素

教学活动是由师生共同建立的学习系统。“双主体”教学相对侧重于强化学生的主体地位，也就是学生也要参与“教学”。在学校教育教学活动中，学生主体毫无疑问应该强化主动参与，而教师主体则根据不同层次和基础能力的学生“学”的情况，针对存在的问题，给予有效的指导，并且要高度重视学生兴趣的培养，如果不能通过兴趣的建立来培养学生主体的学习主动性和积极性，学生的主体性就很难得到体现。

1.3 要考虑学生学习自信因素

自信心对中学生主体性学习至关重要，是中学生面对自己人生理想、目标的坚毅性反应。学习自信力高的学生，明确学习目标后，对目标的实现是满怀期望的，并会克服一切障碍实现目标。反之，自信力差的学生则会在困难面前退缩，甚至怀疑自己的目标定得过高，从而降低对自我成长的要求，给学习主体建设造成障碍。教师要通过持续的课堂引导，帮助学生建立自信，激发学生主体积极进取的态度、勇气和意识，帮助其最大限度地发掘自身潜能，最大可能地调动其主观能动性。因此，教师主体在课堂教学设计中，一定要主动对学生进行引导和帮助，最终让学生“亲其师，信其道，从其教”。

2 “双主体”教学模式下教学设计需要解决的主要问题

“双主体”教学模式并不是毫无规则和约束地把课堂“扔给学生”，相反地，要保证教学目标和人才培养目标的实现，反而对课堂环节的要求更高，要达到既定的教学和育人目标，在课堂设计中就一定要立足于有效解决问题。

2.1 达成教学和育人目标

无论采用什么教学方式，教师都必须要认真研究学科《教学大纲》明确要求的教学目标和任务，结合学生的知识结构、知识层次和能力实际，既要达成教学目标，又要使学生的主体性得到锻炼和体现，而且要培养和强化学生的学习主体性，而不是完全“机械式”管理或完全“放任自流”。完成学科教学目标还要与实现育人目标紧密结合，让学生既获得知识增长，又实现人格提升。

2.2 实现知识和技能的提升

强化有效的学生学习主体性建设，学生必然会主动积累相关知识。但是以学生为主体并不是以学生为课堂“主导”，教师要指导学生在知识点的基础上扩大知识面，使基于点上积累的认知系统化、立体化，最终实现学生整体技能素质的全面提升。

2.3 通过自主学习建立协作意识

“双主体”模式下，学生个体是学习主体之一，学生群体也可以视作一个主体。而一个群体就是“探究式”学习的一个学习小组或者一个学习团队。在课堂教学设计中，教师要为大多数个体或者每个团队都提供展示其自主学习成效的平台和机会，通过公开的分享成果、讨论问题、解决疑惑等，促进提高学生主体的综合能力和素质，达到学生主体之间的相互学习和相互提高，也达到教师主体和学生主体之间相互促进和相互提升的目的。

2.4 通过科学评价正确引导学生

学生主体的自主学习由于受客观条件、心智模式、知识积累等影响，有些认识可能是片面的甚至是错误的，因此，教师要有科学的标准给予评判。一般情况下，科学评价的依据主要来自《教学大纲》的要求，但也可以在“双主体”充分论证的基础上建立评价标准，并引导学生自我评价，以增强学生的自主意识，提高学生解决问题的能力。

3 “双主体”教学模式下教学设计需要遵循的主要原则

“双主体”课堂教学的有效施行，必须在教师主体和学生主体的能动性都得到“极致”发挥的情况下才能达到最佳效率和效果。因此，在教学过程中必须要注意把握3个主要原则，即平等性原则、实践性原则和科学性原则。

3.1 平等性原则

“双主体”课堂教学的本质和核心是师生平等。在“双主体”模式下，教师和学生的和谐是最基本的前提，而和谐的课堂教学氛围的核心是教师首先要尊重学生人格的独立性，教学管理中既要体现教师的主体作用，也要突出学生的主体作用。教者和学者都是平等的主体，教师和学生在教学实践中的心理、人格、行为上是平等的关系，学生也要对教师发自内心地尊重，并虚心接受教师的指导，服从教师的管理。反过来，教师也要主动关心、爱护和教育学生，与学生一起创设良好的课堂氛围和和谐的学习环境，通过教师主体和学生主体的共同研究、共同学习，实现共同发展、共同进步。

3.2 实践性原则

学校教育的最终目标是培养人才，可以促进学生学习能力和实践能力的提升。不仅是“双主体”课堂教学，任何模式的教学，学生都必须要有主动参与实践的内动力，课堂教学中的认知、探究、实践、改进等，都必须以学生主体的学习和实践成效来检验，如果没有实践和应用，学习就只是“纸上谈兵、课堂论道”。而教师主体作用的发挥，就是要创造学生主动参与、探究学习、相互合作解决实践问题的平台和氛围，鼓励学生主体积极参与质疑，引导学生积极进行问题分析和实践验证，结合实践活动挖掘学生解决问题的潜能，全力培养学生主体的创新精神和实践能力。

3.3 科学性原则

学校教育要做到有教无类、全面育人，但面对具体的学生个体，教师又要针对学生的个体差异，做到取长补短、因材施教。面对学生主体，教师要一视同仁，能客观评价和公正对待学生，特别是对待“后进生”，一定要有宽容的心态和“打持久战”的心理准备，既不要急功近利拔苗助长，也不要视而不见弃之不管，而要通过面上推进和点上突破的相互结合，最终实现学生主体和教师主体都共同成长、共同进步。

学生主体的课堂实践成效、原则和问题探讨

【摘　要】按“三三课堂”理论和要求，课堂三分之一的时间要留给学生自主学习。但让学生自主探究、自主学习不是一成不变的硬性要求，而是要结合学生基础、教学推进和具体的课程安排科学引导、逐步递进、持续强化，才能在“学生主体”的课堂中达成培养提升学生自主、自我学习能力的目标。

【关键词】学生主体；自主学习；合作；探究

从学校实施“三三课堂”以来，笔者先是在所任教的毕业班进行了应用探索，又在现任教的初一年级逐步展开，基本上经历了一个完整年级的实践，获得了一些成效和经验。在实践验证的基础上，本文主要是就学生自主学习环节的一些问题进行归因总结和问题探讨。

1　“三三课堂”的班级实践成效

“三三课堂”最主要的一个核心理念就是还课堂于学生，培养学生自我学习、自主学习的能力。通过近两年两届四个不同班级的实践，从具体成效来看，在“面”上，确实有效提升了学生的学习能力，而且从学生进入高中反馈回来的信息来看，这种初中阶段养成的自学能力特别是在有效时间内解决老师安排的学习问题的能力，能让他们在高中阶段“继续受益”。但是在“点”上，“三三课堂”操作层面还存在一些需要不断优化完善的问题。

1.1　调动了学生学习积极性但仍有个别学生不在状态

自主学习需要追求的是全班面上的效果，这个效果，在笔者所任教的两个不

同班级都有持续的改善和提升，但对个别学生而言，有的学生有积极性，愿意自主学习，但不能在课堂上集中精力解决问题，有兴趣但找不到“状态”，必须要加以改进和优化。

1.2 培养了学生自主学习习惯但合作学习有待强化

受传统教育模式和初中生心理特点的影响，学生的合作意识和主动性并不强烈。而自主学习不等于个人自我学习，作为课堂组织模式，必然有小组学习、合作探究的安排，个别学生在形式上看似适应了自主学习，但并不等于已经开始合作学习。在平时的教学中应进一步培养学生的集体荣誉感，引导学生在班级和学习小组中形成合作学习的习惯，而这种学习习惯的养成教育目前看来还需要进行更深的探索和优化。

1.3 实现了从单向传授向自我提升转变但大胆放手仍然有限

总体上还课堂于学生后，在具体的教学过程中，实际上任何老师都不会在所有课堂对学生完全放手，即使是在明确了自学重点目标的情况下，老师还是要受课堂整体目标的影响，存在“利用时间”多讲、多灌输的思想，课堂上单向传授的情况还是比较多，真正放手让学生自我学习和探究仍是有限的。

1.4 进行了理论指导实践的验证但远未形成理论体系

“三三课堂”新模式的很多理论还处于探索阶段。教学中大多数时候老师仅仅是按照学校的要求和安排在实施推进，真正结合班级、学生、教材、教学实际对“三三课堂”的理论研究还不够深入，并且这方面理论体系本身还处于探索阶段，因此在实践过程中存在的很多问题，实际上是缺乏系统的科学指导导致的。

2 提升学生自学有效性需注意的几个关键

提升“三三课堂”学生自主学习环节的有效性，教学过程中教师要做好引导、组织、全局把控和效果检验，提升学生组织学习的效果。这两年的实践虽然存在这样那样的问题，但从实际教学情况来看，仍取得了一些成功的经验。具体而言，就是必须要把握好自主学习环节的几个关键。

2.1 坚持正确的教法指导

有效的教学组织是自学效果的保证，任何学科的教学，不管是对课程的整体把握还是对学生能力、素质的培养，都要求坚持正向、科学和正确的原则。在具体实施过程中，既要确保把部分时间留给学生自学，又一定要做到“管而不死”“放而不乱”。因此，学生自主学习探究不仅要有主题、有重点、有核心，更要有教师对课堂秩序的有效把控和适时纠偏。

2.2 坚持目标导向原则

任何事物都有其内在规律，学生自主学习亦然，“万变不离其宗”，自学不能脱离确保教学目标实现这个宗旨。如果把自学探究的“自修”当成“自休”，这就偏离了教学核心主题，既浪费了宝贵的课堂时间，又对学生良好自我学习习惯的养成极为不利。

2.3 坚持循序渐进的科学方式

学科知识的传授，既要“传道”，又要“授业”，必须要有综合考虑。学生自主学习行为的培养必须要循序渐进，特别是对于低年级学生的自学能力培养，一定要建立在培养其自学基本能力、对课堂教学与课外自修有较深刻认识、对课堂学习目标有明确的判别的基础上，否则就会适得其反。

3 实施课堂自学需要继续探索的问题

将三分之一的时间用于学生自主探究、自主学习不应该是一个一成不变的硬性要求，而是要结合学生基础、教学推进和具体的课程安排等因素来灵活实施，因此必须要注意研究解决以下几个突出问题。

3.1 学生基本素质和习惯养成问题

课堂自学必须要依据学生整体素质情况进行策划和安排，在学生自学能力和习惯还没有完全养成、容易造成学生“自休”或者学生有探究兴趣但没有掌握学习技巧的情况下，应该先进行学习习惯和能力、技巧的培养，适当缩短学生自学探究的时间安排，逐步强化培养自学习惯和能力，待其能力养成后，再逐步进行“固化”“深化”。

3.2 课堂教学中的点面结合问题

学生自主学习不是“放而不管任其发展”。自学组织首先是班级整体自学的组织和管理，与此同时还要注意对个别学生的“辅导”，包括方向把控、技巧和能力培养点拨等，要通过持续的“点”上的改进，逐步实现班级整体自我学习能力和班级自学水平的提升。

3.3 课程安排适应客观实际的问题

自学安排不应该是所有课堂都必须要按照“三三课堂”时间要求进行分配，而是要在遵循基本原则的前提下，根据具体课程需要而灵活运用，确保总体上达到课堂教学目标和课堂模式的科学结合，实现学科知识传授和学生自主探究的有机平衡。

4 结语

总之，“三三课堂”作为一种教学实践，特别是在学生自学能力培养方面，近年来的探索已有小成，但其中还有很多需要完善和值得探讨的地方。这一模式还需要在实践—理论—再实践的过程中，不断探索、深化、优化，才能真正有效地实现培养学生自主学习意识、提升学生学习能力的目标。

浅议语文课堂效率的改进之道①

【摘　要】课堂效率是确保教学计划推进的关键要素。提高课堂效率是一个老生常谈的问题，但同时又是一个常谈常新的问题。针对如何提高语文课堂效率，本文分析了影响课堂效率的 4 个方面的主要原因，从破解干扰课堂效率的问题入手，以“把握好目标”为关键，提出了提升语文课堂效率的方法。

【关键词】课堂效率；学习习惯；探究精神；因材施教

课堂效率是一个老生常谈却又绕不开的问题，在大力推进素质教育的今天，语文这门古老而又年轻的学科，更需要以提高课堂效率来实现“课改”提出的教学目标和要求。课堂教学必须要从规避干扰因素入手，摈除影响学生学习习惯、学习能力、探究精神和合作意识等因素，扎好“根基”、夯实基础，建立明确的教学目标，通过学习兴趣的培养激发学生的积极性和主动性，充分挖掘课堂教学主环节的功能，了解学生的实际状况，力求做到因材施教，才能实现素质教育的“课堂目标”。

1　影响语文课堂效率的问题

对中学生而言，他们人人都有一定的语文基础，但又人人都没能在真正意义上懂得和学好语文，语文是“最好学又最不好学的课程”。影响课堂效率的原因非常多、非常复杂。从笔者 10 余年来的语文教学经验来看，影响语文课堂效率的问题主要体现在以下 4 个方面。

① 本文原载于学校教育教学论文集《实验之路》第 13 期。

1.1 学生良好的学习习惯尚需强化

从学生的角度来看，很多学生主要是缺乏良好的课前预习习惯和有效接收课堂知识信息习惯。众所周知，课堂教学都有相对固定的内容，如果没有课前预习，学生就不能发现问题和疑惑，也就不能做好寻找答案的准备，语文学科的学前预习对课堂教学的影响尤其明显。而课堂知识信息接收的良好习惯也是一种重要的学习技能，缺失这方面的习惯和技能，自然不能对其自身全面素养的提高起到推动作用，也不能保证课堂活动的有效进行。

1.2 学生的课堂参与能力相对较弱

教师是教学的引导者，学生是学习的“主人”，学生的参与能力、理解能力、感悟能力、创新能力和实践能力是影响课堂效率的重要因素。教师的“教”是为了学生的“学”，如果没有学生全身心地参与，如果学生不能最大限度地开动大脑机器，课堂效率自然就会“大打折扣”。

1.3 学生的自主学习和探究精神缺失

课堂教学时，教师都会“设疑”并千方百计引导学生独立自主探究。语文学习更是包括课内和课外的探究，但学生如果没有“质疑”反思的精神，对疑难问题的关注程度和兴趣集中程度自然也不高，学习能力也不会“升华”。

1.4 学生的合作学习意识淡漠

课堂教学和个人自学都只是学习过程的一部分，学生相互之间的共同探讨学习也是一种有效的学习方法的能力拓展途径，但受来自学校、社会、家庭甚至同学等多个途径传导出的“不要输在起跑线上”的思维、优质学校“竞争”压力、独生子女特有的个性影响等，学生之间主动相互合作学习、自觉进行研讨学习的频次、效果并不十分理想。

2 提高语文课堂教学效率的前提和基础

提高语文课堂效率，目的是充分利用好课堂的“有限时间”，达到提高学生的学习兴趣和自主学习能力的目标。要真正实现课堂效率的提高，必须有一定的前提条件和基础。

2.1 学生要有良好的学习态度

成功教学所需要的不是强制手段和措施，而是需要激发学生的学习兴趣，使学生在轻松愉悦中完成学习目标，这才是提高课堂教学效率的关键。从课堂环节入手解决学生学习态度问题的方法有很多，可以通过无所不在的问题情境来激发学生的求知本能。从载体的角度来看，实验、史料、影视等都是引发学生兴趣、激发学习动机的有效手段。从方法的角度来看，可以通过探究情境、假设猜想等方式，引导学生积极参与课堂教学，使学生主动全身心投入主动探究中来。从移情的角度来看，可以通过换位、类比等各种方式，把重要的课堂信息巧妙地设计为多彩、风趣、诙谐、幽默的问题，有助于激发学生学习的兴奋点，使其牢固地掌握好相应的知识信息。

2.2 师生之间要有和谐的关系

"亲其师，信其道，从其教"是实践得出的"真知"。师生关系不融洽，学生对老师不信任，教学自然"背道"，特别是中小学生，大多数情况下他们就是因为"爱其师"而"信其教"的，老师的人格在一定程度上就是影响学生学习的动力。良好的师生关系是建立在博爱、平等、尽责的基础上的，教师一定要有爱心和责任心，并将其持续地付诸教学和学生日常成长关注的过程中，才能建立起良好的师生关系，也才能确保课堂教与学的高效推进。

2.3 学生要有一定的自主学习能力

课堂教学要尊重学生提出的观点和问题，鼓励学生积极参与探究，持续地培养学生的自主能力。课堂上应积极双向交流各自对问题的认识、观点，以及隐藏在其中的理由。老师要多给予正向的肯定，要激励优生发挥特长优势，同时要使后进生不因为有错误的观点而受到冷嘲热讽，消除学生的学习"恐惧"，让每个学生都能体验到学习的快乐，都能享受到成功的喜悦。

2.4 教师自身要有丰厚的经验积累

教师水平的差异是永恒的"客观现实"，但教学经验的积累是所有教师都应具备的"能力"。随着教龄的增长，教师必须要有自己的课堂经验才能做好充足的教学准备，才能驾驭课堂、提高效率、完成教学任务，才能通过课堂的有限时间提升学生的能力。

3 提高语文课堂效率的方法

对不同的班级、学生，不同的教师有不同的提高课堂效率的方法。虽无"定法"，但仍有一些具有普遍性意义的方法可以运用。

3.1 明确的教学目标是解决课堂效率低下问题的关键

这里所提的教学目标，不只是某节课的目标，还包括所有学科课堂教学的目标。确定教学目标不仅要明确教什么，还要明确怎么教。既要坚持以主题内容、主题目标为主导，还要注意结合大部分学生的具体实际进行教学内容的解析和重构，通过主体内容的衍生拓展来提升学生的学习兴趣和能力。课堂教学目标都有相对统一的大纲和要求，只有把握好教学目标这个关键点，才会有课堂效率是否提高的判别标准。

3.2 学生学习兴趣的培养是提高课堂效率的根本

“兴趣即良师”，没有兴趣就不会产生动力、凝望、智慧和灵感。课堂教学作为学生在校期间知识学习的“主渠道”，教师更是要在课堂“主战场”上想方设法地调动学生学习的积极性和主观能动性，随时使学生思维处于活跃和聚焦状态，并通过长期持续的兴趣培养，使学生愿意主动探究、自觉学习。在学习兴趣培养方面，语文学科有得天独厚的优势——一旦形成了有兴趣的自主学习意愿，课堂教学的效率就会大大提高。在长期的语文教育实践中，学生往往对越感兴趣的教学内容、教学方法就越会表现出“亢奋”状态来，“学”和“教”才越容易保持和谐统一。建立了学习兴趣，课堂效率提高了，学生的学习技能和水平就会持续增长，而学生一旦“开窍”学会了运用知识解决实际问题并从中体验到成功的乐趣，就自然会产生进一步学习的愿望。针对学生的这种普遍的心理倾向，教师就是要通过各种途径培养其求知欲望和成就感，引导学生形成积极的价值取向，形成良好的学习习惯。

3.3 把握好课堂教学的三个主要环节是促进提升课堂效率的核心

第一，要把握好课前预习导向环节。充分做好课前预习是学生汲取知识的发端和关键环节，也是课堂教学的有机组成部分，其习惯和效果直接影响课堂效率的高低。而确保课前预习的成功，一是导读练习设计要集中体现课文重点和难点。要把学习这篇文章的方向定下来了。二是导读练习的内容要具体、聚焦，既要能涵盖基础知识的预习，又要能涵盖课文的重点、难点和语文能力的综合训练。三是课前预习总体设计要确保让学生在完成导读练习的同时，基本上能把握学习课文的要领。通过课前预习环节的长期引导和培育，最终要达成这样的目标——学生课前就能够明白学什么、怎样学——这实际上就是让学生自己明确学习的目标和方向。有了这样的基础和课前预习的准备，真正到了课堂环节，效率的提高肯定就有了保证。

第二，要把握好教法和教具准备环节。采用传统方式教学或基础条件稍差的学校，黑板是常用的“教具”，最多配合一两个简单的模型，很多基础条件落后的乡村学校就更差了，在这样的条件下，即使每节课有不同的内容，表现形式也是单调的，如果每节课再面对同样的教法和学法，学生就更会觉得单调、枯燥。所以教学准备要善于利用如挂图、投影、录音、影像等各种教具和有效的教学手段，充分调动各种可用因素提升学习内容的形象性和可感性。特别是通过一些现代化的教学手段和媒介，可以充分调动学生的多重感官接受知识信息、提升效率，加速其知识把握，促进其提高学习能力。

第三，要把握好课堂教学主体环节。每堂语文课堂的教学活动都要紧紧围绕主题来展开，而某一阶段课堂的点上的结合又要能够契合学生整体知识把握水平，确保学生能力提升与其既有的知识、技能基础是基本一致的。否则，知识点、能力拓展的目标就不能顺利实现。因此，课堂主体的把握，一是要注意处理好点与面的关系，在做好点上的知识、技能传授的同时，也要做好面上的分析、训练；二是要注意处理好教与学的关系，用不同的教学方法突出主题，基础知识的渗透一定要讲到位，基本要点的训练要适度、有效；三是要注意处理好知识学习和能力培养的关系，要遵循教和学的规律，通过知识的学习和掌握促进学生能力的提高，既确保基础知识传授，又注意培养学生语文的概括能力、分析能力、拓展能力等，实现高效率、快节奏的课堂教学。

3.4 掌握学生实际并力求做到因材施教是课堂效率提升的前提

因材施教是教育的真谛。做到因材施教的前提是对学生情况的全面把握，而学生个体（群体）的情况是动态的，不是一成不变的。因此，要想准确把握学生的情况，就要做到动态、深入、全面。

首先，要了解学生的心声。由于年龄、身份、学历、家庭教育、成长背景等差异，即使再和谐的师生关系，师生之间都会保持一点心理距离和思想差距。不仅是语文，所有老师都应当主动与学生进行正式或非正式的交谈，深入了解他们的心声，这不仅有利于与学生建立友好的关系，更有利于找出教学中存在的不足，对促进提高课堂效率具有很高的价值和很直接的作用。

其次，对学生的知识水平要“了然于胸”，确保课堂教学“有的放矢”。每堂课，从备课、课堂到课后巩固都要与学生的知识水平紧密结合。如果没有考虑学生的知识水平，那么课堂内容和教法就只能是纸上谈兵，不一定会产生最优的教学效果。教学过程中不考虑学生的实际，教案准备得再完整都不一定会产生理想的课堂效果，如果课堂内容不契合学生能力和水平实际，灌输的知识点越多，反而越会对课堂效率和效果造成不良的影响。

最后，对学生的需求要完全知晓。掌握学生的需求是提高教学效率的契机，也是切入课堂的“捷径”，从学生心理的需求切入往往会起到事半功倍的效果。新编语文教材从文章选取、内容编排、教学要求等方面本身已经充分结合了学生的需求心理，新课程标准也明确地强调了文学作品鉴赏、课外补充阅读指导等内容，课堂教学中，教师如果能很好地切合学生的需求，有计划地持续进行情感体验引导，就会使其产生学习的愉悦感和满足感。课堂上设置的问题、提出的观点要与学生的实际情况进行全面的“学生群体共性需求”的“对标”，让不同程度的学生都能获得成功的需求体验，进而树立起学习的自信和兴趣。学生有了兴趣和成就感就有了信心，就能更主动、更积极、更专心地投入语文学习中，课堂效率的提高也就“水到渠成”了。

4 结语

当然，提高语文课堂效率的方法和途径有很多，并且因时、因地、因人而各有不同，但万元归宗，只要归因准确、方法得当，课堂教学效率自然就会得到有效的改进。以上认识和体会，是笔者根据一己体验缘起的“经验”，在此抛砖引玉，期待与同行一道探索出更多切实、有效的方法。

参考文献

[1] 钱威，徐越化．中学语文教学法［M］．上海：华东师范大学出版社，2000.
[2] 韦志成，韦敏．语文教育心理学［M］．南宁：广西教育出版社，2004.
[3] 阎立钦．语文教育学引论［M］．北京：高等教育出版社，2002.

《论语》中“礼”的社会准则在现代社会的延续及其问题[①]

（成都市树德中学高2018级7班　罗浩鸣）

【摘　要】中国自古就是礼仪之邦，《论语》中提出“道之以德，齐之以礼，有耻且格”的论述。然而《论语》中的“礼”是基于“人性善”的前提而提出来的，是有一定的局限性的。“礼”在现代社会的应用应该坚持发展的观点，将“礼”放在当今社会规则、法律制度之下，将“礼”和“德”结合起来，最大限度地发挥其作用。

【关键词】“礼”；以礼治国；局限性；现代社会准则；监督；法律制裁；情感

1　引言

《论语》中“为政以德，譬如北辰”说明了德在《论语》政治思想中的重要地位，后来孟子又提出“以德去刑”的观点，更加确立了德的地位。然而在《论语》中的“礼”作为社会准则的地位比德更重要：“道之以德，齐之以礼，有耻且格。”[②]“能育礼让为国乎，何有？”[③] 从这里来看，“礼”似乎可以解决一切国家问题，可是这真的能做到吗？如果能解决一切问题，那么为什么其他国家又没有采用呢？“礼”的现代意义又是什么呢？

① 本文原载于《圣哲长风远》——成都树德中学高2018级《论语》研究论文集。
② 孔子．论语·为政篇第二．
③ 孔子．论语·里仁篇第二．

2 对论语中“礼”的理解分析

要了解“礼”对于治理国家的作用，首先要明白什么是“礼”。根据《资治通鉴》：“何谓礼？纪纲是也。”①

简单地说，“礼”就是一种规矩，但这可不只是“尊重他人”“遵守学生守则”“上课不能大声说话”那么简单。在《论语》中，“礼”总体上包括礼制、礼仪、礼貌三个部分。礼制是指全社会的等级制度和伦理秩序，也就是社会准则。礼仪是具体表现礼的形式，如婚礼、葬礼等。礼貌是待人接物中表现出来的道德修养，与我们平时所说的礼貌是同一个意思。

站在治理国家的角度来看，《论语》中的“礼”可以对应为礼制。孔子认为，用德行感染人民，用“礼”教化人民，人民就会有羞耻心，就不再做出对社会有危害的行为。孟子的“以德去刑”说的也是同一个道理。可是这真的能够实现吗？

3 儒家以“礼”治国的局限性

“道之以德，齐之以礼。”② 这个论断有一个重要的前提条件，那就是儒家认为的“人之初，性本善”。③ 儒家认为，人的一切恶劣习性都是后天养成的，如果让人从孩子时代起就不接触恶习，那么就不会养成恶习，并且对于养成恶习的人而言，道德教育可以让恶人良心发现，从而不再犯恶。可是放到科技如此发达的现代社会，人们也不能客观地断定人到底是本性善还是本性恶，实际上这个前提是一种假设、愿望，甚至是不存在的。那么德的作用也就不能完全肯定了。更何况是在战乱频繁的古代，人们吃不饱、穿不暖，基本物质追求都不能或者没有满足，那么还谈何顾得上道德修养呢？这也就是各国国君都不愿意重用孔子的原因。在当时物质极度贫乏的社会现实面前，自然就不能有支持精神教育的自觉。同时，国君本质上也是急功近利甚至是贪婪的，他们不愿去支持不能立即见到成果达成目标的事物。相较于“礼”和德，攻打他国扩大疆域领土、直接掠夺资源肯定要来得更现实、更实在一些，在国君们看来，自然是要先满足物质方面的需要，然后才能谈得上满足精神需求。

冉有和孔子的对话就充分证实了上述观点或者是客观现实：“庶而后富，富

① 孔子．论语·为政篇第二.
② 王应麟．三字经.
③ 王应麟．三字经.

而后教。"① 他们认为人口多了，就要先考虑使他们富裕（我们可以理解为先解决温饱问题）起来，在人们富裕的基础上再去教育他们。这与我们国家的策略："从温饱到小康再到共同富裕，最后达到精神充实，从满足人们不断增长的物质文化需要，再到解决发展不平衡不充分的问题"，也是高度一致的。

4 以"礼"作为现代社会准则的作用与不足

中国自古就是礼仪之邦，那么无条件地将古代的"礼"与"德"引入现代社会体系可以一蹴而就了吗？答案是不一定。

我们知道现代社会有成熟的秩序规范，我们可以从国家对于公务员的监督方式切入做一个分析。国家对公职人员的监督，首先是教育引导，通过思想教育感化的方式来提高其思想素质，保证他们做到自觉不触犯法律法规。其次是各级纪律检查委员会、监督委员会对官员进行行为规范的监督排查，对违反纪律规矩者进行处罚，起到整改问题威慑警示的作用。最后是纪法贯通、法律制裁，严肃处理违法乱纪者，标本兼治维护社会秩序。

通过对现代社会监督机制的了解，我们可以看到，现代监督机制也更多的是偏强制性的纪律和法律，而不是依靠自觉。这样的好处就在于发现问题及时制止，违法乱纪露头就治，可以保证社会秩序、社会管理不会反复出错，不会发生不遵守社会秩序者鱼目混珠的现象。那么在这样的体制中引入"德"与"礼"有没有更好的作用呢？答案则是必然的。"礼"可以帮助人们更清楚地认识到自己所处的地位、环境和应该接受的道德、法治规则，让人们自觉不做出越位的行为，同时滋养良好的社会风气，比如尊老爱幼、遵纪守法。"德"可以帮助人们摆正"三观"，提高思想意识，自觉不做出错误的事情。总的来说，"德"和"礼"都起到了积极的作用，填补了国家社会规范、制度、要求中的局限，即人们的自觉。同时，"礼"在当今社会中还有表达尊敬的作用，所谓的"礼多人不怪"，可以化解很多社会矛盾和冲突。更高的如国礼，有一套隆重体制，保证国礼能够体现我们对国际友人的尊敬，相比之下，言语尊敬的作用就小多了。

可是，我们把古代意义上的"礼"和"德"用于当今社会下不就完美了吗？笔者的结论是"不一定"。这里面最关键的原因在于《论语》中的"礼"本身就有一定的时代局限性的。首先，古代的"礼"体现的就是"完美的"阶级卑尊区别，而为了达成这一目的，有时是会影响和违背正确的价值观的。"亲亲相

① 孔子．论语·子路篇第十三．

隐”① 就是一个例证——孔子曾说他所见过最孝顺的人是顶着来自八方的压力隐瞒了父亲的过错，是没有违背“礼”中的孝道的。很明显，我们以现代价值观来判断，“子为父隐”② 这种做法显然是错误的，无论是谁犯了错，即使我们可以理解，但是绝对不能包庇。这种情况如果很严重的话就必须要交给法律来处理。其次，“礼”的一个重要组成部分——其外在表现是礼仪，它表现了“礼”的仪式感，增强了“礼”作为表达情感的外在作用。但是过度的礼仪就成了形式主义，会滋养奢华之风，浪费社会资源，这在现代社会显然是不行的。面对这种情况，我们就需要重视“礼”在现代社会的定义和要求。在当今社会，礼是必需的，但是要与和谐、勤俭的要求，要与中央“八项规定”精神高度一致，“礼”不能铺张浪费，否则就是奢侈，就是形式主义。当然，反对奢侈浪费和形式主义不是完全不要礼仪，有的情况下仪式太低、太简也无法发挥“礼”应有的作用。

那么，最好该怎样来做呢？那就是把“礼”放在社会规则、法律制度之下，最适度地发挥其作用。“德”也是一样，过度的“德”会把人带进完全主观的视野中，过高的道德可能会让人认为自己总会是对的，会自认为考虑了所有人和所有可能场景，就会主观地肯定自己是没有错的，因此会丧失“客观”的眼光。

5 对“礼”的现代思考

那么，把“礼”和“德”放在正确的社会地位以后，社会就是完美的了吗？我认为还远远不够。

维护社会秩序，法律是地位最高的一条警戒线，没有什么事物能超过法律衡量事情的正确尺度，可是法律也是有局限的。法律是铁的规定，这是其优点，不会因为各种原因放过一个罪犯，但这也正是它的局限：不能变通。简单地说，就是没有情感因素，是就一案办一案，不会顾及事件的背景、条件等有温度的信息。人们认同、遵循和喜欢法律，是因为法律能制度性地评判善恶是非之事，能制裁奸邪凶恶之人。同时，人们也会畏惧和害怕法律，因为即使是因为各种不得已的因素导致他们做出了接近法律边缘的坏事，一旦被发现也会被交给法律处理，哪怕他们做的事不一定是主观故意犯错的。

在今年热播的电影《我不是药神》里，主角游走在法律的边缘，从常理上、站在病人的视角，他似乎没有做错事。相比起其他卖假药的骗子，他还救了不少人的性命，但是不管他救了多少人，一旦犯了法，就要被处罚。在普通人看来，

① 孔子. 论语·子路篇第十三.
② 孔子. 论语·子路篇第十三.

这似乎是不合理的，更何况这个主角还是一个德、礼犹存的人，这就让身处底层甚至是有病在身的人们产生思想矛盾，怀疑自己信奉的德、“礼”的正确性。法外无情是法律的第一个局限性。法律的第二个局限性就在于不可能足够完善，它是人们根据一个个已有的案例总结出来的，法律的作用是有限的，而人们的错误却是无限的。当有新情况出现的时候，可能法律的进步还没有跟上来，对新问题是不能“有依据地”起作用的，因为法律可能还没有包含这种情况。这时，我们就需要一种高于法律的，能做出正确选择的存在，那就是情感。

情感能够让人基于人的视角做出选择，并作为法律的补充。人的选择在“礼仪之邦”的大众判断总是正确的，毕竟人是仁的，也就是爱人的。如果是可以原谅的过错，没有谁会刻意选择落井下石，面对一些特殊情况的时候，情感就能发挥作用，就能让人感受到自己面对的不只是规定死了的法律，还有人的情感。同时，情感也可以解决法律不完善的问题，法律是“铁”的，可人却是有温情的，在各种不同情况和场景下，即使法律暂时还没有完备的规定，我们顺着“情感思维”也一定会找到解决方案的，包括单用法律解决不了的问题。

参考文献

[1] 孔子．论语［M］．北京：光明日报出版社，2013.
[2] 司马光．资治通鉴·周纪·周纪一［M］．北京：线装书局，2011.
[3] 王应麟．三字经［M］．长春：吉林出版社，2015.

素质教育

SU Zhi Jiao Yu

艺术花开 青春放

新形势下城市地区小初衔接期的德育教育工作实践①

【摘 要】德育教育是学校教育的首要工作，中小学生处于身心健康发展的关键期，德育教育尤其重要。在城市地区，中小学德育教育因经济发展水平、教学资源基础、学校管理水平、信息化普及程度以及家庭教育方式各异，德育教育面临更为严峻的挑战，更需要遵从学生心理特点，多研究、多实践，掌握科学的教育引导原则，抓住小初衔接的关键窗口期，为中学生健康成长和素质养成奠定更加坚实的基础。

【关键词】新形势；城市地区；中学生；小初衔接；德育教育；学校教育；家庭教育

随着社会发展、教育改革和城市化水平的推进，城市地区中的小学德育教育也随之出现了一些不同的新情况。在城市地区，由于中小学因教学优质资源比较集中、学校择优选拔学生、功利性竞争更甚等因素的影响，德育的教育和实践、智育和德育、校园净化和社会环境塑造、学校教育和社会家庭联动等方面出现了不相协调统一甚至各执一端的迹象，导致学生在人生观、世界观、价值观、道德观等方面都不同程度地出现了一些偏移错位的现象和问题，城市地区中小学的德育教育已初显不匹配学生身心变化规律、不符合社会发展水平、不适应全面素质教育要求的端倪。笔者根据近年来切身体会的小初衔接期学生的德育塑造经验，从班级个案的角度，就城市地区学生德育教育问题“抛砖引玉”，以期与同行共享经验和探讨得失。

① 本文曾获评中国教育学会2008年全国中小学德育优秀论文一等奖。

1 新形势下城市小初衔接期德育教育问题的成因

与农村教育资源普遍贫乏、社会环境相对单纯、人际关系相对简单、经济水平相对较低场景下成长起来的孩子的性格相比，城市地区学生多样化的个性特征更加明显，德育教育的挑战性更大。结合多年来的施教经验，影响城市地区小学德育的问题原因，可以归结为以下几个方面。

1.1 社会大环境的影响

当前，不断变化的社会大环境和不断深化的对外开放形势，社会发展程度的加快、文化娱乐场所的发展、信息网络的覆盖，为学生学习世界先进文化提供了更好的机遇，为他们开拓了获取新知的新领域、新途径，但含有游戏、色情、暴力、颓废等落后、有害的信息也乘隙而入，严重影响了学生的道德感知和价值判断，给孩子的成长带来了负面影响，经济社会发展越好的地区，带来的负面影响也就越大。城市地区孩子所占的信息优势、经济优势更加明显，获取信息的渠道更为便捷，但他们受社会不良风气、有害信息的影响也就越大。

1.2 家庭环境和家教水平的影响

以笔者新近接手的这个初一年级为例：受单亲家庭影响的学生占 30%，家长经常用物质刺激来教育孩子的占 37.5%，父母工作忙无法照顾和教育孩子的占 16%，家庭缺乏民主氛围的占 54%，家长有赌博、酗酒等不良习气的占 32%，低保家庭的孩子占 11%。存在单亲家庭、物质利诱、隔代教育等现象的比率较大，家庭负面效应给德育工作带来的难度更大。

1.3 理论与实践脱节问题的影响

部分小学学校德育理论与实践脱节现象较为普遍，甚至有的学校根本就没有专门开展实质性的德育教育。虽然近年来素质教育“轰轰烈烈”，但一些学校特别是所谓的“优质”民办学校在“应试教育”余音未绝的现实下，学生必须通过考试走进好的学校，学校必须通过考试选择优秀的学生，学校普遍存在片面追求升学率的问题，家长和学生也必须通过层层考试才能争取进入“名校”。学校、家长片面重智育轻德育的现象较为普遍，即便重视德育也大多是停留在理论上、口头上。德育教育知行不一、脱离实践是造成学生道德教育缺失、认知错位的重要原因。

1.4 学校对孩子德育的重视程度的影响

笔者所教的班级，同学分别来自城区、郊区农村和市外的很多所学校。学生受地域、学校德育内容、模式、重视程度的影响差异非常明显。城市地区的孩子拥有优质教育资源但受社会家庭的影响较大，偏远地区教学资源缺乏但社会环境单纯。城市孩子综合素质相对较高、见识相对广泛，但在德育实践上有功利趋向，普遍没有乡下孩子的单纯和诚朴，“可塑”的难度反而较大。

2 城市地区小初衔接期德育教育应把握的几个原则

针对城市地区小学和初中衔接期初中学生德育水平、道德判断取向各异的实际情况，在学校实施德育教育的工作过程中，迫切需要注意把握好以下几个主要的原则。

2.1 实践原则

实践是加强德育的主要环节和衡量标准①。加强德育教育实践，除了在学校接受专门的教育外，还需要注意跟踪学生在社会中和家庭里的常态化表现，充分利用班级活动、校外典型事件、重大历史事件、重要纪念活动及家庭活动等载体，注意从学生的日常行为中观察其思想和实践表现情况，及时发现其德育方面存在的缺失，纠正其错误行为，为其指明德育改进和发展的方向。

2.2 博爱原则

责其“十过”不如奖其“一长”。要始终把“让学生自尊自信”作为施教的基础，通过正面激励的方式建立学生的自信。小学各地汇聚成一个初中班级，接手这些从各地各校汇聚起来的新集体“成员”时，老师首先一定要对他们的家庭情况、孩子在小学的日常表现、心理状态、学习能力及其家庭教育水平等进行全面、深入的了解，并通过一段时间的观察、判断，把脉问诊，做好“对症下药”的准备。在施教的过程中，要对每个学生都充满爱心和信任，要多肯定学生的长处和成绩，尽可能地给他们创造获得表现、获得肯定、获得成功的平台和机会，让学生在新环境中的丁点进步都会获得老师的赞赏和鼓励，这样学生们才会很快对德育的感悟铭记于心。

2.3 人本原则

每个人都有展示自我和实现成长的渴望，通过班干部轮换制来满足孩子们的渴望是一个不错的选择。最开始可以由学生“民选”确定班干部，但班干部“配额”是有限的，对其他有潜力的学生，则要激励他们在配合班干部开展工作的过程中接受锻炼，时机成熟后就要轮换任班干部。同时，可以设置班级管理的各种监督员，他们的职责是每天轮流值日，每周对班级管理进行“民主评议”，提出改进建议。一般情况下，一学期下来，所有学生都会得到锻炼，其组织管理能力和兴趣爱好都会得到发掘，很多小学一直未担任过班干部的同学，在参与班

---

① 梁定召．学校德育要抓好三个重要的实践环节［J］．当代教育论坛，2003（3）：69.

级管理的锻炼和“挑战”面前，也会发现“自己原来很棒”。

2.4 科学原则

实施德育教育时，不管是在校还是在家，都一定要始终做到正面、民主和廉明。在处理问题和矛盾时，老师和家长都要坚持做到和风细雨，始终对孩子们充满信任和期望，即使批评也应该饱含诚意和热忱，力求在感化学生的同时，使学生明辨是非曲直，让他们总是能够感到老师也在以身作则，是在用健全的人格感召他们，这样才能够有效地调动学生的积极性，进而促进班集体凝聚力、向心力的提升。德育教育也要有计划性和体系性。① 教育计划的实施需要班主任和科任教师之间的有效联动，班主任在每学期都要根据德育计划的总体安排，与科任教师统一思想和要求，明确班级德育与学科渗透联动的目标，并在各科教学中都做好有效的德育结合和潜移默化的渗透，通过老师与学生的共同努力，把整个班集体建设成为整体能力最强、综合素质最优的团队，从而让学生在良好的班级环境中得到熏陶。实践表明，在这样的班级氛围和环境中成长起来的孩子，即使不是学习成绩最好的，也绝对是综合素质最好的。

2.5 典型原则

树立典型可以起到明显的示范带动作用。除了学校、区、市三好，优干评议外，还可以在班上设“每周一星、每月一星”评选活动，通过学习之星、劳动之星、科技之星、道德之星等评选，随时推出先进典型，激励学生全面发展，营造有利学生自身和班级综合素质共同提升的氛围，把“大德育”观念落实到学生成长的全过程。

3 城市地区小初衔接期德育教育应突出的核心内容

城市地区小学生德育修养个体差异较大，城乡接合部、乡村或更远区域的学生跨进城区中学，无论德育还是智育都有个磨合过程。学生们处于德育养成和是非判断能力逐步成形的关键阶段，需要尽快建立科学的德育观，因此城市地区小初衔接期的德育教育必须突出重点，确保快速有效。从实践来看，小初衔接期德育教育要突出以下几个方面。

3.1 民族精神教育

民族精神教育是青年学生基本思想素养的重要内容。实施民族精神教育，一般可以从引导学生爱家乡开始，笔者每个学期都要组织“弘扬民族精神、报效祖国人民”主题活动，立足于挖掘巴蜀历史中与民族精神相关的史实，把邓小平、

---

① 易连云．德育原理［M］．武汉：武汉大学出版社，2010.

朱德、陈毅等老一辈无产阶级革命家和张思德、黄继光等英雄的事迹引入德育课堂或德育活动中。此外，还开展爱国主义教育基地游览、爱国主义影片观看等活动，通过班会、演讲、知识竞赛等形式，实施民族精神教育、社会主义核心价值观教育和社会主义道路教育的引导。通过这些活动，学生们对中华民族的优良传统有了一定的认知和了解，对中华民族光辉灿烂的文化历史更为热爱，为培育和弘扬民族精神奠定了良好的基础。

3.2 文明行为教育

小学阶段学生已经不同程度地接受了“五讲四美三热爱”教育，思想、生活、学习方面已养成一定的良好习惯。初中阶段要立足学生已有的基础，进一步加强他们的校规校纪、法律法规教育，还可适度引入一些公民道德教育和法律基础知识等作为德育教育的补充，通过专题讲座、案例研讨、政治课渗透等形式，培养他们遵守法纪、遵守公德和社会秩序的意识和习惯。文明教育要注意通过班级文化营造来熏陶、规范和感化学生，老师在加强教育管理的基础上，还要以身作则、率先垂范，发挥好头雁引领的作用，以良好的行为带动学生。通过积极、持续的引导，学生一般在一年内就会具备基本的法律意识和社会意识，对违规违纪行为、后果、责任就会有深刻的认识，对是非、荣辱、善恶的判断取舍就会更为明确。

3.3 诚信品质教育

诚信品质是德育教育的重要内容。根据教育部《关于进一步加强中小学诚信教育的通知》精神①，一定要要求学生和老师特别是班主任一道，把“诚信观念”落实到学习、工作、生活的各个环节，要求学生从诚信作业、诚信考试开始，逐步扩展到学习、生活的各个方面，全面提高诚实守信意识，树立守信为荣、失信为耻的道德判断能力，通过家长会、班会、板报等平台进行宣传、通报，树立诚实守信的榜样和典型，并动员态度积极的同学去影响态度消极的学生，以通过对学生不诚信行为态度鲜明的批评等途径和方式，加强学生的诚信品质引导。通过一年多的努力，家长们普遍反映孩子撒谎的现象明显改观，考试作弊、抄袭作业等现象也逐步有效杜绝了。

3.4 心理健康教育

心理健康教育是健全学生人格和心智的前提。在实际工作中，除了结合日常管理进行心理健康辅导外，在具备条件的情况下，还可以采取邀请教育专家、心

---

① 教育部办公厅．关于进一步加强中小学诚信教育的通知．(2004.3.25) [EB/OL]．[2007.11.8]．http://old.moe.gov.cn/publicfiles.

理专家开展讲座，要求家长配合教育等方式引导学生养成良好的心理素质。在日常教学中，着力加强健康体魄、人际关系、青春期心理的教育引导，对留守学生、入城农村学生尤其要予以特别的关心、爱护和心理健康指导，培养他们乐观向上的心理品质，促进学生人格的健康发展、健全发展。

4 城市地区小初衔接期德育教育的有效方法

通过近年来在培养学生德育素质的实践中不断地探索和总结，在针对城市地区小初衔接期的学生德育教育方面，有教训、有经验，也积累了不少可供借鉴的比较有效的方法。

4.1 利用课堂主渠道，扎实进行德育渗透

对学生而言，课堂、学校仍是德育教育的主要机构，充分发挥课堂主渠道的德育功能极其重要。在学校教育过程中，德育教育要寓于各科教学中，语、政、史、地等学科本身就蕴含丰富的德育素材，与德育教育容易自然融合，但即使是数理化，只要适度衍生，也非常容易找到结合点，任何学科都富含生动有趣的德育素材。比如数学课堂讲“勾股定理”“九章算术”“杨辉三角”等知识点的过程中，只要发掘出对应的数学家的成长经历、故事等历史素材，就可以进行引用和拓展，就能够有效激发学生的自豪感和使命意识。只要抓住知识点进行延伸和演绎，德育教育就会在任何学科的课堂上都“熠熠生辉”，而且可以在潜移默化中产生影响学生人生目标、激励学生奋发有为等意想不到的作用。利用课堂主渠道开展德育教育，对学生的理解、尊重是基础。没有爱心而引发学生反感，主渠道的功用就会削弱。因此，老师一定要关爱、理解学生，即使学生犯了错误，对其批评教育时也应尊重他们的人格。老师只有有爱心、能包容、有责任感、懂得换位思考，师生之间的感情才会不断持续加深，才能真正筑牢情感教育作用的基础。德育教育不是虚无的说教，有了情感的积淀，老师还需要联系生活中的善恶美丑现象、是非荣辱问题等，更有效、更及时地进行德育、美育的教育，引导学生提升素质。

4.2 强化德育实践，促进知行统一

学生的任何品质都是在实践活动中培养出来的，德育教育则更应该将学生放到社会中进行行为校验，使学生在实践活动中培养品质、陶冶情操，锻炼其意志，坚定其信念。比如组织学生去敬老院做志愿者弘扬尊老爱幼的传统美德，去贫困山区学校参观强化其爱心奉献意识，在家做家务了解父母的辛劳以更加尊重和感恩父母亲人等。德育实践的阵地多在学校，但走出学校、走出城市，融入生活、融入社会，更容易促成道德知行的统一。

4.3 建立“三位一体”网络，形成德育教育合力

教育目标的实现不仅需要依靠学校，还需要家庭、社会的共同努力。班主任一定要与学生家长经常保持联系，通过家长会、家委会、家访活动等面对面交流，以及QQ群、贴吧在线交流等方式，与家长一起或引导家长们一起探讨教育问题，交流教育经验，使学校教育与家庭教育有机地融为一体，使学生在学校、在家里的行为观念和谐统一，并保持价值观、道德观的一致性、一贯性，避免“5-2=0”的现象。教师、家长要教给孩子判别社会负面影响的知识，引导他们认清是非美丑，提高其道德分析和判断能力，进而形成一定的自我教育能力，以解决学生道德修养中存在的知行不统一、理论与实际相脱离的问题。当然，社会环境是个深沉的话题，光有学校和家庭的努力是不够的，还必须要引导学生进行社会实践，更多地倡导社会多方做出共同的努力。

4.4 建立评价体系，探索德育量化

中学生认知能力逐步养成，在初中阶段已有一定的独立性和自制力。建立可量化的德育评估体系，是提高学生自我管理能力比较有效的方法之一。量化管理可以以学生的自我要求、自我管理和自我教育为出发点，以《中学生守则》和中学生日常行为规范为基础，从整体着眼，从细微着手，培养学生良好的行为习惯，以达到提升学生德育素质的最终目的。比如点名考勤可培养学生的守时意识，卫生检查可以培养学生的环境卫生意识，学生在学校、家庭中的劳动表现评估可培养其劳动习惯等。这些有效的方式，可让学生认识到智育不是其生活和成长的全部，而是要全面发展、健康发展，并且要让学生明确德育恰恰是提升其综合素质最重要的内容和最关键的环节。

4.5 营造文化氛围，构建良好的环境

在营造健康德育环境方面，可通过开展爱国主义教育、革命历史教育、传统美德教育、环境安全教育、青春期教育、毒品预防教育、关注地震灾区教育等，形成健康向上的精神文化；还可充分利用清明、端午、重阳等中华传统节日，五四运动、国庆、九三抗战纪念日等主题班会、团会和各种文体活动、社团活动、班级兴趣小组活动等，形成丰富多彩、形式多样的道德实践活动，激发学生参与的热情，构建团队共同的道德认知体系和德育文化氛围，使学生随时随地都能受到潜移默化的正面影响。

4.6 利用信息技术，增强教育效果

在城市学校中，传统媒体、流媒体等新兴信息化产品的应用较广，这为德育教育提供了更先进的技术支撑和更广阔的发展空间。特别是网络信息方面，可以通过自办校园广播、电子阅览室、绿色网络等技术和媒介的运用，为学校德育工

作拓出新的天地，学生可以上网对学校教育、班级管理等各方面问题发表意见、建议和评论。教学相长、博采众议，可以充分发挥学生自由意识、民主意识强的特性，鼓励学生给学校、老师的德育教育提出中肯的意见和建议。充分调动学生共同参与的积极性，这对德育教育和学生人格养成至关重要，学生即使指出反面事例、提出反面声音都不要“屏蔽”，学校和老师只要引导得当、方法科学，就一定会对学生的思想教育、德育教育和人格养成产生积极的作用。

参考文献

[1] 梁定召．学校德育要抓好三个重要的实践环节［J］．当代教育论坛，2003（3）：69.
[2] 易连云．德育原理［M］．武汉：武汉大学出版社，2010.
[3] 教育部办公厅．关于进一步加强中小学诚信教育的通知．（2004. 3. 25）［EB/OL］．［2007. 11. 8］．http：//old. moe. gov. cn/publicfiles.

“堵疏结合法”加强中学生网络道德素养教育①

【摘　要】互联网的迅速发展及其开放性特点，导致低俗、游戏、涉毒、涉黄、涉赌等不良信息泛滥，对缺乏是非判别能力和暗藏猎奇心理的中学生的网络道德教育带来了严峻的挑战。学校和老师作为道德教育主要的主阵地和施教者，不能主观武断地“封堵”，而是需要和家长、社会一道，研究趋利避害的方式，从思想道德、心理辅导、价值观构建等多途径加强引导疏浚，全面提升道德素养，杜绝网络不良低俗信息对学生的侵害。

【关键词】互联网；信息；中学生；道德建设

互联网的迅速发展为中学生开阔视野、增长知识和提升技能提供了更加广阔的平台，但开放的互联网世界中无处不在的游戏和涉黄、暴力、反动等低俗、违规信息的蔓延和失控，对青少年特别是缺乏系统判别能力的中学生的网络道德教育带来了非常严峻的挑战。学校（老师）特别是初中学校（老师）作为施教主体，如何趋利避害、加强引导，杜绝网络信息对学生的侵害已经成为中学生安全教育、素质教育、网络道德教育不容回避的问题之一。

1　网络低俗信息对中学生道德教育的负面影响

相对而言，小学生一般都有家长的有效管理监护，对网络也相对陌生，不易受到侵害，大学生和成人对网络的判别、使用较为理性，也不易受到危害，而中

① 本文为“班主任工作特色案例研究”课题成果之一，曾获评中国教育学会第23次学术年会优秀论文三等奖，成都市第十三届现代教育技术成果二等奖。

学生正处于道德和是非辨别力不强，道德观尚未完全成熟，自律能力缺乏同时又对网络极感兴趣的时候，如果家长的监护能力恰好比较弱，学生就极易受到互联网特别是网络游戏、低俗信息的诱惑。网络不良信息的泛滥给中学生特别是初中学生的健康成长造成的危害也日益严重。总的来说，网络负面有害信息对中学生主要有以下几个方面的危害。

1.1　对价值观标准的影响

中学生正确的价值观和道德判断尚未养成，容易受到互联网上的西化的、不道德的甚至是反动的意识形态的影响，使他们的价值观、世界观和道德判别产生倾斜，甚至诱导他们抛弃中华民族的传统美德，比较容易形成盲目的西化崇拜和无准则、无规范的自由主义。

1.2　对身心健康的影响

中学生道德判别能力弱，对互联网又有强烈的好奇心，一些低俗甚至涉黄的信息和应用也在迎合他们的喜好，致使他们难以抵御网络诱惑而长期沉溺网络，有的学生寒暑假期间甚至周末都会通宵上网，不仅危害身体健康，严重的甚至被不良信息引诱走上犯罪歧途。

1.3　对学习的直接影响

一方面中学生对互联网充满猎奇心态，另一方面他们对互联网信息的判断和自制能力又有所缺失，这就更容易诱导一部分中学生脱离现实，沉溺于聊天、游戏、论坛等虚拟世界，对家长、老师产生严重叛逆、对抗的心态，最终对正常的学习产生严重的影响，情况严重到一定的程度时，有的学生甚至会逃避家长和学校的管理，封闭自我、沉迷网络，或者离家出走，导致学业中断、荒废。

1.4　对道德认知的影响

中学生的成熟心智尚未养成，有的学生会把网络当作发泄情绪的地方，追求在“自由网络”中寻求实现自己在现实中受道德、纪律、制度约束而实现不了的“愿望”，久而久之就会脱离现实，容易以互联网的“自由规则”作为自己的道德判断“标准”。

2　学校是中学生网络道德素养教育的“主阵地”

中学生特别是初中阶段的学生处于身心成长和性格养成的关键期。这一阶段的孩子大部分时间的教育都在学校完成，而且这一年龄的孩子具有自律意识差、对网络充满好奇甚至游戏上瘾等特点，这就决定了学校（老师）必须承担起对他们的网络道德素养进行教育引导的职责。

2.1 孩子从家庭过渡到社会是关键一环，学校责任重大

初中生处于从家庭、学校到社会的过渡阶段，他们没有步入社会，即使偶有涉入，其接受社会的道德教育也是被动的，甚至更多的是在批判负面问题的基础上建立起道德判别能力的，社会对他们的正面教育功能很少显现。但处于这一阶段的孩子大多对成人社会有一种神秘的向往，不良网络信息正是在这个阶段“乘虚而入”，影响孩子们的良好道德素质的养成。

2.2 叛逆期的孩子与家长沟通不畅，更需要学校引导

中学生在性格成长上处于青春叛逆阶段，大多数的孩子在家庭、长辈面前都有叛逆行为，严重的甚至致使家庭教育引导功能几乎丧失。最近一个学期，笔者就偶然发现班上的几个学生在课间讨论网络游戏问题，通过引导，他们“坦白”了在家里偷偷上网玩游戏、聊天的事实，与家长取得联系后，才知道家长竟然毫不知情。甚至有家长说，孩子们一回家就把自己锁在房间，根本不与家长做任何交流。可怕的是，孩子的房间正好有电脑可以上网。幸亏被及时发现并给予了有效的引导，这孩子才未陷入上网成瘾的深渊。

2.3 孩子在校时间大于在家，学校是教育主阵地

在时间分配上，初中学生无论是否寄宿，他们的绝大部分时间都在学校，而且绝大多数情况下，他们和同学、老师的交往深度、信任度均优于家庭，学校对其行为矫正的责任更大。基于初中生对老师、同学比较信任的特点，学校（老师）在中学生网络道德安全中必须要扮演好主导者的角色。

3 堵疏结合加强中学生网络道德素养教育

网络信息的应用是未来必须掌握的基本技术，但网络“鱼龙混杂”的不良信息对中学生又有非常严重的负面影响。学校（老师）既要教给学生基本的网络技能，又要保证充分发挥网络对中学生积极的影响作用，这是一个两难的选择。实践证明，在这种“两难选择”面前，家庭的方法一般都是“以堵为主”，坚决禁止，结果往往加重孩子的逆反情绪，加之中学生的父母大多都处于事业的成长期，对孩子的管理一般都不很到位，缺乏家庭监督，有的孩子一有机会就会偷偷上网。从学校教育引导的角度来看，一味地封堵是不行的，必须堵疏结合，坚持正面引导，帮助他们建立和适应正确的网络道德规范，才能有效减少网络负面影响所带来的损害，才能真正实现对中学生网络道德素养的正确培养。

3.1 人生观、价值观的教育

堵疏结合的核心是疏。而疏的基础是基本的人生观价值观养成教育，是培养学生主动判别和吸收有利身心发展的信息的能力，避免其被低俗有害信息诱导，

以促使他们养成高尚的人格。

在引导学生建立正确的人生观和较系统的价值判断体系的基础上，就要尝试用人格养成、责任意识建立和价值观约束去引导学生的网上行为，使他们养成道德自律能力和习惯，进而自觉遵守网络法规和网络道德，文明上网、“绿色”上网，自觉判别和抵制网络低俗信息的侵害。

3.2　加强道德判断能力的培养

学校要通过有效的道德教育手段，加强对中学生的网络规范和网络责任教育，一是要提高他们对互联网的科学认识，培养他们分辨是非善恶、甄别美丑真假的能力。二是要引导他们建立起在网络世界也应该有等同现实社会的、正确的道德规范意识，使他们充分认清网络对心理健康、未来成才发展的危害性，自觉树立网络心理健康观念。三是要引导他们树立正确的网络道德观念，以现实社会的规则去对待网上人际交往和信息交流，主动建立正常的网络道德规范，自主强化自律精神和责任意识。

中学生对他们自己的群体所形成的集体判断、集体规则等一般是会自觉遵守的，因此，实施中学生网络道德教育时可以在班上组织基于网络道德判断的讨论，以巩固他们的道德认知，建立起大家共同抵制有害信息的团队认知氛围，通过集体的影响力去影响个体，使学生的道德认识与道德实践相统一，使他们认识到对网络阴暗、低俗的窥视就是自己心理畸变和人格缺陷的外在反映。有了基本的责任意识、道德认知、道德判断能力和人格健全意识，绝大部分学生都能够自行甄别有用信息和低俗信息，具备一定的“免疫”能力，可以避免受到侵害。

3.3　加强心理健康教育

中学是人的个性心理形成和发展最重要的时期，也是心理最复杂、最不稳定的阶段。在这阶段加强心理健康教育是避免出现网络心理问题（不仅仅是网瘾）的有效方法。中学生都有逆反心理，特别是对严厉禁止他们上网的做法，无论是家长还是老师的要求，他们都会有不同程度的“反抗”。如果中学生产生家庭逆反心理，性格过激的孩子甚至会拒绝与家长沟通，因此他们更需要理解、沟通和辅导。

开展心理健康教育是帮助孩子正确认识自身、健康成长的需要，帮助他们排解心里的困扰，提高他们的心理素质，从心理角度消除其网络依赖，进而建立远大的学习、生活目标，并帮助他们明确实现的途径，进而改善他们上网的心态，引导他们逐渐远离网络并重新投入学习中。

3.4　坚持正确的引导方法

无论是家长还是老师，在对待孩子上网的问题上一定要做他们的朋友，平等地与他们交流，而不是仅仅从严格行为管理、绝对禁止上网的简单途径去武断“封堵”。大多数孩子对游戏、低俗信息应该只是好奇而已，只要还没有“沦陷”，就要相信他们并不完全是冲着低俗内容或游戏去的，而是要相信他们必然还有求知的心理。只要引导得当，他们一定会发现并喜欢上网络积极的一面。当然，前提是要让孩子敞开心扉说出自己的真实想法（包括负面的想法），然后才有可能共同讨论解决问题的办法。

同时，作为监护人或施教者，家长和老师自己也要了解网络，也要学习网络知识，只有自己会正确利用网络才能与学生有效交流，同时要有高尚的网络道德修养，要为人师表做好中学生网络道德教育的模范，才能有针对性地进行科学的指导，才能保证网络对学生正面的导向作用。针对喜欢上网的学生，可以给他们推荐一些有特色的绿色网站，让他们通过网络学到有用的知识，以知识面的丰富、学习能力的提升和处理难题的成就感去“抵御”阴暗、猎奇、低俗的“心魔”。另外，建立班级或教师个人博客对学生的上网影响也是非常有效的方式之一。笔者自己也在写博客，而且在博客对孩子的引导作用方面有较深感触。在班级或教师的博客中，可以利用学生对教师的崇拜心理，把一些知识性、道德性、教育性、人生感悟性的内容编写进去，学生也可以建立自己的博客，还可以把相关的博客组建成“圈子”，通过博客实现知识共享，潜移默化地实施道德教育引导。

当然，中学生网络道德素养不仅是依靠学校教育就能解决的问题，更需要整个社会、各个家庭的共同努力才能实现对孩子们有效的教育和引导。家庭要进行正确的引导，网吧对未成年人要坚决“杜绝”，互联网经营者要建立管理规范，各个方面都需要共同努力，才能保证互联网的绿色、健康、有序，才能有效减少直至根除网络对青少年的侵害。

经济发达地区中学生文明素养培育问题探微

【摘　要】城市经济发达地区社会发展更全面，经济发展更快速，社会文明程度更高，学生的学习条件更好，视野更开阔，思想更活跃，但社会负面影响也更加纷繁复杂，影响学生文明素质养成的元素也更多。中学生处于人格和心理养成的关键阶段，实施正确、正向、积极的教育引导，需要从学生个体差异出发，对其基本认知能力和综合文明素质进行全面、科学的培养，才能实现学生的全面、文明、健康发展。

【关键词】发达地区；经济发展；中学生；社会影响；人格培养；心理教育；文明素养；素质教育

1　引言

教育心理学认为，“人的心理和行为各有差异，年龄越小，其心理特质的外在行为表现越明显。”① 中学生人格和心理处于急需培养引导的关键阶段，不管是学习教育还是文明素养培育，其可塑性都非常强。但正因为中学生处于身心快速成长发展的关键期，正确、正向、积极的教育引导也就愈加急迫。相较于边远农村，城市经济发达地区社会发展更全面，社会文明程度更高，但同时社会负面影响也更加纷繁复杂，影响学生文明素质养成的各种因素也更多。中学教育就更需要根据学生的个体差异，对其学习能力和综合文明素质进行全面、科学的培养，才能确保实际学生的全面、健康发展。

① 吴庆麟．教育心理学［M］．北京：人民教育出版社．1999.

2 问题和影响

2.1 环境和氛围影响

经济发达地区中学生不同于农村地区的走读（大部分时间在途）或住校（大部分时间在校），他们几乎所有时间都在学校和家庭中，城市经济境况较好的家庭的结构更加多元化①，不同的家庭经济状况和家庭氛围、不同家长的教育引导和培养理念，甚至父母自身的行为习惯和管理要求，都往往导致学生个体之间的文明素养存在非常大的差异，对中学生学习影响不可估量。

2.2 模式和要求影响

初中逐步向学习能力和综合素质培养的教育模式与以小学记忆为主的模式有所差异，对个别学生特别是小学阶段没有系统打好学习能力基础、综合素质相对差一点的学生而言，初中阶段不管是学习能力养成还是综合文明素质养成的挑战都存在差距。

2.3 兴趣和动力影响

如果小学阶段没有良好的学习和文明素质基础，学生对中学新的环境和模式的学习、对更加“规范化”的文明素养要求都较难适应，加之经济发达地区小学教育和文明素质培养在实践中客观上存在差异，因此兴趣和动力培养驱动学生综合素质提升的难度就更大。

2.4 性格和行为影响

无论经济发达地区还是农村，学生个体性格差异是客观存在的，而且或多或少都会导致不同个体行为模式的差异。一般而言，意志坚定、善于挑战的同学，学习的积极性相对较高，文明综合素质的养成也相对较为容易，反之则养成良好文明素质的难度会比较大。

3 误区和反思

3.1 应注意处理好个体差异教育引导和班集体教育引导的关系

经济发达地区经济社会和信息获取多因家庭情况而差距各异，而中学教育和文明素养培育总体是在教师统一引导下完成的，基于学生个体差异的学习和文明素质教育要充分考虑学生的个体差异教育，因此特别要注意避免走进过“左”的误区和泥淖，特别要注意处理好个体差异教育引导和班集体教育引导的关系，中学教育是普及化、大众化教育而不是精英教育，不能只强调个体差异化教育，而

---

① 蔡佳畦．当代中国家庭结构浅析［J］．人力资源管理．2017（6）：5-6.

忽视甚至放弃整体能力素质培养和提升。针对个体差异的教育引导往往更多地强调个体的一点一滴的累计培养，而班集体教育引导则更加注重整体的学习实践能力和综合文明素养提升，更关注面上的整体性优化，中学教育特别是学习和素质教育要充分考虑教育公平，可以在充分了解学生的基础上，把纯粹的针对学生个体的教育引导扩展为针对具有群体特征的习惯和素养培育，并在班级整体基础上实施整体引导培育，在完成“面上”任务的基础上实施针对性、个体化教育引导，才能体现教育的公平。

3.2 要正确处理好年龄因素和素质提升的关系

随着年龄的增长，智力因素之外的个体差异会逐渐趋于一致，其自制力、主动性最终虽然不会完全一致，但在一定程度上会逐渐趋于相同。学习能力和文明养成也会随着学生年龄、能力的增长而不断得到改善和优化，在学生能力、心智逐步成熟后，要考虑整个班级的平衡和系统教学，让整个班级在初中阶段建立起科学规范的学习和文明素质的培养模式，引导学生在核心价值观、社会公德、行为习惯、创新思维、知识和技能应用等方面逐步趋同，而不是一直机械地重视个性化、个体化教育引导。无原则、无条件地只重视个体差异，将导致集体教育引导的目标严重失衡。

3.3 要正确处理好学习技能和综合素质培育的关系

经济发达地区有条件的学生能更多地获得多方面技能教育的机会。① 学校教育是成体系、科学化的知识、技能“普及”和文明养成平台，学校教育如果过多地强调个体特质挖掘而弱化甚至忽略科学化、体系化的知识技能传授和综合培养，学习和素质教育就成了无源之水、无本之木。鉴于此，在中学教育的前一段时间，可以通过个性化方式激发学生建立学习兴趣和良好的文明习惯，中后期则必须进行面上的系统、科学的课堂教育引导，才能实现学习和文明素质的整体优化和全面提升。

3.4 要正确处理好学科学习和文明素质教育平衡的关系

中学生处于基础教育阶段，素质教育是长期性、整体性的要求，突出各学科的素质教育，不能牺牲某些学科的学习和实践能力培养，科学知识的基础教育阶段注重面上的基础教育，更加注重学科综合平衡和良好的文明习惯、综合素养的教育，是学科知识和道德素质教育的一体化教育。

---

① 叶红，曾茂林．论欠发达地区教育经济功能的有效发挥［J］．黑龙江高教研究．2005（4）．

4 思路和策略

4.1 坚定因材施教理念

中学对学生素质和学业能力的要求是比较高的，但学生的个体差异会不可避免地影响学习和素质教育的实施。学校、老师亟须寻求较好处理个体差异与学习、素质教育整体要求的有效途径，教育工作中既要做到“有教无类”，又要体现“因材施教”，这是中学生学习教育和素质教育的必由之路。“孔子施教，各因其材”的核心，就是教学要考虑个体差异因素，中学学校教学和文明素养培育也是同理，其学习教育和素质培养更是要根据学生实际和差异，施以不同的方法和策略，使每个学生都能在各自原有的基础上有所收获，能建立学习和自我修养培育的兴趣。教师能深入地了解和准确把握学生的个性特点、学习基础能力、文明素养等差异，就能科学地把握学生的实际，并据以组织实施学科教学和素质教育。当然，因“材”一说，可以是个体之“材”，有共性的集体也可以是“材”，而且从完成教学目标和提升教学效率的角度来看，中学教育的“材”更要关注“群体”，因为学校教育培养是集中模式，教师同时要面向全体学生，保证学生整体得到全面发展，在保证团队学习成长的基础上施行素质教育，多举措保证个体特质不同的学生都能获得成长和综合发展。

4.2 遵循学生主体原则

以教师为主导、学生为主体是任何学科和素养培育都必须遵循的基本规律。初中学习和文明素质教育一方面必须要强调教师的主导作用以适应学生个体差异和特性，另一方面必须要高度重视甚至要突出学生的主体作用。教师要通过教学组织、知识引导、文明培养，结合学生个体差异开展好学习和文明素质教育活动，完成基本的教学任务和素质培育目标，对学生的学习成效、能力情况和文明素质进行客观评估，通过不断优化教学手段和引导策略，促进学生实现学习和素质的全面发展。对学生而言，虽然也存在个体差异，但可以从“群体”入手，因为中学生总体上始终处于具有强烈的学习和文明素质自我要求的阶段，所有同学都具有很强的“群体”可塑性、能动性，学校、老师引导帮助得当，再辅以家庭、社会等多方面的共同努力，学生的学习能力和综合素质就自然会获得正面、积极的发展和提升。

4.3 重视能力素质培养

中学生的学习能力和素质培养过程是一个循序渐进的特殊过程，在这个过程中，教师的职责是认知引导、知识传递、解疑释惑和培养兴趣，而学生则在老师的带领下不断获得新的知识、发展学科能力，提升自身综合素质。适应中学生心智不稳定、个体差异明显的实际，知识学习和综合素质培养的主要任务要聚焦到普及知识、激发兴趣、培养能力、引导应用、引导规范上来，要引导学生在掌握知识的基础上，逐步发展学习智力，既确保完成基本的教学任务，又在技能实践方面引导发力，着力提升其学习能力和综合素质，促进其全面发展，使其获得充分、持续的提升。

4.4 善用情感导向措施

中学生心灵至纯，其学习教育和素质培养，情感导向是非常有效的手段，即所谓的“尊其师则重其道，重其道而后奉其教”。教师要深入发掘学生学习积极性和素质养成的自主能力，充分利用其“好面子”、自我需求高的心理情感，营造师生和谐、平等交流的学科教学和素质培养氛围，拓展更多的非传统课堂教育引导的模式，多角度、多元化地搭建让学生展示学习才华的载体，激发学生学习实践的积极性，培养其自我管理、自我规范、自我提升的内生动力，逐步引导其真正成长为自主学习能力和文明素质养成的“主人”，通过自主的学习强化和自我的素质养成，不断激发他们的潜能、信念和内驱力。

5 结语

基于经济发达地区中学学科学习、文明素质的特殊性及差异性，中学学科教学和中学生文明素质培育更需要考虑学生的个体差异及班级整体教育引导目标要求，在学习基础能力、学习兴趣激发和素质能力培养的基础上完成整体教学和德育目标。中学生学习和文明素养教育需要一体化实施，其策略也还有很多需要研究的地方，需要进行更多的实践和探索。

参考文献

[1] 吴庆麟. 教育心理学 [M]. 北京：人民教育出版社. 1999.
[2] 蔡佳畦. 当代中国家庭结构浅析 [J]. 人力资源管理. 2017 (6)：5-6.
[3] 叶红，曾茂林. 论欠发达地区教育经济功能的有效发挥 [J]. 黑龙江高教研究，2005 (4).

基于校园空间的初中生合作意识养成研究①

【摘　要】当前，我国的初中生几乎都是独生子女，他们是在长辈的“万千宠爱”中成长起来的，大多存在合作意识淡薄、合作情感淡漠、合作能力薄弱、合作体验有限等很多不适应公共空间“规则”的明显短板。本文针对这些短板问题，就初中生校园空间文明素养的合作教育进行了研究，分析了问题原因，就培养、增强学生基于校园公共空间的合作意识和合作能力指明了培养路径。

【关键词】初中生；合作意识；合作行为；情感教育；校园空间

合作，即相互配合做某事或共同完成某项任务。② 其前提是“相互”，即非单一个体（或团队）而是至少两方共同配合，这就要求配合的一方与对方要有为共同目标（事或任务）而进行配合的意识和义务。基于校园空间的初中生更需要这种意识的养成，但目前我国的初中生几乎都是独生子女，“独生一代”成长于长辈的“万千宠爱”中，他们在获得更多、更好的成长教育机会的同时，也养成了唯我独尊、自私任性、特立独行等各方面不适应公共空间“规则”的明显短板，在和他人相处中往往表现出合作意识淡漠、合作能力薄弱、合作情感淡薄等问题。而无论当前还是未来社会，都需要懂得合作、主动合作、善于合作的新型人才。因此，在初中生校园公共空间文明素养教育中必须强调合作的重要性，必须充分利用学校德育、班级管理等教育契机，以学校空间的合作意识的形成和发展促进学生全方位合作意识的养成，需要调动学校空间所有合作元素共同作用、

① 本文为“初中生校园公共空间文明素养”课题研究成果之一。

② 中国社科院语言研究所词典编辑室．现代汉语词典（英汉双语）［M］．北京：外语教学与研究出版社，2002.

相互促进，培养、增强学生公共空间的合作意识和合作能力。

1 学校空间合作意识的基本内涵

学校教学活动的本质就是培养学生的团队意识和合作精神。学校空间的合作意识是学生主体基于合作认知的社交活动所拥有的带有情感色彩的心理觉悟，是知行的高度统一和有机结合，包括相互作用、相互依存、相互促进的合作认知、合作意志、合作信念和合作行为等。

1.1 学校空间的合作认知

基于学校空间的合作认知是指合作主体即学生对合作及合作意义的认识，以及在此基础上产生的对共同行动及其行为规则的认知，是合作主体践行合作行为的前提和基础。合作认知包括对合作意义、合作方向、合作目标、合作计划和合作预期的认知，合作主体对自我和他人关系的认知，以及合作过程中的冲突协商和迂回博弈认知等。合作认知会随着人的年龄增长而不断提高。到初中阶段，学生的合作认知已发展到一定的水平，正常情况下学生已经能直观感受到自我目标和他人目标之间的联系，知道个人力量是有限的，个人目标实现必须要彼此合作等客观现实，从而有意识地寻求某种平衡，建立共同目标并进行共同行动。当初中生认识到不同个体具有不同特长、不同能力、不同资源等差异时，就能形成换位思考的主动意识，就会在合作中主动承担不同的责任，彼此配合、相互合作，同时能认识到合作中个人与他人的诉求差异和矛盾问题，并会通过交流、沟通和协商解决矛盾冲突，实现合作共赢。

1.2 学校空间的合作情感

学校空间的合作情感是指合作主体即学生在需求能否得到满足的情况下引发的内心体验。人都有感情体验，当我们意识到自己的行为将会给自己或他人带来快乐或痛苦的时候，就会产生愉悦感或内疚感，从而促使我们产生与他人沟通合作以增强愉悦或减少痛苦的愿望。这种体验伴随合作结果会产生成功感、满足感或失败感。积极的合作体验能正面强化学生的合作动机，促使其进一步表现出合作行为，而如果引导得当，即使是消极的合作情感体验，也会反过来促进学生在合作失败后自我反省、修正行为。

1.3 学校空间的合作意志

学校空间的合作意志是合作主体即学生为实施合作行为而做出的自觉、持续的努力，是合作行为顺利完成的重要前提。合作行为一般是建立在自觉意识和意志自由基础上的，具有强烈的主观能动性特点，并受情感和意志支配的。学生的合作意愿一旦达成，一般都需要有长期坚持的毅力来支撑。如果没有坚强的意志，初中生在遇到与自己的合作目的不一致的事情时，就可能消极合作、畏缩不前甚至半途而废。所以只有在拥有完全意志自由的基础上采取行动且合作意志坚定时，合作主体才会在更大程度上对合作行为负责任。

1.4 学校空间的合作行为

学校空间的合作行为是指合作主体即学生完成合作任务时采取的行为方式和形成的行为习惯，是初中生合作意识是否形成的标志和合作意识强弱的具体表现，是其在合作目标的指引下，运用合作技能，与他人进行有效的交流与配合，以促进实现共同目标的具体行为。在具体的实践中，合作行为一般都会随着合作的发展而不断地进行调整变化，在不同的阶段会表现出不同的形式。合作行为“多变”“易变”“善变”的情境在初中生身上的表现会更为突出。学校空间的合作行为要强调合作技能和合作行为习惯方面的要求。合作技能是在合作过程中，合作各方为实现共同的目标而相互交流、相互协商、配合行动的技巧，是初中生合作行为达成的前提和成功合作的关键之一。合作行为习惯是其按照一定的要求选择和控制自己合作习惯的自觉行为。从实践来看，初中生只有形成了自觉、一致的合作行为习惯，其合作意识素养才能最终得到质的提升。

2 学校空间合作意识的核心内容

学校空间的合作意识，核心是学生积极自觉协调自身行为和参与合作的态度。确保学校空间合作目标的顺利实现，必须要重点强化合作主体的尊重意识、协作意识、虚心意识、竞争合作意识等意识，这是初中生学校空间合作意识教育培养的核心内容。

2.1 尊重意识

尊重作为人特有的情感，不仅是尊重他人，还包括尊重自我。自我尊重是自我接受、自我尊严和自我追求的意识和态度，尊重他人是对他人的人格和尊严的尊重和承认。只有懂得对他人发自内心的尊重以及珍视自我尊严，才是真正的尊重。不懂得自尊自重的人是不可能尊重别人的，而相互不尊重的群体要实现互利、互尊的合作也是不可能的。

2.2 协作意识

协作意识是合作主体在合作交往过程中为了共同的目标而相互影响、相互配合的态度和倾向，是团体成员的集体观念和团队凝聚力形成的重要心理因素。初中生只有具备了团体意识，才会把自己的行为看成实现学校或班级团体目标的一个组成部分，才会产生自豪感和荣誉感，把所在团体当成自己利益的共同体，尽可能地展示自己的才能、观点、情感、态度并主动积极行动，团结他人为团体的目标达成而努力奋斗和无私付出。

2.3 虚心意识

初中生虚心意识主要是学生之间及师生之间相互接纳与交融，在共同完成学习目标、共同开展活动的过程中彼此联合的心理觉悟和行为倾向。学生在公共空间（不仅仅指学校）的学习和活动中，能彼此毫无保留地把自己的见解、主张传达出来，并虚心接受同伴的意见和看法，自然就会在合作中增强对彼此的信任，形成融洽、活力的合作氛围。

2.4 竞争合作意识

竞争合作意识是指学生在合作过程中展示自我优势，又与他人充分合作，借用他人优势充实自己、完善自己的一种意识。在竞争合作中展示自我，就是以积极的态度参与公共活动，积极为共同的学习和活动出谋划策，积极提出个人独到的见解和主张，主动承担学习和公共活动中最适合自己的任务，或者为共同合作目标的实现而主动挑战更大的困难和任务。在团队中虚心接纳和理解他人的长处，相互弥补各自的缺点与不足。既体现竞争，也有效合作，学生才能通过合作锻炼实现更快、更健康的成长。

3 中学生学校空间合作意识淡薄的原因分析

目前“独生一代”的初中生公共合作意识缺失既有社会和家庭影响的原因，也有应试教育影响和学生自身的原因。初中生学校空间合作意识的培养，就是要在“归因”的基础上“对症下药”，立足长远确保学生健康成长，放眼未来追求学生全面发展。

3.1 社会因素

社会优胜劣汰的机制往往伴有竞争中种种损人利己、违反规则甚至违纪违法等现象，这是当前社会环境中的客观现实。对中学生合作意识的形成和培养是会产生一定的负面影响的。另外，信息化和多媒体的惊人发展在便利信息高速传递交流的同时，虚拟逐步代替现实，增大了人们自我封闭和离群索居的趋势，给青少年融入社会生活的过程及人际行为带来了严重的影响。有关抽样调查显示，目前中小学生基本上都能上网、都喜欢上网，而且参与网络活动的形式越来越多、时间越来越长，人际实际交往的空间意识、社群意识、合作意识明显弱化并在不断加速。

3.2 家庭原因

多数家庭现在都是独生子女，多数家里没有兄弟姐妹，自小就“独立生活”，自我中心意识极为普遍，加之家长保护意识过强，孩子在家里的所有活动都是在家长的监督和保护下进行的，有的家庭凡是与孩子有关的事情，无论大小家长全管，甚至有个别的家长还会对学校教育“横挑鼻子竖挑眼”。在祖辈父辈家长的共同“庇佑”下，孩子成了被大人控制的机器人，自理、自控和自我调节、自我适应能力低下，思想道德、是非观念弱化，交际交往、协作心理、合作意识极为缺乏，集体观念、团队行为也缺乏正确的培养锻炼。

3.3 学校因素

虽然现在学校已经在积极实行素质教育，但实际上长期以来的应试教育仍然根深蒂固、影响深远，为了能够考出好的成绩、考上好的大学、选择好的专业、找到体面的工作和获得更好的发展，几乎所有学生在成长发展的过程中都必然客观地存在着激烈的竞争，应试模式、分数评价制度使得参与竞争的学生自然存在着战胜对手赢得资源的用心，同学之间相互封锁信息、互相拆台甚至充满敌意的情况是客观存在的。教育模式的影响使孩子很少有与他人合作的动机和意识，严重影响学生个性的发展，也使学生容易形成狭隘思想，存在害怕别人超过自己而消极合作甚至互相倾轧等病态心理，严重缺失宽容大度的勇气、换位思考的习惯和合作求同的意识。

3.4 学生心理

初中生处于身心成长发展的关键时期，他们的心理、生理在这一时期都会发生显著的变化，而且大多表现为意志薄弱、逆反等。由于独生子女成长的环境相对封闭，不少学生心理都不同程度地存在缺陷，有的学生表现为性情孤僻、不合群，甚至害怕处于陌生环境、害怕与人交往；有的学生受不良文化影响，凡事以自我为中心，不愿合作、不会沟通，缺乏处理人际关系的技能，经不起失败和挫折；还有学生则表现为心胸狭窄、盲目自尊、嫉贤妒能，在日常的学习生活中不是激励自己尽力做到最好，而是在拼命地阻碍别人做得更好，存在这种心理，是很难与他人建立“合作”关系的。

上述这些问题不同程度地存在，不仅会损害学生的身心健康，从长远来看，还会限制孩子的能力提升。如果引导不力，长此下去孩子将难以适应未来社会的需要，甚至往往更习惯于“单打独斗”，必定会在未来竞争激烈的社会中处于弱势，甚至被未来高速发展的社会淘汰。

4 学校空间合作意识培养的必要性

进入改革发展新时代，社会信息高速发展，每个人的成长发展都与公共空间的一切息息相关，没有共同参与和相互合作，任何个体的探索、创造都是孤立、低效、片面甚至是不可成功的。因此，初中生学校空间合作意识培养更显得非常必要和非常紧迫。

4.1 合作是时代发展对初中生的必然要求

进入新时代，社会竞争越来越激烈，相互合作也越来越重要，懂得互助、善于合作、具备合作能力已成为适应未来社会必须具备的重要素质。随着人们的交往越来越频繁和密切，人们之间相互依存的程度也越来越高，合作的范围越来越大。在经济趋向全球化条件下，不管个体、地区还是国家的问题和诉求，也不管是政治、经济、社会还是自然生态的矛盾和冲突的有效解决，除了合作别无他途。社会发展所面临的问题，已不再是需不需要合作的问题，而是需要怎样更好合作的问题。培养初中生的公共合作意识、合作精神和合作能力，是符合时代发展要求的“必由之路”。

4.2 合作是初中生个体发展的内在需求

初中生心智尚未成熟，正处于人生观、世界观和价值观形成的关键时期，他们对周围的人、事、物的看法都将直接影响到他们将来的发展。而合作对于促进他们的认知发展、克服自我中心、改善同伴关系、发展道德自律和提高社会交往技能等都是必需的。合作意识的养成可以使学生转变自己惯有的认识思维，听得进别人与自己不同的意见，看得到事物的另一面，从而形成更加丰富和全面的理解，促进其认识能力的发展。通过解决合作中的冲突和问题，他们的理解力也能获得提高，思维能获得锻炼，能在合作中接受彼此不同的观点和立场，并对照他人的观点和立场来重新考虑自己的观点和立场，在解决问题和冲突的过程中使其逐渐学会站在他人的立场考虑问题，克服自我中心，学会自我控制，从而有效强化自制、减少冲突、增进友谊，优化认知、改善人际、促进合作。

4.3 合作是新时代道德自律的更高要求

新时代的社会主要矛盾已经产生了变化，学生学习、发展的环境也在不断变化，中学生作为未来的创造者和建设者，必须学会合作，但是他们在初中阶段的自控力还比较差，道德水平和自律意识还需要强化。在公共空间、公共活动中，行为积极、友善、合作的学生，自然容易被同学接纳和认可，而孤僻固执、独来独往、自私自利、攻击性强的学生往往为同伴所排斥拒绝。公共合作意识培养就是要增强初中生解决问题的能力，提高其社会交流、交往的技能，就是要引导初中生在合作中学会交流讨论、协商调停、彼此接纳和相互支持，在共同探讨解决冲突的过程中，学会如何与人交往、如何有效交流、如何发表意见、如何解决冲突和共同承担责任等。

按照马斯洛的需求层次理论，人的需要分为生理需求、安全需求、爱与归属需求、尊重需求、自我实现需求 5 个层次。这 5 个层次是呈金字塔形排列的，只有当最低层需要得到满足后，才能进行高一层次的需求。在生理需求和安全需求的基础上，便有了在集体中获得归属感和得到尊重和认可的需求，进而产生自我激励，获得更大的发展。在越来越紧密的公共合作趋势和氛围中，如果一直处于孤立、自私的状态，自我发展的动机和内趋力就会自然而然地受到挫伤。因此，培养学生公共空间的合作意识既是初中生个体成长的现实需求，更是立足未来使其更好适应新时代发展的长远需求。

5 学校空间的合作意识培养路径

初中生学校空间合作意识的培养不能一蹴而就，而是一个循序渐进、不断培养，立足长远、不断强化的长期过程，需要从感性认识促进理性认识升华，要依据初中生特定年龄阶段的特点制定合适的教育引导原则和方法，通过社会、学校活动以及家庭所设置的各种合作情境，让学生通过实践、体验获得认知和情感，并将所学的知识与实践相互对照、相互验证，升华为信念，最终形成愿意合作、自觉合作的意识。

5.1 坚持结合实际，以新观念营造学生学校空间合作良好的氛围

一是方法引领，教会学生正确处理自身在公共空间的角色定位。对新时代的初中生来说，无论是竞争还是合作，都需要最大限度地发展自己。在合作中，个体间的联系是非常紧密的，每个成员都必须在团队、群体目标博弈中才能达成自身目标，实现利益的平衡性和兼容性。因此，教育学生提升协调合作与竞争行为的能力，是保证其将来更好、更成功地适应社会的基础。而正确处理好竞争和合作的关系，首先是处理好个人与集体的关系。不管竞争还是合作都离不开个人努力，没有个人努力的集体是缺乏生机活力的松散集体，而没有集体价值导向的个人努力则会限制个人积极性和潜力的发挥，又可能使个人努力背离整体利益而误入歧途。因此，要强调在服从整体利益和目标的前提下，充分发挥个人的积极性，自觉积极投入集体合作中去，保证个人在集体的发展获得成功。任何个体都只有建立了这样的认识，才能愉快地接纳别人，才会主动合作获得别人的好感和配合，才会在合作中获得成功。要通过学生之间的互相交流实现优势互补，进而促进学生知识的建构，充分唤起学生的主体意识，建立起探索性、个性化的主体学习方式，培养学生的创新精神和实践能力，使学生在融洽开放的学习氛围里，积极主动地交流合作，减轻个体压力，增强自信力量，培养学生的竞争意识、集体观念和合作精神，使不同的学生都得到相应的发展。方法教育中要引导学生正确处理主角和配角的关系，主角要担负主要责任，重点是充分调动配角的个人积极性；配角要胸怀大局，密切配合，做好职责范围的工作，体现以整体利益为重

的定位。无论是主角还是配角都要掌握合作方法、学会与人分享，都要学会正确处理好竞争和合作的关系，人与人之间才会和谐相处，合作意识才能不断增强，合作能力才会不断提高。

二是双向互动，塑造新型师生关系。师生关系是教学过程中最重要、最经常的人际关系，也是教学过程中基于学校空间的最重要的合作关系。这种合作关系的突出表现就是要使学生在合作方面实现彻底的意识转变和思想解放，改变以往师生不平等的关系，营造良好的公共空间和合作氛围，实现合作共进、平等互信、坦诚相待。这就需要教师真正地爱护学生，在教育引导过程中，要善于倾听学生的心声，要能够宽容学生的过错，要能够善待学生的意见。在教学过程中，要充分发挥学生的主体作用，调动学生内在动力，强化学生的主体意识，激发学生交流的欲望，尊重学生的人格，发展学生的个性，培养学生的自尊心，特别是要摒弃一切伤害学生自尊心的做法，努力使学生自觉自愿地参与到合作学习和活动中来。这种共同活动依靠的是相互理解，需要深入学生的精神世界。这样，师生之间才会互相敞开心扉接纳对方，从而彼此吸引、参与、分享他人的知识、思想、意向和情感等。在以爱为基础的交往中，学生的合作欲望才会增强，合作能力也才会提高。也就是说，师生之间必须要相互了解彼此的观点，必须要参与相互之间的沟通交流，必须要建立平等和谐的人际关系。

三是多维评价，更新教育评价观。首先，要改变传统单一的考试成绩评价方式，第一是老师对学生的评价既要对学生的学习有正向激励，又要能增进加强学生合作的内驱动力，使学生树立正确的合作价值观，在这样的价值观背景下，学生的合作水平才会得到迅速的提高；第二是成人（主要是家长）对学生行为的评价，要能促使学生意识到自己的优点和缺点，促使他们形成自我评价、自我控制能力等；第三是学生的自我评价和自我控制，学生进行自我评价是很难做到客观公正的，但这恰好是人的自我意识的最重要的表现形式。其次，学生在集体生活中评价别人的行为和品质，同时会有助于自己发现和评价自己相应的品质。初中生往往容易评价他人的不足，而不太容易主动学习吸取他人的长处。在合作中，教师引导同学之间的交流与合作，要给予每个学生主动参与的机会，学生有了丰富的活动体验和经验，其自我评价就会更客观，就会更多地挖掘其他同学（团队）的闪光点，对集体力量的凝聚成果给以肯定和赞同，为其缺陷提出补充或改正建议，从而使其也能学会辩证地看待自己，看待每个学生、每个团队的活动结果，通过认识的觉醒来调整自己的思路、改进活动的方式。最后，学校、社会公共空间生活中，实际上也存在着一定的舆论评价，对学生也有一定的社会公德、学生守则的要求，这些环境和要求的汇聚就形成了一定的行为准则。这是一种推动规范的力量，能促使学生主动去分析自己的行为活动，意识到自己的行为品格差距。因此，学校和家庭都要鼓励学生积极参与社会活动，充分利用公认的规则和团队的影响，促进学生合作意识的养成。

5.2 加强德育引导，激发学生增强学校空间合作行动的积极性

一是正面引导，守好课堂核心阵地。“我总是努力给少年们描绘出活生生的人的鲜明形象，这样的形象成了人类道德美的永久体现，我要让这个形象照亮少年的心，深入他的思想深处，使少年的心更快地跳动……”苏霍姆林斯基这句话的意思，就是要创造场景，并尽量让学生融入情境，使其在现实情境中悟得道理。课堂情境教育、班级管理情境教育和课外活动场景教育可以使学生在理论感知的基础上，通过行为实现合作意识和合作动机的深化，在实践中体验到快乐，在合作学习中促进合作意识的培养和合作能力的提高。在各场景中，教师在满足学生的合理需要时，必须考虑选择有效的强化物或强化活动来检验其学习、活动的心理动机、合作动机，并矫正其不合理的需求。

二是强化责任，建好班级活动平台。班主任可以把一些学校活动或班会活动直接交给班委或者指定某一团队去实施，让他们自行在合作策划、实施活动中找到责任感、成就感和兴趣感，同时增加学生对合作的更深的直观感悟。久而久之，个别学生的合作意识、合作能力就会悄悄地影响和带动整个团队，其公共合作能力在潜移默化中也会提高。

三是有的放矢，指导团队活动开展。在学校的体育节、艺术节、科技节、环境保护宣传、普法教育宣传等活动中，要有意识地要求学生积极参加，借机鼓励学生自愿结成团队进行合作意识的强化培养。为了鼓励学生走出自我，老师可以有意识地进行团队编排，甚至可以专门进行“缺陷团队”编排，把某方面有短板的学生派到可以帮助他改进提升的团队中去，或者把某方面有问题的学生专门编为一个团队，由班主任或指导老师有针对性地加强指导和点拨，引导学生掌握知识、改进短板，学会倾听别人的意见，学会表达自己的观点，学会与团队达成一致的意见，学会与团队成员分享成果和经验，学会用心感受合作给团队目标实现、个人成长进步带来的益处。

四是延伸拓展，加深第二课堂体验。要加大第二课堂中合作意识教育的开展，多在第二课堂空间让学生感悟合作意识的必要性、合作能力提高的重要性，让学生在活动中认识合作、体验合作、学会合作。在第二课堂的集体活动中，学生们可以通过相互交流、相互尊重，使活动既充满友爱之情，又充满互助氛围。学生强烈的合作意愿在民主的活动气氛中反复强化，逐步形成无意识倾向，使其情不自禁地投入活动中，并自觉地表露出内心主动合作的真情实感。实践证明，

学生通过集体活动，能很好地分享彼此的经验知识，掌握如何理解他人以及被他人理解的技巧，懂得彼此之间的互助与关心，明了合作中冲突的可能性及可协调性，学会人与人之间的沟通，懂得如何利用集体的智慧达到预定的目标，进而满足团队归属感，学生的合作意识在经历合作过程和共享合作成果的过程中也就慢慢地培养和激发起来了。

5.3 优化家庭教育，强化学生的学校空间合作意识

一是父母示范，重塑家庭环境。家庭环境是最早对孩子发生影响的公共空间雏形，孩子从出生的第一天开始，就受到来自家庭成员的有意识的教育和潜移默化的影响。家庭的氛围、家庭成员的关系、家庭生活的习惯、家庭的文化氛围和道德水平、家庭成员对社会各种事物的评价等，每时每刻都在塑造孩子的心灵。有研究表明，如果家庭成员之间感情融洽、团结和睦，彼此尊重宽容，孩子自然会表现出良好的心理品质，如乐观、开朗、自信、尊重他人、善于合作、有良好的人际关系等。相反，如果家庭成员之间人际关系紧张、冷淡、疏远，家庭生活无序、互不尊重，家庭不遵孝道、不懂宽容、不会互助，孩子就会表现出自私、冷漠、寡恩等消极的心理特点。他们或以自我为中心，或自我贬低，或对他人心怀敌意，或对任何事满不在乎，造成人际关系紧张，难以与人合作。因此，家庭成员要团结协作、以身作则、敬老爱幼、宽容感恩，共同营造良好的“家庭”氛围和环境空间，以身示范对孩子做好正面的启发诱导教育。

二是问题导向，戒除娇纵个性。孩子要成为独立的个体，就得学会独立面对世界，家长不能为孩子提供永恒的庇护，无原则的庇护无论是出于爱心还是不敢放手，可能最终培养出来的都是一个个“巨婴”“啃老族”“宅男宅女”，主动合作更是无从说起，这一定会对孩子造成永久性的伤害。因为孩子无论在以后的学习还是工作中，都需要且更多情况下只能是自己对自己负责，自我革新、合作成长在绝大多数情况下是任何人都无法代替的。家长对孩子过分娇惯溺爱，将会导致孩子只能学会“索取”不会奉献，严重阻碍孩子合作意识的养成。

三是学会放手，优化交际环境。随着年龄的增长，孩子与父母之间的代沟会逐步显露出来，在习惯养成、兴趣培养、爱好选择等方面都会产生很大的分歧，他们希望能被爱护、被理解、被认同，希望和志同道合的朋友、同学交往，都会经历心理叛逆期，这个过程是孩子成长的必经之路，家长不能把孩子限制得太死、太紧，而要为孩子创设交友的条件和机会，让孩子亲身感受到父母对自己广交朋友的做法的支持，而且对自己的同学、朋友都比较尊重。另外，孩子在与他人交往的过程中，不可避免会有争吵、冲突等现象。家长对此不要干预过多，尽量让孩子自己解决矛盾，在孩子解决矛盾的过程中体验被拒绝、被评价、被误

解、被接纳的感受，体验协商和合作在解决冲突中的重要作用。家长也可以在日常生活中对孩子进行移情训练，让孩子对别人的情绪进行换位思考，逐渐形成宽容谦让、尊重他人、乐观自信等优良的心理品质，这既有助于对孩子合作意识的培养，同时又有益于子女和父母之间的沟通。

5.4 立足社会生活，增强学生的学校空间合作体验

一是优化人际交往，培养尊重意识。良好的人际关系是培养初中生合作意识的基础保障。无论是在学校、家庭，还是在社会中，初中生都会遇到如何与人交往、沟通的问题，要教会学生在解决这些问题的过程中逐步增进人与人之间的了解，协调良好的人际关系，使自己逐步完善起来，形成健全的人格特征，以适应复杂的社会生活。学会人际交往是初中生的必修课，只有经常沟通交流，学生才会逐步获得在合作中实现个体目标的体验。其中的关键，就是家长和教师要善于利用各种机会有意识地教会孩子尊重他人，包括尊重他人的劳动、尊重他人的付出、尊重他人的人格、尊重他人的想法、尊重他人的个人空间等。家庭成员之间也要学会尊重。特别需要指出的是，家长和教师在教孩子学会尊重时，核心是要尊重孩子，不要将自己的思想观点强加于孩子，不要代替孩子决定，更不要逼迫孩子按大人的意志去做。

二是设计挫折体验，培养宽容胸怀。学校、家庭空间中要有意识地开展一些挫折教育，让孩子知道每个人都不可能一帆风顺，也不可能所有合作方都是为“我”服务的，要允许别人有过失，有容纳别人的胸怀。知道宽容的人往往更容易与人和睦相处，使人愿意团结在其周围，并凭借宽容、谦虚、豁达、感恩等优秀品质形成强大的人格力量，在合作中形成强大的凝聚力和感染力。因此，我们在教育孩子处理生活中的冲突时，一定要多一些宽容和理解，否则，许多简单问题就会复杂化，甚至越理越乱，最终无解。

三是引导换位思考，培养移情思维。学校是初中生学习生活中最大、最主要、最关键的公共空间。在校园生活中，老师要培养孩子换位思考的意识，要教会他们站在别人的立场，多角度、多方位地看待和思考问题，主动、积极地发现他人的优点，学会认同和欣赏别人，为他人喝彩和鼓掌。而不是以他人的失败而庆幸，也不是以自己的胜利而骄傲。敬人者人恒敬之，学会移情并能以宽厚之心待人，必然会赢得更多人的信任和爱戴，必然会获得更多的合作机会，而这恰恰是一个人走向成功的重要基础和保证。

四是强调知行合一，培养诚信品质。整个社会的有序发展需要建立诚实互信的体系。家庭、学校更是要让学生从小就知道诚实和信任是合作交往、合作发展的基础，知道诚信是自我约束的重要品质，进而做到诚信学习、诚信立身、诚信

做人、诚信做事。

5.5 完善配套政策，为学生的学校空间合作意识提升积淀力量

一是坚持以人为本，关注学生健康全面发展。学校、家庭要坚持以人为本的教育理念，把时间掌控、健康锻炼和能力成长等主动权还给学生，让广大中小学生得到全面发展、科学发展、健康成长，进一步强化实施素质教育、合作教育的新局面和新成效。

二是坚持张弛结合，减轻学生不必要的课业负担。学校要保证学生充足的课外活动，促进学生生动活泼发展，积极组织开展丰富多彩的文体活动，广泛建立各种免费的课外兴趣活动小组，切实保证学生每天的体育锻炼，给予更多的时间发展学生的兴趣和爱好，扩大学生交际交流和合作成长的空间，教育管理部门对此要给予大力支持。

三是坚持合力作用，确保家庭与学校、社会互相配合。家长应该学习教育孩子的有关知识，学会一定的心理学常识，对初中生的心理状况有一定的了解，在教育孩子、培养孩子的合作意识时才能做到有的放矢。学校在进行教育的同时，也应该多和家长沟通，多倾听学生和家长的心声，保持信息上的无障碍交流，甚至可针对不同类型的家庭制定不同的、行之有效的培养方案。家庭教育、学校教育、社会教育三者形成统一整体，相互配合，才能共同确保初中生的学校空间合作意识培养工作有序、有效深入展开。

论公共参与的初中生尊重意识素养[①]

【摘　要】初中生处于公共参与认知和体验的关键阶段，尊重意识教育在这一阶段的建立和强化至关重要。本文主要就初中生尊重意识培养进行研究，提出在教育教学中必须要遵循教育规律，营造尊重氛围，强化尊重体验，突出学生的尊重意识教育培养，引导学生自尊、自爱、自信，培养学生对自我、他人、社会乃至生命、自然等由衷尊重的情感意识和自觉行为，以切实保证初中学生人格的健康成长。

【关键词】初中生；公共参与；尊重意识；人格养成；校园文化建设

1　前言

对初中生进行公共参与的尊重意识教育，本质就是对学生身心发展规律的尊重，是对客观教育规律的尊重，是对教育者和受教育者的尊重，更是现代教育改革发展的必然趋势，对初中生价值认知、个性优化、心理教育和人格养成具有非常重要的意义和价值。

2　初中生公共参与的尊重意识教育内涵

尊重是个体对客观现实、客观事物、客观规律的积极的心理反应。而尊重意识教育的核心，就是要引导和教会学生建立尊重自我和尊重他人的意识，其终极目的是让学生在可感知、可体验、可参与的成长空间——班级、学校及家庭空间中——不断地进行主动或者有外力影响和引导的矫正、检验和优化，最终养成良

① 本文为“初中生校园公共空间文明素养”课题成果之一。曾获成都市第十六届教育改革与研究论文评选一等奖。

好的心理状态和人格品质。

2.1 尊重的基本含义

尊重，意为尊敬、敬重；重视并严肃对待；（行为）庄重等。① 本义是敬重、重视，尊贵、显要，庄重、自重，对对方的敬称等。古语是指将对方视为比自己地位高而必须重视的心态及其言行，现在已逐渐引申为平等相待的心态及其言行。按其本义，狭义的尊重是指尊敬和重视人（包括尊敬和重视自己）的基本权利、责任、价值等方面的尊严，广义的尊重还包括对己、对人、对社会、对自然以及规范、准则、法纪、公序良俗等的尊敬和重视等。

尊重是自尊、他尊和尊人的结合，是处理己与人、人与人、人与社会、人与自然等关系的行为准则，是建立良好人际关系的前提，是人对自我行为的价值与能力被他人与社会承认或认可的一种主观心理需求。在马斯洛的需求层次理论模型中，尊重需求位列较高的第四层次，是生理、安全、归属和爱的需求之上的较高层次的需求。

2.2 初中生尊重意识教育的内涵

初中生成长、学习、接触社会的空间逐步扩展，初中阶段是学生人格养成的最关键的阶段，尊重意识教育是培养学生健全人格的重要途径，是施教者（主要是教师）根据社会现状、学生心理及教学实际展开的健全人格教育。尊重教育自然以尊重为前提，并依据教育规律，对受教育者给予充分的信任和尊重，营造尊重的教育氛围，以形成受教育者自尊自爱、自信自省的心态，促进学生进行自我教育，逐渐培养学生对自我、他人、社会乃至生命、自然等由衷的尊重意识，保证其心理、人格的健康养成。

尊重意识教育需要突出教育者的主导地位。这里的教育者，不仅是指教师，也包括政府教育主管部门、学校的教育管理者。站在教育管理者的角度，尊重意识教育就是尊重教育相关制度和教育教学规律；而站在教师的角度，就是要针对具体的教学实施，尊重学生个性心理、全面看待学生，做到师生相互尊重。尊重教育不仅限于学校空间，还需要扩展到家庭、社会等更广阔的空间，引导学生尊重人的生命意义和价值、尊重教育者和受教育者的主体性和能动性，促进教育者和受教育者基于尊重意识和行为基础的创新意识和创造能力的提升。

在学校空间实施公众参与的尊重意识教育，要将尊重观念、尊重意识和尊重体验渗透到教育的各个环节中，将尊重的观念深入师生内心，创设平等、自由、

---

① 中国社科院语言研究所词典编辑室．现代汉语词典（英汉双语）[M]．北京：外语教学与研究出版社，2002.

和谐、尊重的氛围，教师在教学各环节中要因材施教，尊重学生的差异性，给学生创设自由空间，从教师以身作则尊重学生、尊重自己、尊重社会和尊重自然的示范效应中潜移默化地将尊重的意识渗透给学生，最终促进学生养成尊重自身、尊重他人、尊重社会和尊重自然的主动意识和自觉行动。

3 初中生公共参与的尊重意识教育的核心

初中生尊重意识教育要遵循教育规律和学生成长的客观规律，引导学生建立自我尊重和尊重他人的基本意识。概括起来，针对初中生的尊重意识教育的核心内容就是要立足于学校、班级、学习小组、活动小组等公共空间，遵循教育规律，借力学习教育活动引导学生建立自尊意识，特别是尊重教育者和教育对象的意识。

3.1 遵循教育客观规律

遵循事物之间的内在联系是我们认识世界和改造世界的前提和基础，遵循教育规律是实施尊重意识教育的必然要求，教育活动能否成功，与是否遵循教育规律、是否准确把握社会发展规律和受教育者身心发展特点的程度直接相关。任何教育都不能脱离当时的社会而独立存在，因此，教育管理者和教师在制定教育目标、编写教学大纲、确定课程标准、开展教育活动的过程中，必须始终保证教学当期目标和学生长期发展目标的一致性和适应性。

人在成长的各个阶段都有其特定的生理、心理特点，依据这些特点来开展教学，其收效就会“事半功倍”。尤其是中小学生的教育，更应该考虑到学生的发展特点，积极适应其思维能力才有利于学生对知识的吸收和掌握。每个学生都是一个独立的个体，其家庭环境、学习能力、个性特质、智力发展都有差异，更需要教育工作者深入研究学生心理和成长发展的规律，结合实际因材施教，才能保证教育教学行为符合学生成长特点和教育客观的要旨。

3.2 尊重施教者

施教者就是教育者，广义的教育者包括教育管理者、教师和学生家长，狭义的教育者是指受过专门训练的教师。因为初中生最主要的公共空间在学校，所以这里所指的施教者就是狭义意义上的教育者——教师。教师以传道、授业、解惑为本职，是人类灵魂的工程师，自然应该受到社会的尊重。具体而言，尊重教师，首要的是全社会对教师的尊重；其次是教育管理部门、学校对教师要尊重，要尊重教师的劳动及其价值；最后是学生对家长、对老师的尊重。而社会、教育主管部门、学校、家长对教师的尊重，主要应体现在以下 4 个方面：

一是要尊重教师的劳动。每个教师都有自己个性化的教学风格和知识体系，学校应该尊重并给予教师足够的自由，在整体教育教学目标框架内，要尊重教师自主设计的教学方式和教学策略，不能强求千篇一律、整齐划一的教学方法。教育部门、学校的中心是对教育方针、教育理念和课程标准等宏观方面做出明确要求，在微观方面则要鼓励教师发挥个性、探索创新，力避“工厂”模式化、模型化、机械化的教育模式。

二是要尊重教师的人格。教育主管部门和学校要依法维护教师形象和威信，评价教师要力求实现公正、公平，对教师的负面评价要尊重隐私，绝不倡导对老师进行社会化的评价，学校和社会不要在家长、学生面前评价教师，更不能诋毁教师。

三是要尊重教师的诉求。教师对学校教育教学工作的合理诉求、建议和意见，主管部门和学校领导层要给予积极肯定，并鼓励其结合实际提出更多的教学改进意见和建议。

四是要尊重教师的权利。在知识经济时代，知识更新迅速，教师只有不断学习提升、不断完善自己的知识结构才能适应时代发展要求，才能更好地适应新的教学形势需要和完成新的教学任务。教育主管部门和学校应该尊重教师学习的愿望和学习的权利，创设条件鼓励教师进修提升，助力教师提升自己的知识和技能，使其以更加自信的状态教育学生。实际情况也是这样，只有知识储备丰厚、自尊自信的教师才能获得学生的尊重，也才能确保学生尊重素养的提高。

3.3 尊重受教者

受教者即学生。爱默生说：“教育成功的秘密在于尊重学生。”学生是教育的主体，其自身首先要获得尊重的体验，才能学会自重和尊重他人。学校实施公共参与的尊重意识教育，出发点和立足点就是改善学生的学习环境、营造尊重氛围，促进学生身心全面和谐发展。初中生基于学校公共空间尊重意识教育所指的尊重受教者即尊重学生，主要体现在以下 3 个方面：

一是尊重学生的人格。每个学生都有独特的天性，学校和教师应该了解学生的天性，发自内心地接纳他们的独特性，并根据每个（类）学生的特点制定不同的教育教学方法，把每一个（类）受教育者都看作一个（类）独特的个（群）体，承认他们在这一阶段的认知水平、兴趣爱好、能力素质，顺应学生的自然成长规律，才能真正让学生的天性在科学教育的轨道上得到充分的发展。任何违背人的成长规律和科学发展规律的强行“矫正”都将导致学生逆反加重，甚至形成另一种“畸形”人格。

二是尊重学生的自主意识。不管处于哪个年龄段，每个人都有进行自我判断、决定自我行动的需要。学校、教师要尊重学生的自主意识、独立判断和自主选择的权利，给受教育者提供更加宽松的环境和空间，接纳学生的错误，并帮助他们汲取试错改错的经验和教训，获得被尊重的感受和体验，从而向更有价值的方向发展和成长。

三是尊重学生的心理特征。学生成长的每个阶段的认识、情感、道德价值观等心理都会有不同的特点，要坚持发展的观点，让学生在不同阶段接受不同要求的教育。同样，每一个个体由于先天遗传、后天环境等因素的影响，其心理素质、心理特征具有不同的特点，教育者只有尊重这种心理发展特点，才能让学生真正享受到受教育、受引导过程中的乐趣、认同、激励和关爱，实现情感、思维和能力的发展强化和突破。

3.4 高度重视自我尊重教育

尊重既包括尊重他人，也包括自尊。自尊是个体对自己的情感和价值的自我评价和自我判断，涉及人格品质、价值认同、自我接受等，是反映自我积极或消极的倾向表现。基于学校公共空间的特点，自我尊重教育包括以下3个方面的内容：

一是教育学生自我尊重。任何人都只有自己充分地尊重并信任自己，才会激发自己的内驱力，没有自尊意识，尊重他人也就无从谈起，因此自尊是尊重教育中最核心、最基本的要求。学校对学生的自尊教育，就是要引导其充分了解自我、认识自我、认同自我，在成长中学会自我控制、自我负责，通过自我认同和尊重获得同学、老师的尊重。

二是教育教师自我尊重。教师对自己的价值和劳动付出要敢于和善于自我肯定，要坚信自己就是学生成长的“标杆”，敢于担当，对自己负责、对学生负责、对教育事业负责。教师的自尊要升华到严于一般社会规范的自我要求的高度，才能把教育事业当成生活方式的一部分，并终其一生去勇敢追求。

三是教育学校尊重教师。学校要及时发现教师的优点，提高教师对职业的认同感、归属感和自豪感。对教师的辛勤付出，要及时反馈，在精神上、物质上要加以鼓励，使教育工作者面对学生能更用心、更尽责、更愿奉献。学校对教师的尊重，本质上就是激励教师更加尊重自我、更加尊重自己的劳动、更加尊重自己的荣誉，进而实现对教育、对学生的尊重。

4 学校空间公共参与的尊重意识教育的重要性

尊重是一种良好的人格品质，也是中华民族的优良传统。初中生对交际交往已有一定的认识，参与公共事务、公共活动的主观能动性在逐步增强，但其人格、心理、心智等尚未成熟，具有很强的可塑性，这种可塑性有正向可塑也有负面可塑，因此初中生的尊重意识教育养成对学生的人格养成和价值观培养极为重要。

4.1 尊重意识教育是时代发展的需要

人都既有个体属性、家庭属性，同时又有社会属性，随着现代文明的发展，人的主体性会越来越明显，初中生一方面主体意识在快速增强，另一方面又尚未对事物建立起全面、客观、科学的认知体系，这就要求教育者和社会尊重其个性情感。与此同时，现代信息技术的不断发展逐步在快速改变生产、生活和学习方式，信息化正在成为世界经济和社会发展的共同趋势，这对人才培养提出了新的要求。在过去信息落后的时代，教师获得尊重最大的原因是知识优势，尊重教师就是尊重科学、尊重知识、尊重老师的教育，但在信息时代，教师的这一优势正逐步弱化，因此更需要改变传统教育教学模式和师生关系，更需要强化尊重意识的教育和引导。在多元文化冲击下，教师不能再以旧眼光看待学生，而是要以尊重的眼光来看待学生的差异，尊重其观点和思想，在尊重意识教育中引导学生健康发展。当然，前提是必须要符合科学规律和教育规律，必须要接受道德纪律和规章制度的约束。

4.2 尊重意识教育是现代教育的需要

进入新时代，中国教育已由量的普及走向质的提高，传统应试教育、精英教育面向少数学生发展，片面重视考试“成绩”，忽视全体学生的全面发展、思维发展和身心健康的弊端已显而易见。教育改革把发展学生个性放在相当重要的位置，强调学生自我管理，强调在发展个性的基础上开发创造潜能等教学改革，实际上就是充分体现了教育对个性发展的重视，充分体现了教育对人的心理、基本素质和能力培养规律的尊重。

4.3 尊重意识教育是新课程改革的要求

初中课程改革是改变过于注重知识传授的倾向，改变课程结构过于强调学科本位、科目过多和缺乏整合的现状、突出课程内容与学生生活以及现代社会和科技发展的联系，倡导学生主动参与、探究、实践，培养学生学习和实践能力等，配套的尊重教育，就是要强调尊重自己、尊重他人、尊重知识、尊重规则，就是从初中生的心理特点出发，强调更多地关注学生发展。体现在教学目标上，就是要按照课程标准有序教学，突出学生主体，鼓励学生探究，强调以学论教和以学促教，真正把学生主体和学生主导的思想贯穿到尊重教育的全过程中。

4.4 尊重意识教育是素质教育的重点

素质教育是以全面提高全体学生基本素质为根本目的，注重以形成人的健全个性为根本特征的教育。素质教育强调教育空间的开放性，课堂不再是唯一的空间，教材不再是唯一的载体，而应积极开拓新的空间，重视课外自然资源和社会资源的利用，强调学生创新精神和实践能力的培养，注重对学生的好奇心和求知欲的激发，强化对学生自主学习和独立思考意识的启迪，目的就是为学生的潜能开发创造宽松的环境。尊重意识教育作为一种新的教育理念，突出强调以人为本，变“以学生适应教育为主”为“以教育适应学生为主”，力求发现人的价值、发挥人的潜能、发展人的个性。善于肯定和尊重发现学生的价值本身就包含素质教育的基本思想，因此回归人性本源，注重人格完善，强化尊重教育本身体现的就是素质教育的核心要义。

5　学校空间公共参与的尊重意识教育路径

基于学校特定的公共空间及初中教育的特殊性，尊重意识教育要结合实际，并落实到具体的教学实践过程中才会有真正价值。尊重意识教育的实施既涉及教育管理者、教师、学生等“务实”的元素，也涉及教学理念、管理理念、校园文化等“务虚”的内容，提高教育者和受教育者的尊重素质和尊重意识是一项系统性、全局性、长期性的工程，需要各方共同努力、形成合力，才能确保尊重成为自觉意识和积极行动。

5.1　坚持学生主体的教育理念

施教者对受教者的教育影响是一个持续的过程，特别是基于“课堂”特定空间，教师的教育精神、教育理念、专业水平、人格修养、言行举止都是学生的“楷模”，都会影响学生的未来。因此，教师必须要树立学生主体的教育理念，这是培养学生尊重意识的前提，也是尊重教育最关键、最核心的举措。

一是突出学生主体。传统的教育突出强调师道尊严，主要突出的是“教师主体”，课堂教学模式更多的是单向的知识和技能灌输，师生关系上也习惯于控制和管理，缺少彼此尊重。而尊重意识教育强调的是以学生为主体，这就要求教师首先要树立学生主体的观念，充分调动学生的积极性、主动性和能动性，保证学生的个性、特长和创造力得到有效发挥，并在这个过程中让师生双方都获得对“尊重”（包括自尊）的体验。

二是践行因材施教。“一千个读者就有一千个哈姆雷特”，面对具体的人更是如此，而且每个人都有自己的生活环境和成长经历，因此施行尊重意识教育一定要了解学生的成长经历、内心世界和个性特点，根据学生特点进行有的放矢的教育。另外，学生的思想变化与学生的年龄有着密切的关系，只有弄清学生的年龄所对应心理的特征，才能使教育方式方法更加符合学生的实际。

三是重构师生关系。传统教育模式下教师是主动控制者，学生更多的时候都处于被动受控（被教育、被管理）的位置，师生关系具有明显的单向性、不平等性，有的老师非常担心甚至不允许自己的“权威”受到学生的挑战，这种关系与尊重意识教育相差甚远。现代教育理念要求师生关系是民主、平等、和谐和相互尊重的，教师要多给学生以肯定和鼓励，要关心、爱护和信任学生，要用真诚唤起学生的信任。建立民主、平等的师生关系，教师要顺应社会发展的需要，树立正确的教育观，在尊重、理解和平等原则基础上面对学生，使学生感到教师的知识、人格中体现出来的自尊和尊重是无处不在的，从而影响学生形成自尊和尊重他人的意识。

四是重塑师道尊严。教师的定位、角色和职责要更多地偏向于当学生学习、心理和人格养成的指导、顾问和教练，职责是激励学生思考、带领学生探索，纠正学生思想、行为的偏差。因此，教师要营造民主、平等、尊重的班级风气，要研究学生的心理、尊重学生的人格、爱护学生的心灵，让学生得到自尊的体验，从而保持乐观舒畅、愉快平和、自信上进的心境，主动在道德、纪律、法律的约束下发展个性、健全人格。

5.2 尊重教师人格及其价值贡献

对初中生而言，其建立尊重意识最关键的引领者是教师和家长，教师更是其中最核心的角色，对初中生的心理、人格的教育更是无可替代，因此，教师首先要得到尊重。

一是尊重教师的人格。教育管理部门和学校管理层要由管理型向服务型转变，发自内心地尊重教师的人格。在教育规范之内，要力所能及地为教师的成长、发展建立宽松的环境氛围。换言之，学校要求教师为人师表、要求教出成绩(不仅仅是考试成绩)，就不要机械地将教师囿于狭隘的空间，就应该允许教师有自己的公共空间和自由空间，以保证其在宽松自由、和谐民主的氛围中修身养性、研究学问、提高水平，身心健康地教书育人，绝不能管得太死、太细、太烦琐、太机械，让教育者亦步亦趋地“戴着镣铐跳舞”。

二是关心教师的发展。教育管理机构和学校要为教师继续教育提供机会和平台，要关心教师的生活，尽力帮助其解除当前问题和后顾之忧，更重要的是要关心教师的前途和未来，包括提高工资、奖金、福利等物质待遇，同时在学习机会、工作评价、职称评聘和晋升发展等方面提供更多、更公平、更民主的机会等。

三是尊重价值贡献。教育管理部门和学校要尊重教师的职业自由，允许教师在履行职责的基础上享有学术自由、探索自由，在总体不违原则的情况下，要给予教师选择最适合于学生需求实际的教材、教具及教法的空间，给予教师对自认为不恰当的工作价值评定提出申诉的权利。学校对教师的教学评价和价值认定要人性化、科学化、公平化、公开化，“评价”规则要交由教职工大会讨论通过，并在此基础上建立定性和定量相结合的科学评价体系，确保评价科学、合理、公平、透明。

四是加强师德建设。爱因斯坦说：“对一切来说，只有热爱才是最好的老师，他远远胜过责任感。”对学生健康成长的无私关爱是教师职业道德的基础和核心，没有情感和仁爱就没有教育。因此，教师自身要加强职业道德建设，对学生要在尊重、平等的基础上建立信任和提供帮助，要以强烈的责任感去关心、爱护和教育学生，成为学生身心发展的引导者，从而建立平等交流的师生关系，久而久之，学生自然会“亲其师而信其道”，教师的教育才能有的放矢，才能收到让学生尊重意识素养持续提升的效果。

5.3　构建新的课堂教学模式

课堂教学模式是教师在教学思想和教学原理指导下相对稳定的规范化的教学程序和操作规范，培养和提升学生公共参与的尊重意识，课堂教育的重要性不言而喻。

一是抓好主阵地。学校是公共参与教育的主阵地，课堂教学是尊重意识教育的重要空间，学校应该组织教师认真研究学科教学中的尊重意识教育，使各科教学与尊重意识教育融为一体，让学生在各学科的课堂教学中都能体验到尊重意识教育，都能实现人格和学习能力的充分发展。

二是强化互动探究。要彻底摈弃“单传播”“满堂灌”的教学模式，优化如“三三课堂”等以学生为主体的互动式、探究式课堂模式。课堂以学生为本，体现尊重学生，教学以互动为主，强化探索，从而有效实现老师与学生、学生与学生、学生的现在与过去、学生的新知识与扩展知识等各种积极因素在特定教学情境中的相互作用、互动共鸣。在这种教学模式下，通过生动活泼的互动，促进学生身心发展和教师专业水平提高，同时体现学生主体相互尊重、平等互动，才能有效地、艺术地切入尊重意识教育的理念。

三是重视心理健康。这里的心理健康主要是针对教师而言的。教师通过课堂（也包括其他教学和管理行为）空间作用于学生，教师的健康心理是其尊重、了解学生，与学生平等沟通、深度交流，结合学生实际和教育教学需要改进教育方式方法的前提，是教师不断发挥能力和潜力的根本保证。教师健康的心理状态会对学生的理想、信念、兴趣、能力、性格、心理等产生直接的影响。教师自身要重视并加强教育心理学、儿童心理学和教育学、管理学等知识的学习，与时俱进更新专业结构、提升专业水准，养成健康心理、获得持续发展，才能切实了解教育规律、学生身心发展规律等尊重意识教育的知识，强化尊重意识教育的观念，形成尊重意识教育的自觉。

5.4 有效营造公共参与的尊重意识教育氛围

学校开展尊重意识教育，不能仅仅依靠课堂教学，而是要调动一切积极因素，形成良好的合力和浓郁的氛围，形成强大的“气场”，才能收到潜移默化浸入学生心田的良好影响。

一是强化基于管理的尊重意识教育氛围。教育管理者即学校管理层要积极构建学生主体的教育、管理新模式，探索学生自主管理的新方法，健全学生自主管理的新制度，培养学生自主管理能力，从而使学生的自我意识、自主行为、自我调控能力和自主学习能力得到锻炼和提高，有力地促进学生的和谐发展和自主创造，突出对学生主体地位的尊重。

二是强化基于活动的尊重意识教育氛围。学校在施行思想政治、品德纪律、理想信念、爱国主义等各方面教育的同时，要有计划地组织更多的诸如“阳光体育节”“心理健康月”“科技创新月”等有益学生身心健康、便于学生广泛交流的活动，寓尊重意识教育于活动中，让更多的学生走出“班级”空间，走向学校大舞台，甚至走出校园在更广大的空间展示其特长和才能，才能获得更多的肯定和赏识，进而获得更好的自我尊重、互相尊重的体验，促进优化学生健康的个性和健全的人格。

三是强化基于文化的尊重意识教育氛围。无论是校园文化建设还是班级文化建设，都要体现学生公共参与的精神，强化师生共建的主体权利。学校管理者要敢于、善于激发师生的创造力、凝聚力和积极性，充分调动和发挥师生的主观能动性，真正体现出参与意识和行动自觉，并让老师和学生在参与中接受尊重意识教育，在参与中提高尊重素质。

5.5 全方位提高学生尊重意识

充分利用学校公共空间和教育环境培养学生公共参与的“尊重”思想意识和尊重素质，促进学生健康成长，是让学生在公共参与和体验中学会自尊和尊重他人的重要措施，也是尊重教育的核心目标。

一是始终坚持以自信教育促进学生尊重自我。学校要启迪受教育者尊重自己、认识自己，培养学生自立、开放、自尊的意识，促进学生形成积极的自我感念、自我尊重的意识，懂得维护和捍卫自身人格尊严，懂得认识和管理自我心理，使自身的思想、行动与理想、信念和价值观始终保持高度一致。

二是始终坚持以感恩教育促进学生尊重他人。学校在提倡教师遵循职业道德、尊重学生人格的同时，应该培养学生懂得感恩、尊重教师、尊重他人的素养，教会学生尊重他人尤其是尊重老师的劳动、人格，学会校正自己在家庭、学校、社会中的角色，敢于主动承担不同的角色应当履行的责任。

三是始终坚持以规则教育促进尊重社会。老师在实施尊重意识教育的过程中必然要强调中学生守则、国家宪法和法律等规则和纪律的教育，但同时要教育学生尊重社会，包括遵守社会规则、维护社会公德、承担公民责任等，这是法制社会对公民的基本要求。学校、老师要主动站位，严格按照培养合格的社会公民的要求教育学生树立规则意识和法律意识，懂得遵守社会和学校的各种规章制度，强化学生对学校应承担的学生责任、对家庭应承担的子女责任、对社会应承担的公民责任。

四是始终坚持以使命教育促进尊重自然。习近平总书记在党的十九大报告中提出“把我国建成富强民主文明和谐美丽的社会主义现代化强国”① “建设的现代化是人与自然和谐共生的现代化”②。学校对学生的尊重意识培养教育，必须要唤醒学生尊重自然的意识，要开展丰富多彩的尊重自然的教学活动，通过活动把人与自然和谐相处、维护生态平衡、保护自然环境、尊重自然规律等理念纳入其中，否则，单纯基于人的“尊重”教育也是片面的。

6. 结语

公共参与的初中生尊重意识教育的实现是一项系统性、战略性的工程，既需要学校、老师教育观念的转变、教学模式的优化、教育评价体系的改进，也需要校园文化建设、教学管理模式的配套。教育管理者、决策者和执行者（主要是老师）要立足国家教育要求，本着对学生负责、对工作负责、对祖国的未来负责的态度，健全师生人格、重构师生关系，改变传统模式，为尊重意识教育开展更多研究、做出更多贡献。

---

① 中国共产党第十九次全国代表大会文件汇编［M］. 北京：人民出版社，2017：23.

② 中国共产党第十九次全国代表大会文件汇编［M］. 北京：人民出版社，2017：40.

结合德育教育做好中学生廉洁启蒙教育

——以树德实验中学初2010级9班为例

【摘　要】廉洁教育是德育教育重要的组成部分，需要在中学阶段就强化启蒙教育。本文基于对初中生廉洁教育的实践，总结提出了初中学生廉洁启蒙教育的内容要求，以及实施廉洁启蒙教育的核心和施行廉洁教育需要注意的关键。

【关键词】廉洁教育；德育教育；启蒙；引导

班级廉洁启蒙教育是德育教育重要的组成部分。通过持续的廉洁教育引导和廉洁氛围营造，树德实验中学初2010级9班学生的廉洁认知、廉洁意识和廉洁判辨能力都有明显提升，廉洁启蒙教育取得了较好的成效。

1　实施班级廉洁启蒙教育的简要情况

接手新的班级的时候，因为刚好是学生们从小学升入初中阶段，对自我的要求有了新的变化，所以对其各方面规范的难度小、学生的可塑性高，抓住这一窗口期，班级重点实施了以下3个方面的廉洁启蒙教育。

1.1　实施廉洁启蒙教育阵地建设，强化廉洁宣传和氛围营造

中学生廉洁启蒙教育也需要强调“知行统一”的思想，所以首先是要让他们知道廉洁启蒙教育的重要性和主要内容，要让学生建立起正确的廉洁道德认识，提升判别是非、美丑、荣辱的能力。笔者为此先后3次举办主题班会进行宣传教育，结合廉洁启蒙教育要求对学生的廉洁规范、廉洁道德有明确的认知，同时把一些著名的廉洁史实和当代的反面案例介绍给学生，通过班级黑板报推出两期专题宣传，持续强化营造氛围，快速引导学生建立了廉洁观念和判辨能力，启迪他们逐步树立了正确的人生观、价值观和荣辱观。

1.2 在相关学科特别是一些容易结合廉洁启蒙教育的课程中进行渗透

对于中学生，我们把廉洁启蒙教育的中心定位为“知”，就是要反复强调建立和巩固“廉洁意识”，并进行不间断的强化。我们把政治、语文、班会等作为持续向学生“灌输”廉洁意识的平台，把课堂内容中可以挖掘的廉洁元素加载进来、带进课堂，结合课堂教育有效进行廉洁启蒙教育，培养学生的廉洁情感，提高他们的廉洁意识和判断能力，使他们对廉洁道德有深刻的认知，通过随时的提醒和“预警”，让他们建立起廉洁就是高尚人格的概念，力求把廉洁的信念内化根植在学生的心里，并倡导他们做到知行合一。

1.3 立足身边小事做好引申教育

结合班上的一些小事，实施有针对性的教育引导是廉洁启蒙教育的主要措施之一。从接手班级那天起，笔者就引导学生们建立了自己的班级“金库”。这个公共“金库”的来源是学生们收集和出卖废纸、饮料瓶等换来的，是同学们自力更生的典范，一个班几十个人“创造”的“垃圾财富”，累计起来也不可小觑，通过“小金库”经营管理这件小事，我们将勤俭、环保、热爱集体、崇尚廉洁、奉献意识教育甚至班级“经济”管理等良好的品德养成教育都涵盖进来了，同学们共享“经营”成果的感觉也加载进来了，“金库”经营管理成为检验学生廉洁意识和廉洁管理能力的一个“试金石”，成了一举多得的廉洁启蒙教育和廉洁自律管理的一个有效的载体和工具。

2 实施廉洁启蒙教育与德育教育的有机结合

廉洁启蒙教育是千秋大业，但对初中生而言，实质上确实没有太多直观的必须严格遵守不得触犯的“廉洁要求”，加上廉洁养成本来就是德育素质的组成部分，因此，初中（甚至高中）生的廉洁启蒙教育不宜与德育教育割裂开来。笔者所教班级结合德育素质推进廉洁素质塑造的具体做法归结起来有以下几个特点。

2.1 通过民族精神教育促进廉洁启蒙教育

民族精神教育是青年学生思想素养的重要内容，民族精神教育有很多的可感知的廉洁史实和人物可以用作案例，很容易找到廉洁教育和精神教育的契合点。实施民族精神教育，笔者一般是从引导学生爱家乡入手，立足于挖掘巴蜀历史精华，把史实故事和现代案例引入德育课堂、德育活动和廉洁养成教育中。此外，笔者还经常组织开展“爱国主义教育基地游览、爱国主义影片观看”等活动，通过班会、演讲、知识竞赛等形式实施民族精神教育、社会主义核心价值观教育和廉洁奉献意识养成的教育引导。通过这些活动，学生们对中华民族的优良传统、对道德操守和廉洁法律有了一定的认知和了解，对中华民族光辉灿烂的文化历史、对那些清廉高洁的英雄人物更为热爱，认识的提升为弘扬民族精神、促进廉洁启蒙教育奠定了良好的基础。

2.2 结合文明行为教育实施廉洁启蒙教育

在思想、生活、学习方面已有良好习惯的基础上，初中阶段笔者着重强化学生们的校规校纪、法律法规教育，适度引入一些法律基础知识、党风廉政建设内容，通过专题讲座、政治课渗透等形式，培养他们遵守法纪、遵守公德和社会秩序的意识和习惯。在加强教育管理的基础上，通过树典型、评先进等方式强化学生对法律意识、社会意识、纪律意识的深刻认识，学生一般都能够对是非、荣辱、善恶、廉腐做出基本的判断，懂得对不好不洁的思想、行为进行合理摈弃。

2.3 结合诚信品质教育深化廉洁启蒙教育

笔者始终要求学生把“诚信观念”落实到学习、工作、生活的各个环节，要求大家从诚信作业、诚信考试开始，逐步提高诚实守信意识，树立守信为荣、失信为耻的道德价值判断，反复加强学生的诚信品质引导。打牢了诚信的“基石”，廉洁素质就更容易形成了。

3 实施初中班级廉洁启蒙教育的主要经验

廉洁、廉政教育一定要从小抓起，但在实际操作中，尤其是对中小学生而言，这项教育却有比较大的难度。在真正把廉洁启蒙教育引入班级的这一年多的实践中，在确保初中生廉洁意识提升方面主要积累了以下几个方面的经验。

3.1 一定要确保廉洁启蒙教育目标与受教育对象的年龄、心理、社会角色相匹配

实施中学生的廉洁启蒙教育要与学生的年龄、认知相匹配，这是任何教育活动都必须遵循的规律。廉洁启蒙教育也要从学生的认知水平出发，廉洁道德要求也要与学生情感和角色一致，并且要把这些内容融入德育和相关的可切入的课堂中，融入相应学科的教学中，才能起到意识养成、观念建立的效果。反之，就会走入“为廉洁启蒙教育而廉洁启蒙教育”的误区——老师强调了，学生知道有这回事，但没有真正建立起人格道德和规范自律的观念和意识，教育效果就会大打折扣。

3.2 创造条件争取更多的廉洁教育效果验证

实践是加强廉洁道德教育的主要环节，除了学校教育和廉洁自律观念的建立外，还需要给出一些与他们的角色、身心相符合的“规范”，并有意识地跟踪学生在社会上和家庭中的表现，注意从学生日常表现中观察其思想和实践表现情况，及时发现缺失点，纠正错误行为，指明改进的方向。同时，更重要的是要利

用班级活动、典型事件等渠道，不断进行廉洁自律意识强化，宣传典型、表扬先进，使学生们对廉洁人格产生一种崇尚和向往的感觉。建立了这种意识，大的方向性效果就容易“水到渠成”了。

3.3 实施中学生廉洁启蒙教育一定要循序渐进

成人的廉洁启蒙教育可以有明确的法纪要求，因此更容易实施。中学生不同于成人，学校对他们没有统一的廉洁教育要求，社会规则中对中学生也没有明确的政策法纪规范，同时，初中生的社会角色暂时还不能用“是否廉洁”来考核评价。因此，针对他们的廉洁启蒙教育应该是观念养成性的教育，而且在教育成效方面还不能片面地追求一蹴而就，需要一点一滴地进行推进，同时还要注重教育方式方法的多样性、可行性，才能形成班级的整体氛围，才能最终达到教育引导的效果。

3.4 开展中学廉洁启蒙教育要遵从科学原理

实施廉洁道德教育，要契合学生成长心理特性，坚持正面引导的原则。对中学生而言，廉洁教育要多宣扬正能量，因为他们需要的是社会阳光的一面而不是阴暗的地方。教师要始终对孩子们充满信任和期望，力求在引用廉洁人物、廉洁故事感化学生的同时，要教给学生明辨是非曲直的标准。在学生面前，老师更是必须以身作则，用廉洁的形象影响他们，用廉洁的形象感召他们，有效激发学生加强廉洁管理、健全自律人格的潜在动力。

教育助力“创建现代田园城市”①

【摘　要】本文为成都市“创建田园城市，培养现代公民”教学研讨会发言，虽为“应景之作”，但回过头反思，社会经济发展和城市发展带来的美好人居环境，是需要全社会共建共享、共同维护的，教育要面向现代化，要培育现代公民，对学生也必须要做好与社会发展相关的教育和引导，这本身就可作为学校德育教育的一项内容。

【关键词】田园城市；共建共享；现代教育

现代田园城市是人类近200年来的伟大梦想，也是地区或社会经历“高速发展”后回头解决资源分配失衡、环境极度破坏、社会公正问题受到质疑等问题和矛盾的“必由之路”。这次“创建田园城市，培养现代公民”教学研讨会，集中提供了大量丰富的信息，虽然这次会议对社会深层次问题的研究还不是很深、很全，但在有限的篇幅中从正反两面进行了对比，更从教育、从下一代健康成长的角度进行了较有价值的分析和研判，有较好的现实指导意义。

从推进构建现代田园城市的角度，学校教育的功能就不仅仅是知识的传承，而是要更加注重育人，要更加着力于培养现代公民；千方百计确保下一代健康成长，竭尽所能塑造未来和谐社会、现代社会的建设者和接班人，也即引导公民“修身、齐家、治国、平天下”，这就是现代教育的职责和功能。而在这个世界多极化、认知多元化、信息高度发达、社会发展各种问题和矛盾交织的阶段，教育

① 本文为在成都市教育系统“创建田园城市，培养现代公民”教学主题研讨会上的发言，编入本书时有删节。

更显得责任重大、意义深远。

构建和谐社会和现代田园城市是一个社会化、系统化的战略性工程。从教育的角度来看，更要有积极的作为，具体而言就是做好以下 4 个方面的工作。

1 完成对学生的基本知识传递

要通过基本知识教育，让学生对人类文明的脉络有更加清晰的认知，能够从前人总结出来的成功经验和失败的教训中获得“营养”，不断学习前人通过实践总结出来的各门类的知识，形成学习、创新的意识和能力。在具备面上的基础知识后，还要在自己擅长的学科领域中不断深入，做到“专”“精”“深”“透”，才能在未来的社会分工中找到自己的“位置”，才能在科学的扬弃中更好地打下为社会发展服务的基础，并为未来田园城市建设做出更多、更有效的贡献。

2 培养学生辩证唯物史观

知识和技能只是基本要求。教育在基本知识传承的基础上，还需要帮助学生养成辩证认识世界的思维习惯，要使学生通过学习，能辩证认识人类社会一切事物的成因和发展、变化规律，以便在未来承担社会责任的过程中，科学、客观地按照事物自身规律、自然规律和发展变化规律行事，而不是以唯心的、反自然规律的方式来看待和处理问题。

3 开展社会公德意识教育

社会公德意识是社会普遍约定俗成的行为规范，而现在的中小学生日常行为规范就是社会公德规范最基本的要求，社会公德教育包含现代文明的基本要求，在一定程度上，社会公德水平是暴露在整个社会监督之下的，它更具备成为全社会共同遵守、共同执行和共同监督的行为标准，道德规范社会秩序的作用甚至可以超过法律和制度。现代田园城市和和谐社会构建需要一大批具备现代意识、科学意识、和谐意识的公民参与，才能真正实现共创共享。因此，作为教育主体，学校一定不能忽视对学生的社会公德意识、尊重自然意识的教育。

4 做好使命和责任意识养成教育

当前，我国正处于急剧变化的社会转型期，如前所述，社会的公平问题、资源分配问题、环境恶化问题、贪污腐败问题等，在很大程度上就是个别人政治素质低下、责任意识不强、使命意识淡薄所造成的，教育要培养未来社会主义事业的建设者和接班人，就必须要强化责任和使命意识教育，“五讲四美三热爱”不只是教育口号，而是要落实到具体的教育教学实践中，要教育学生强化民族精神、民主意识、环保意识，具有创新精神和促进和平建设、和谐建设的使命意识。这是教育体系下的一项长期、系统的“基石工程”，学校在这项工程中应该发挥的作用和应该承担的责任尤为重要。

总之，从政府的整体规划布局和战略高度来看，创建现代田园城市不仅是一个人居环境概念，还是一个社会概念。因此，我个人认为建设现代田园城市的重点不只是“田园”，也不只是“城市”，而更应该是“和谐”，是自然和社会、体制和机制、物质文明和生态文明一体化的战略。离开社会和谐这个核心，资源分配、贫富差距、环境恶化、执法不文明、生态环境持续恶化等问题得不到快速改善，就会受到民众的质疑，违背“自然”规律和“社会发展”规律的问题就得不到很好的解决。而教育不跟上，公民主流的世界观、价值观和使命责任意识就会被逐渐淡化，失去了担当、责任和使命认知，“创建”到最后，社会“被现代了”，城市“被田园”了，广大农村、农民除了“田园”暂时有所改善之外，生活其中的人们的人际关系、社会环境、生态破坏、民生问题则可能仍无明显改善。学校作为培养下一代建设者和接班人的主渠道，必须要充分发挥其应有功能，真正让我们的学生成为可以推进构建现代文明社会的新一代。

当然，教育是一项系统性、全局性、战略性的工程，不仅仅是学校需要承担这个历史责任，家庭、社会都要共同自觉参与进来，共同承担起教育下一代、引导下一代的责任。

借科技东风　育创新人才

【摘　要】本文记录时间是2009年4月20日——成都树德实验中学科技节前夕。这个记录是一次教学的反思，通过这个案例，个人有几点深刻的认识：一是学校的任何教学活动都可以进行关联教育；二是教师要信任和大胆放手，让孩子们完成一些他们自认为不可能或不太可能完成的任务；三是教师只要善于抓住学校活动的契机充分挖掘学生的积极性，就一定会激发出学生更多“超常”的能力。

【关键词】科技；创新；教育

2009年4月20日，新季伊始，新的学期开始。“树德节——文化艺术节”的余音尚存，又迎来了“树德节——科技节”新曲。听完学校布置的任务，我想：每年的活动要求都差不多，今年的科技节如何才能让孩子们有更大的收获呢？回想起来，去年我自己似乎就不是很上心，加之当时是第一次组织这种活动，连我自己都是懵懵懂懂的，引导孩子们进行科技创作就更无从谈起了，如果现在还不好好策划一下，可能孩子们今年仍会像去年一样对科技活动关注不够。去年孩子们因为没拿到组织奖就非常失望了，我不希望这样的事今年再发生，而且如果他们真的没什么创新能力也就算了，实际上从策划过程和总结交流来看，孩子们又有很多的科技“基因”，有很好的思想火花，是很有想法、很有创造力的，要如何做才能调动起大家的积极性呢？

放学前按照惯例是布置作业。布置完语文学科的作业，我想起这次月考要考对联，而这学期我还没有进行过相关的训练，虽然以前讲过但练习太少，不知学生们还记不记得对联的知识和要求。于是，我决定让他们练习写对联。对联内容写什么呢？想到学校即将举办的科技节，不如就以科技节为题来“对联”吧。作业布置完后，我又简单地给孩子们普及了一些与“科技”有关的常识，就将活动方案册交给负责的同学，让他按要求落实去了。

第二天批改作业的时候，拿到的第一本作业就让我感到有些吃惊，其他部分和平常似乎没什么两样，但一看到对联，我第一感觉就怀疑这是抄袭的，因为我认为他们应该没有这样的水平，但一看名字，竟然是一位我比较信任、比较放心的同学，他是从来不会为了应付作业而随便找答案的，但我还是有些不敢相信。接着批改另外的作业，一连几位同学的对联作业都写得很不错，于是将所有作业的对联部分翻了个遍，除有个别同学可能忘记了以至没写外，绝大部分同学写得都不雷同。我想这不该是抄袭的吧，否则的话，出现相同或近似答案的概率是很高的。

抱着这种疑虑，我找来了两位同学进行“心理诱导”（以一种不会让学生产生被怀疑心理的方式诱导出真实答案的问话）。诱导的结果让我深信这些作业确实是学生自己独立完成的。我将比较好的答案抄下来，在评讲作业的时候一一念给他们听，被念到名字的同学都表现出非常自信的样子。以下是选取的部分答案：

科技日新月异，人才层出不穷。——姜冲

科技创造未来，梦想造就成功。——罗伟

创造发明引领世界脚步，科学技术打开知识大门。——唐梓豪

展开科技的翅膀，放飞创作的梦想。——周静

科技创作满校园，奇迹发生遍全球。——田悦琪

科技引领未来，发明创造财富。——高畅悦

发明创造走进校园，科技创新改变生活。——高畅悦

科技创造未来，活动激发灵感。——费一航

科技高峰智为梯，知识海洋勤是岸。——任姝融

科技改变过去，发明创造未来。——曹阿踢

科技塑造未来，创新构建人生。——李辛威

长征路上攻关，科学峰前创造。——陆俊成

科技海洋千帆竞发，文明校园万木争春。——王佳成

科技造就他们，创新引领你我。——庄智慧

智慧引领生活，科技创造未来。——胡耀文

动手动脑益智，品美品艺怡情。——徐秋旸

科技与进步同在，梦想与创造共存。——伏兰泽

梦想引领科技，科技创造未来。——戴佳璁

……

这些对联虽然仔细推敲还有一些瑕疵，但对初中生而且是没有专门深入系统地学习过对联知识的学生而言，已经是太出乎我的意料了。

这次对联作业之后，我发现：不管是学习还是活动，只要给孩子们提出要求，只要方向明确、引导得当，很多时候孩子们给出的答案、结果往往都会给你意外的惊喜。因此，这次“突击”性的作业就成了我们班的科技节活动的一个很好的“前奏”，而且这份作业本身就是一次成功的“创新”。

趁热打铁，我接着给孩子们布置了科技节有关的作业，有个人任务也有小组任务。在班委的配合下，大家还很快就拟出了针对性的奖励方案。

不到一周的时间，孩子们的作品就都整整齐齐地交上来了，跟前面大家写的科技类“对联”一样，很多作品真是非常有创意，让我不敢相信是学生所做的。

为了让孩子们能更充分地品尝到成功的滋味，我指导他们将一些作品制作成科技节的板报，所有作品向每个同学开放，让大家帮助提出修改意见，很快就收到了更好的效果，一些同学借助他人的眼光发现了作品的瑕疵，一些同学看了别人的作品后得到启发，认为自己做得还不够好，于是有要求重新做的，有请求他人帮助完善的，有请求与别人合作共同完成的……总之，一石还真激起了千层浪，孩子们的创作热情越来越高涨了，自信心也更足了。

这次活动让我再次认识到：教师要大胆地相信学生，还要放手让孩子们做一些我们自认为不可能或不太可能完成的任务。大胆放手也许真的会收获更多的惊喜。只要抓住学校活动的契机，深入挖掘学生的积极性，就一定会挖掘出更多的创新型人才，在这种良好的班级氛围的带动下，即使是平常学习不很出色的同学也会表现出超常的能力来。

无籽西瓜培育原理及相关传言①

（成都树德中学高2018级7班　罗浩鸣）

【摘　要】无籽西瓜不是“避孕药”处理和“甜蜜素”注射的结果，而是按照科学方法，通过秋水仙素处理，使二倍体植物转变为四倍体，二、四倍体杂交形成三倍体植株，利用三倍体植物无法形成正常种子的特性达到无籽效果培育出的一种西瓜，是科技创新的结果，是完全可以放心大胆地食用的。

【关键词】无籽西瓜；秋水仙素；四倍体；三倍体；有丝分裂；生长素

1　引言

科学的进步总能为人们带来便利，比如我们听说夏天有三宝：空调、WiFi、无籽西瓜。这三件宝都是科技发展给人们带来便利的集中体现。其中的无籽西瓜就是本文的主角，因为无籽，让人们摆脱了吃西瓜吐西瓜籽的烦琐，所以西瓜价值至少翻了一番。然而无籽西瓜却遭到了很多人信誓旦旦的是打“避孕药”“甜蜜素”长出来的西瓜等谣言的攻击，这实在令人遗憾。而且困扰人们的“无籽西瓜”问题，一直没有看到系统“辟谣”的科普知识。即使是无比强悍的网络，关于无籽西瓜的培育也只有以种植技术、专业术语为主的只言片语介绍，而且更多的是广告、技术等方面的宣传，并没有针对性的说明无籽西瓜之所以“无籽”方面的科学、系统的解释。我喜欢“吃西瓜不吐西瓜籽”，所以我找来高中生物教材，结合果壳网等相关知识的学习梳理，决定做一个系统的“无籽西瓜”科普，利用基础的生物学知识，给大家揭示无籽西瓜的秘密。

① 本文曾获第三十四届成都市青少年科技创新大赛科技论文类三等奖。

2　无籽西瓜的培育原理

2.1　基本原理：阻止配子形成消灭种子

首先，大家都知道大多数的西瓜都有籽。西瓜籽就是西瓜的种子——也就是“无籽西瓜”要消灭的目标，它实际上是西瓜的生殖器官。与其他植物一样，在生殖细胞结合中决定西瓜种子的产生，是西瓜正常生长中起遗传作用的关键器官。所以，要消灭西瓜的种子，最直接的科学方法就是破坏西瓜负责遗传的这部分基因，或者让负责遗传的基因无法进行正常的发育，相当于关上了西瓜产生种子的“开关”。

循着这条线索，通过初中《生物》“生物的遗传和变异”和高中《生物》“细胞的生命历程”等科学知识，我们就能找到种子产生的关键时刻——形成配子的时刻。我们都知道植物染色体总是成双成对的，正常的细胞都是二倍体，即染色体都是成对的。但在细胞减数分裂的时候，这一对染色体会被拆开，分别“注入”各自的性细胞中，所以性细胞的染色体数只有正常细胞的一半，只有当两性性细胞结合为受精卵的时候，染色体才能重新结合在一起变成正常细胞。细胞进行减数分裂变为性细胞的过程就是配子（生殖细胞）。“在生物的传宗接代过程中，配子是联系上下代的桥梁，是传递遗传物质的唯一媒介，基因可以随配子代代相传。”如果用一种“干预手段”破坏这个媒介，让配子形成失败或失效，植物子房里的胚珠便无法成熟变成种子。所以，消灭种子的箭头指向了阻止配子形成——就是使西瓜（包括所有二倍体植物）最终“种此瓜（有籽）得彼瓜（无籽）”的基本原理。

2.2　阻止方式：剪断细胞生殖发育通道

前面分析过“无籽西瓜就是被截断配子形成媒介种出的西瓜”的科学结论。那么，要怎么做才能阻止配子形成呢？配子其实就是将普通细胞的成对染色体拆开，平均分离到性细胞中。只有这样才使性细胞成为正常染色体，才能与异性性细胞结合成为受精卵。需要强调的是，这一切必须是建立在细胞染色体是成双成对的基础上的。

如果染色体并不是成双成对的呢？这就是关键所在——当染色体不是成双成对的时候，配子是无法形成的。这就好比把单数个蛋糕平均分到两个盘子里，却要求你不能把蛋糕切开。在这种情况下，细胞进行减数分裂时就不能均分染色体，就会出现名为联会紊乱的状况，即减数分裂前期染色体不能正常配对，无法形成有生殖效应的配子。可自然界中不存在非二倍体细胞，我们不能像袁隆平找野生水稻一样在自然界找到无籽西瓜，而且即使曾经有过，也是因为自然变异而产生出的无籽西瓜，它也是无法一代代保留下来的。原因很简单——它毕竟是无籽的。

排除了到自然界中去寻找这个途径，科学家只有回到实验室继续研究。他们发现其实寻找单数倍细胞可以通过数学方法解决——二倍体的染色体数目是 $2n$，那么我们要寻找的就是单数 n。最直接的办法是 $n+2n$，如果把 $2n$ 当作一个普通细胞，n 就是一个性细胞，可普通细胞不能与性细胞结合（也不能与其他任何一种结合），能相互结合的只有性细胞。我们需要的是染色体数目分别是 n 与 $2n$ 的两个性细胞，让它们相互结合，就得到了染色体数目为 $3n$ 的一个受精卵。无籽西瓜的原型就出来了。

2.3　阻止工具：生物碱秋水仙素阻止细胞分裂

哪里可以找到染色体数目为 $2n$ 的性细胞呢？性细胞的染色体数目为 $2n$，就意味着它的原细胞染色体数目要为 $4n$，直接翻了一倍，这种细胞也许会在自然界存在，但找到的概率就像海底捞针。

有没有更直接的办法，比如用人工的方式制作四倍体细胞呢？

答案是有的，不然就没有无籽西瓜了嘛。二倍体细胞的生命历程中大部分都被称为分裂间期，分裂时间占一个细胞一生的 90%～95%，这段时间它的染色体数目都是我们熟知的 $2n$。但剩下的 5%～10%的时期染色体数目不是 $2n$，而是我们正在寻找的 $4n$，这是因为细胞即将进行有丝分裂。与无丝分裂不同，有丝分裂方式会将染色体翻倍（实际上是染色质），再变为两个细胞，这种分裂方式在高等生物中非常常见。

可是，有丝分裂最终还是会分裂成两个细胞，并没有实现保留所有染色体的目的，因为细胞分裂就要增值，而且这本身就是它的最终目的。能否找到一种办法阻止它分裂的进程，使之就停留在四倍体的阶段呢？答案是“能”——1937 年美国学者布莱克斯利（A. F. Blakeslee）等用秋水仙素加倍曼陀罗等植物的染色体数获得了成功。从此以后，秋水仙素就被广泛应用于细胞学、遗传学的研究和植物育种的工作中。

有丝分裂与无丝分裂的不同点就在“丝”上面，“丝”就是纺锤丝，植物学上也称为微管。染色体分开是从着丝点处开始的，两个染色体逐渐分开。它们完全分开后就向相对的两极移动。可以说，纺锤丝就是分离复制好的染色体及有丝分裂的细胞的关键点，如果消灭它，细胞就不会分离，而且它复制出来的 $4n$ 个染色体也会得以留存。所以我们只需要一把“剪刀”来剪断纺锤丝，就能造出四倍体细胞来。

秋水仙碱就是我们要找的“剪刀”，这是一种生物碱，因为最初是从百合科植物秋水仙中提取出来的，所以叫作秋水仙碱（也叫秋水仙素）。秋水仙碱能阻止有丝分裂进程，阻止分裂就破坏了纺锤体，就相当于用外力破坏基因，人为地剪断了纺锤体这根线，使得染色体只能分裂不能分离。这种由秋水仙碱引起的不正常分裂称为“秋水仙碱有丝分裂”。在这样的有丝分裂过程中，染色体虽然分裂了，但细胞并没有随之分裂，不能形成两个细胞，因而使得染色体分裂加倍，就产生出了四倍体。

科学处理了纺锤体阻断细胞分裂，仅保留染色体分裂，剩余的事情就简单了。我们用秋水仙碱人工阻止细胞分裂，把得到的四倍体西瓜和二倍体西瓜进行杂交，$2n$ 的性细胞和 n 的结合，就变成染色体数目为 $3n$ 的受精卵，也就是无法产生种子的西瓜的“种子”，即三倍体西瓜种子。这个三倍体种子种出来的西瓜就是现在我们看到的无籽西瓜了。

2.4 生长问题：二倍体授粉和生长素合成

我们得到了无籽西瓜的“种子”，就可以种出“无籽西瓜”了。可是西瓜长大开花后，还有一个问题需要解决：授粉的时候是应该用二倍体的花粉还是四倍体的花粉呢？

从逻辑上来看，授粉自然是用二倍体的，因为二倍体是自然的，不需要像四倍体一样再次进行人工培育。具体的原因是从实验得出的：根据实验数据显示，用二倍体西瓜的花粉会产生只有发育不完全种皮的西瓜，种皮里面没有种胚。用四倍体花粉授粉产生的西瓜同样没有种胚，是“无生殖能力”的，但是种皮却发育完全，外形和坚硬度与普通西瓜籽相比并无区别，达不到“无籽”的良好口感。所以授粉要用的还是二倍体的普通西瓜。

介绍到这里，问题好像已经解决了，西瓜无籽的目的已经达到了，制造的方法也清楚了，可是在逻辑上还存在解释不通的地方——西瓜的生长是需要生长素的，我们知道，果实是由子房发育而来的，在子房发育成为果实的过程中，是需要一定量的生长素的。根据植物学原理，果实发育所需生长素是由胚珠形成的种子所提供的，三倍体无籽西瓜是根据染色体变异的原理培育而来的，是不会直接发育胚珠成为种子的。也就是说，三倍体西瓜是无法自行提供果实成长所需的生长素的。

但是，无籽西瓜的发育仍然需要生长素，没有胚珠、没有种子，生长素从何而来呢？

通过查阅资料，我了解到：生长素不只是在发育的胚珠中产生，一般来说，生长素在植物体内的合成部位是叶原基、嫩叶和发育中的种子，这些部位都存在用于合成生长素的酶。植物内部本身拥有的物质在这些酶的催化下，也会转化为果实发育所需要的生长素，当二倍体植株的花粉萌发时，它的花粉（人工或自然授粉）传播到三倍体植株的子房内的同时，也就将其自身合成生长素的酶转移给了三倍体植株，并在三倍体子房内合成大量生长素，而且这些生长素还不会被“籽”占用，更加集中地促使子房发育成无籽果实。所以，生长素的确必不可少，但也有种子之外的其他方式可以合成。

3　粉碎传言：无籽西瓜更甜、更经济

综上所述，网络和民间传言的无籽西瓜是“避孕药”“激素药”作用的结果，这是毫无科学依据的。

此外，网络上还有传言说无籽西瓜的甜是因为注射了“甜蜜素”的原因，毫无疑问这也是谣言。实质上，三倍体无籽西瓜含糖量本身就比普通西瓜高，因为三倍体无籽西瓜经过系列变异，核内染色体加倍，本当作用于种子的子叶中的那部分营养物质转化为糖的形式存在于果肉细胞中，无籽西瓜含糖量就自然比普通西瓜高了。不仅是植物，动物也适用这个原理，三倍体牡蛎就是利用同样的原理培育出来的，因此个头更大、生长更快。

网上还有人拍出照片，说西瓜里的黄色筋络就是打“催长针”的证据，这也是谣言。同样的道理，无籽西瓜不用关心“种子”，有营养物质转移，不用催长素也可长成“大块头”。再者西瓜体内是一个密闭空间，它的每个生长阶段都非常“充实”，果实内部是处于“高压”状态的，针头可能扎得进去，但“药水”却很难注射进去，即使能注射进去也不可能均匀流动，更何况在发育的西瓜上打针的话，西瓜就可能“自身难保”，因为西瓜留下针眼要么感染，要么被嗜糖或喜食汁液的昆虫长驱直入咬食果汁，西瓜还没长大就坏掉了，无论哪种情况西瓜都难以存活。即使勉强熬到成熟的西瓜也很难存放，可能还没等到卖出去就烂掉了，瓜农岂不是得不偿失？

4　结语

总体来说，无籽西瓜是科学培育的结果，不是网络传言的“避孕”、催长的结果，更何况动物激素和植物激素本来就是无法相互替代的，怎么能用动物激素为植物“避孕”呢？无籽西瓜的甜度高也不是因为注射了甜蜜素的缘故，这一切都是科学选育的结果，总体是利大于弊的。

不仅西瓜，番茄、黄瓜、辣椒等都可通过同样的选育，通过合理应用科学技术，为我们的生活提供更有丰富口感的食物。科学为人类带来了实实在在的利益，而科学的发展也总有科学的精神伴随，所以不仅要相信科学、发展科学，更要宣传科学，大众更是要从理性的角度来看待科学。科学推动文明发展，是第一

生产力，科学发展有强大的潜力，也有坚实的基础，科学发展会为人类带来更多的便利，也一定会让我们的生活提到一个更高的水平。

所以，让我们努力学习科学，为国家的发展、为社会的进步做出更多、更有价值的贡献吧！

参考文献

[1] 刘恩山，肖尧望，郑春和，等．生物学 [M]．1 版．北京：北师大出版社，2013.
[2] 朱正威，赵占良．生物分子与细胞 [M]．2 版．北京：人教出版社，2017.
[3] 肖振宇．有丝分裂和无丝分裂的对比分析 [J]．赢未来．2017（19）：197.
[4] 周明龙．秋水仙素诱导染色体数目加倍的机制 [J]．生物学教学，2012（8）：49-50.
[5] 王彬．与同源三倍体西瓜有关的两个问题 [J]．生物学教学，2012（7）.

德实验中学2018级5班“告别童年·迈好青春第

心理教育

Xin Li Jiao Yu

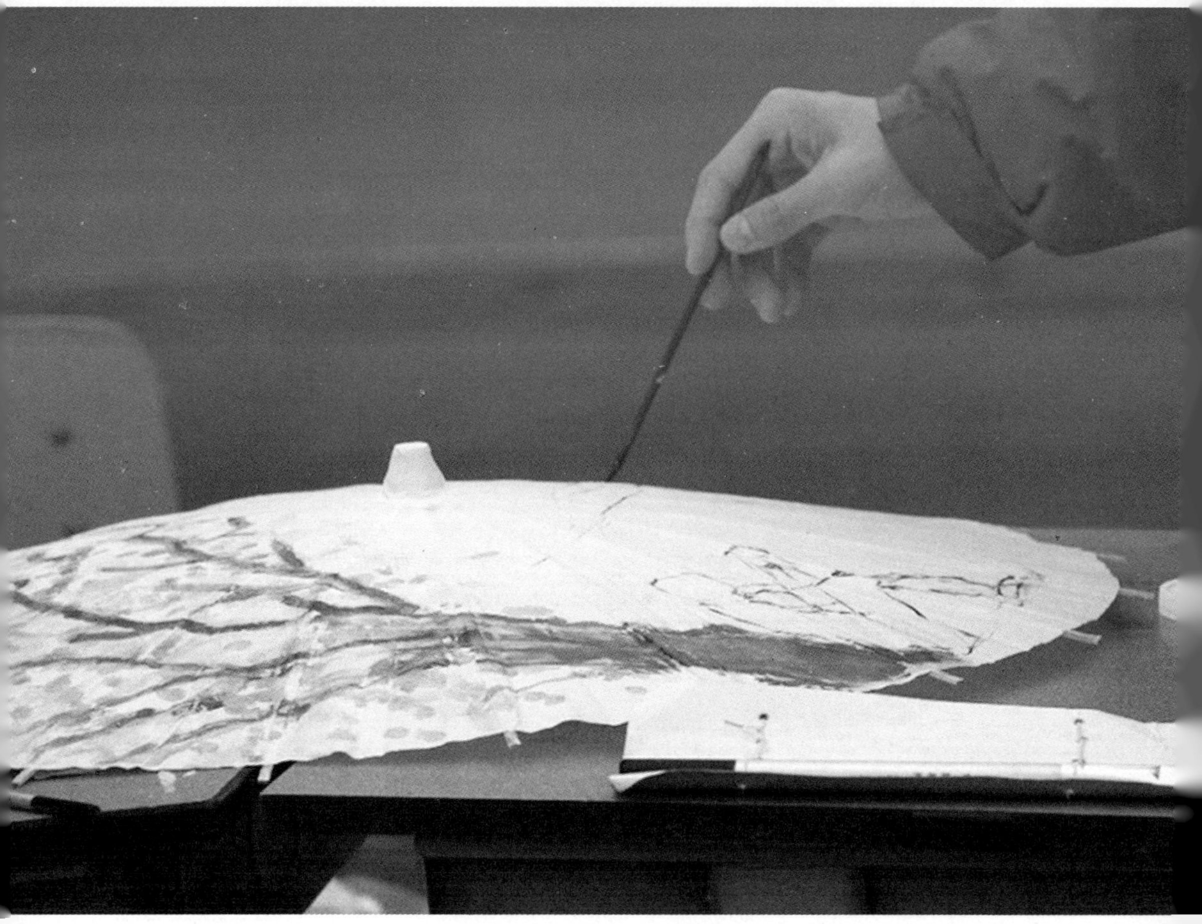

基于积极心理学理论的城市初中班级文化建设探索和实践①

【摘　要】班级文化建设是激发学生潜能、提高学生能力、规范学生行为、促进学生全面发展的主要手段。城市中学生的成长背景、心智特性和学校资源各有特点。本文根据这些特点，就基于积极心理学的班级文化建设和管理进行研究与分析，就城市地区班级文化建设的结合点、切入点、关键点和着力点进行了总结和论述。

【关键词】积极心理学；班级文化；初中；城市地区

班级文化建设是激发学生潜能、提高学生能力、规范学生行为、促进学生全面发展的重要手段。根据城市中学生的成长背景、心智特性和学校资源特点，将积极心理学引入班级文化管理中，营造积极奋发的文化氛围，构建健康上进的学习环境，培养乐观向上的人格品质，是当前班级文化管理的新话题、新思路，也是班级教育管理的新视角、新方向。进行基于积极心理学理论的初中班级文化建设，需要我们找准激励学生成长的结合点、抓好班级组织管理的切入点、把握师生和谐平等的关键点、用好班级文化引领的着力点，以乐观向上、积极进取的思想和自我激励、自我超越的人生态度，引领和促进中学生形成健全的人格、获得健康的成长。

1　结合点：以积极心理学理论为中学生健康成长注入新动力

积极心理学是以“积极的情绪体验、积极的人格特质和积极的组织系统”为

---

① 本文曾获成都市第十五届教育改革与研究论文评选二等奖。

核心的学科研究①，特别是对愉快、幸福、健康、兴趣和人际关系等心理及其作用的研究②，拓展了人本心理学的理论和实践视野。将积极心理学理论应用于学生心理健康和班级文化建设，可以更有效地激励学生主动参与班级管理、积极融入班集体，并在积极心理潜移默化的长期影响下，形成积极乐观的人生态度和不断超越自我的人生信念。

1.1 抓好拓宽人才培育视野的结合点

优秀的班级是学生健康成长的重要保证。深化积极心理学理论在班级管理中的应用，可以让老师站在超出单一的“以成绩论成败”的视野，更加关注学生的能力素质养成，特别是关注学生自信、乐观、豁达、积极等积极健康心理品格的养成，更加关注学生之于人的全面发展。

1.2 抓好培养学生健康心理的结合点

积极心理学基于对学生积极认知的研究和培养实践，可以更好地引导学生以积极健康的态度融入班级和学校中，在主动参与班级管理、获得积极体验的过程中不断强化相互认同、相互尊重、相互信任和相互友爱的感受，进而通过积极的心理暗示，主动挖掘自身潜能、激发自主意识，为中学生的健康成长打下坚实的基础。

1.3 抓好学生优良品格养成的结合点

相较于农村中学生，城市中学生更为开放活泼，也更希望通过自身积极努力获得老师、同学的鼓励、肯定甚至尊重，但“80后”“90后”“00后”以来的“独生一代”中，城市中学生大多已经被养成“小皇帝”“小公主”，普遍存在畏难、易怒、情绪化、利己主义等缺点。在班级文化中引入积极心理学，可以引导学生更正确地认识自我、更主动地发现不足、更积极地改正缺点，逐步形成优良的人格品质。

1.4 抓好提升学生学习生活品质的结合点

“60后”“70后”作为当前的教学“主力军”，这代人往往在教育中会过分强调“艰苦奋斗”“自立自强”“吃得苦中苦，方为人上人”等思想，但在教学和管理中又很少考虑社会发展变化和当代青少年儿童成长背景、独生子女性格特征和心理特征等各种因素，甚至没有给学生厘清“吃苦和找苦吃”的逻辑。积极心理学强调“快乐、乐观”的学习和教学管理，就要老师立足“当下”，构建

---

① 张倩，郑涌．美国的积极心理学介评［J］．心理学探新，2003（3）：6-10.

② 克里斯托弗·彼得森．打开积极心理学之门（中英文双语版）［M］．北京：机械工业出版社，2010.

“幸福”的班级氛围和教学体验，让学生更爱学校、更爱班级、更爱学习，更憧憬美好未来。

2 切入点：以积极的心理学理论为班级组织管理培育新风尚

将积极心理学理论应用于班级组织管理，就是要激励学生积极参与班级建设和管理，师生共同将“我的班级”打造成有凝聚力和向心力的集体，让学生在积极的心理作用下，基于班级组织管理逐步形成自我约束、自我管理、自我激励和自我成长的高度自觉意识。

2.1 从学习环境的自我管理切入

中学的教室是学生学习的主要场地，教室环境直接影响学生的个性发展①。同时，班级环境也是展示班级形象和学生素质的平台。良好的学习环境能够增添乐趣、缓解压力，有效激发学生爱班、爱校、爱学习的情感。家校的学习环境是学生可以自己营造的，至少物理环境如干净整洁的房间、井然有序的书桌是学生自己可以动手打理的。通过积极的心理引导和老师恰当“点拨”，学生会逐步对环境管理提出自己的要求，从基本的卫生保持、秩序维护开始，进而可逐步上升到对环境的自行优化和美化，学生一般会自费或在家长支持下通过低成本软装、绿植配置等，让班级环境充满青春、和谐、清新、高雅的正能量。

2.2 从班级制度的合力共建切入

班级制度是对校规校纪的有效承接落实，一般包括学生综合素质考核、行为规范、班级卫生管理、环境秩序管理、心理健康管理及学习小组管理等组织管理制度和班级定期总结会、班会、家长会等活动管理制度。既要在遵从学校规范的前提下，新生从入校第一天起就要强化规矩意识，就要抓紧健全班级规章制度。基于积极心理学应用的班级制度建设，一定要实行“集体民主决策”的原则，要充分尊重学生的意见，由学生自行讨论、自行修改完善，最后由学生集体投票决定，保证公开、公平、公正，班主任确定基本方向和框架要求，学生主导制定、师生共同约定、集体共同遵守。

2.3 从精神文化的集体塑造切入

班级精神是班级文化的核心内容，包括班级精神目标、团队意志、集体荣誉、文化活动等，是班级集体和全体学生价值观、人生观、世界观的内在展现。精神文化在班级成立之初就要有意识地抓住一切机会，引导所有学生都充分理解

---

① 欧阳芸芸，沈丹萍．以积极心理学为导向的阳光校园建设［J］．西江月，2014（4月下旬刊）：247-249.

和完全接受，才能将班级精神根植在全体学生的心里。有了班级精神的统领，凝聚力、荣誉感等“软指标”就可以通过新生军训、校运会、科技节、体育节等校级活动，以及卫生评比、班风建设、先进集体评选、艺术人才大赛、个人荣誉推荐等校级载体进行展现。班级精神文化建设要动员每位学生都积极参与，让每位学生都积极为班集体付出，都力所能及地为班级荣誉增光添彩，并在积极奉献的过程中得到培养和锻炼。而班级荣誉的争取、集体形象的塑造反过来才会更加有效地增强班级的凝聚力和向心力。另外，班级还可以通过组织班会、辩论赛、朗诵赛、演讲赛、兴趣小组等活动，既要在班级活动中有意识地激发全体同学积极参与，又要有意识地为具有“小众特长”的学生提供锻炼和展示的机会。通过校、班活动的组织和荣誉的取得，潜移默化地转变学生思想观念、提升能力素质，并在师生之间、学生之间构建和谐的人际关系，培养学生的责任意识、团队意识、进取思想和合作精神。

3 关键点：以积极心理学理论为师生和谐互信打牢新基础

探索和推进基于积极心理学背景的班级文化建设，首要的关键在于老师特别是班主任自身就要保持健康的心理和心态，要时时处处体现对教学、对班级、对学生的爱，并始终以发展变化的眼光和有教无类的态度，平等对待所有学生，包括平等对待“后进”学生，在教育、管理和人格培养上，一定要坚持做到“一个都不能少”。

3.1 强化榜样示范，引导学生人格养成

“学高为师，身正为范。”对认知、心智和人格尚未成熟的中学生而言，老师就是他们最直接的榜样，老师的人格形象对学生自我认同的强化、人生目标的确定、身心健康的影响作用深远。老师特别是班主任首先要时刻加强自我修养，自觉养成良好的品格，时刻保持畅达的心境，始终坚持良好的操守，热爱教育、热爱学生，才能将积极的心理健康教育渗透到日常的教学和管理中，在潜移默化中影响和改变学生。

3.2 把握个体差异，确保做到因材施教

每个学生都是独立的个体，而每个个体的个性心理和性格特征肯定是千差万别的。教师只有充分了解和研究分析学生，在把握学生整体心理情况的基础上，有针对性地进行教育引导，才能把积极的心理引导和针对性的教育管理措施落到实处，才能确保教育管理收到实效。老师特别是班主任更要多渠道、全方位了解学生的基本情况，洞悉学生在学校、家庭和社会中的实际表现，正确把握学生的心理，对每个学生的个性特点了然于胸，针对不同性质的问题和不同性格的学

生，因人施策、因材施教，才能使基于积极心理学基础的班级文化建设起到为学生健康成长、成才“保驾护航”的“终极作用”。

3.3 构建和谐师生关系，确保学生“亲师信道”

构建积极、健康、向上的班级文化，教师要利用积极心理学原理，以积极、乐观、自信、自励等元素加强对学生的心理暗示，多鼓励和肯定学生，以寓教于乐为手段，营造人本、民主、团结的班级氛围和平等、和谐、友爱的师生关系，师生彼此尊重、教学相长。特别是对那些学习基础差、自律意识弱的学生，老师更要善于发现并放大其身上的闪光点，多启发、多表扬、多鼓励，多有意识地为学生创造展示自我的机会，让每个学生都在成就感中获得自信，才能让所有学生都“亲其师，信其道①，进而从其教”。

4 着力点：以积极的心理学理论为班级文化建设探索新途径

在班级文化建设过程中植入积极的心理学元素，教师要能当好科学知识的传递者、学生心灵的浇灌人、人类灵魂的工程师，因“材”施以积极的心理激励，让学生获得健康的心智教育，让班级充满积极的正能量。城市学校硬件资源、师资力量、文化积淀等优势都优于农村学校，城市中学生知识获取、生活经历、家庭环境等也因此优于农村学生，基于积极的心理学应用的班级文化建设有“先天”优势，因此城市地区中学的班级文化建设有更多的地方可以用力，也有更多的途径可以探索。

4.1 从班会平台着力，对学生进行积极的心理教育

如前所述，基于积极的心理学原理，班会活动不能仅仅是班主任的职责，而是要带动全班学生参与，把班会作为实施积极心理学应用的载体，通过班会活动策划实施，把培养学生良好的行为习惯、心理素质、道德品质巧妙地融入全过程中，并借以搭建学生之间、师生之间交流沟通的桥梁和通道，使学生在参与活动策划实施的同学之间、师生之间协作配合、相互支持、共建共享的过程中完善自我，在积极心理的引导下激励自我，逐步强化养成积极、健康的心理状态。根据笔者多年的班主任实践，积极心理学的介入要“抓早抓小”“预防为主”“提前介入”，要抓住新生入学之初的新环境、新氛围、新团队带来的“新鲜劲”，既不吝激励先进学生，又创造机会肯定和鼓励“后进学生”，同时要从班主任主导、到学生主体、到科任老师参与、到学生家长配合，在快速的“四步曲”中巧妙地运用积极的心理学原理，坚持以人为本的原则，帮助学生构建积极、自信、自励

---

① 戴圣．礼记·学记．

的“心理大厦”，养成健全的人格。

4.2 从解决个体差异着力，加强对个别学生“重点关注”

心理学研究人的心理共性问题，但面对中学生特别是初中学生，则要更多地进行“个性”研究，要通过有针对性的交流、引导和教育“治疗”，解决好“后进学生”“问题学生”的厌学、封闭、偏激、自私、逆反等心理问题，为班级文化建设扫清障碍，才能为后续班级文化氛围营造、对学生实施积极的心理影响打牢基础。

4.3 从硬件环境布置着力，营造良好班级文化氛围

班级文化建设最直观的就是硬件环境即物质文化建设，班级文化构成的“外层是班级组织的物质文化”①，是“硬实力”。具有鲜明个性特质的硬件环境能形成强大的班集体“气场”，对学生心灵形成强大的引导力和感染力，激发学生对班级、对身边同学强烈的认同感、归属感和自豪感，形成班级所有同学共同认知的物质环境和人际秩序。从实践来看，班级物质文化建设一般是通过班级常规、班风班貌、教室布置等进行展示和渲染。可以是一进教室就能“抓住眼球”的班级精神（口号）展示、整齐划一的书桌椅、班级荣誉墙、学生艺术品和艺术人才荣誉榜、班级微型“图书馆”等硬件设施，也可以是精选的名人、名言、警句、书法作品等点缀性特色软装。教室环境部署总体要求是整洁、大气、协调，符合班级精神特质，有利于展示班级积极向上的环境氛围，有利于影响学生形成健康进取的心理。

4.4 从强化“育人”本质着力，打造学生心灵家园

班级文化建设作为教育教学的重要手段，最终目标是通过班级制度、学生行为、集体荣誉等精神文化建设，形成班级一致认同的价值取向、道德规范和行为秩序等，对学生成长、成才产生潜移默化的影响，促进学生人生观、世界观、价值观和责任意识、创新意识、合作精神的养成，最终形成健全的人格品质。打造全体学生一致认同的班级精神文化，班主任要充分调动和发挥学生的主体责任意识，使学生在积极参与班级制度建设、行为规范管理、心灵家园构筑的过程中发挥主观能动性，引导学生在班级文化建设实践中获得积极的情绪体验，感受校园团队学习、生活的幸福和快乐，激发学生自我学习、自我管理、自我激励的心智潜能。

4.5 从家校联动着力，合力强化班级文化影响

积极心理学的核心是正面激励引导。初中生学习、生活的绝大部分时间是

---

① 张利琴. 刍议班级文化建设的意义和举措 [J]. 教学月刊（中学版），2013（4）.

家、校两点一线，班级是践行积极心理学理论的主战场，家庭则是建构积极心理的第二战场，家长的心理素质、对子女的教育方式和家庭人际关系、家庭亲子关系、家庭文化（学习、钻研等）氛围对初中生的心理发展影响至关重要，正面的、积极的影响可收到“5+2> 7”的效果，负面、消极的家庭影响造成的则是“5-2<0”的结果，甚至会对学生心理健康造成严重分裂。因此，基于积极心理学的班级文化建设必须要家长共同配合，班主任要主动加强与家长的联系，要通过家长会、家访、个别交流等方式，对家长心理和家庭教育方式进行指导，共同对孩子心理和行为进行强化或矫正，共同将积极心理学对孩子成长、成才的激励作用发挥到极致。

另外，通过班级民主管理、创新班级活动、参与社会实践等途径，也能让学生获得多方面的成就和更积极的体验，收到扩大班级文化影响、提升团队合作意识、培养学生动手能力、促进学生人格养成的良好效果。

总之，基于积极心理学理论的班级文化建设是一项“系统工程”，也是一个值得深度探索的新领域，需要广大的教育工作者共同深入研究探索，共同为中学生的心理健康和人格品质的养成付出更多的努力。

参考文献

[1] 张倩，郑涌．美国的积极心理学介评［J］．心理学探新，2003，(3)：6-10.

[2] 克里斯托弗·彼得森．打开积极心理学之门（中英文双语版）［M］．北京：机械工业出版社，2010.

[3] 欧阳芸芸，沈丹萍．以积极心理学为导向的阳光校园建设［J］．西江月，2014（4月下旬刊）：247-249.

[4] 张利琴．刍议班级文化建设的意义和举措［J］．教学月刊（中学版），2013（4）.

初中毕业班学生学习心态及管理策略

【摘　要】初中生心理并不稳定，毕业班学生青春期心理特征尤为明显，加之初三年级学科门类和学习内容增多，又面临中考，学生心理压力和学习压力叠加，学习心理随之变化，班级管理要根据学生的心理特征和学科教学实际等情况，因势利导做好教学和学生研究，经营好学生心态，并注意处理知识学习的新与旧、内与外、教与学等各方面关系，才能确保学生心理健康教育和学科教学任务的顺利完成。

【关键词】初中生；毕业班；学生心态；心理健康

1　引言

初中生处在从童年期过渡到青少年期的阶段，心智尚不完善、心理状态不稳，他们想独立但又经常有依赖性，想自律但又经常冲动失去理智，经常表现为“一面是水、一面是火”，毕业班学生的青春期心理特征尤为明显，加之初三年级各个学科门类和学习内容增多，又面临中考，学生学习压力倍增，各个学科的学习也进入了“兴趣疲劳”的“瓶颈期”，学生的学习心理会随之变化，班级管理要根据学生的心理特征，因势利导进行“强化”，才能真正实现教学目标、达成学生学习能力培养目标。

部分学生在进入初三阶段都会遇到文化成绩和学习动力的“天花板”，都会出现被动学习甚至厌学的心理，而毕业“冲刺”阶段学习的综合性、系统性、时效性要求更高，查漏补缺式学习更加重要，教和学在这一阶段如何切合学生心理实际，各学科老师如何在这一阶段因势利导地做好教学和学生研究工作，并对学生进行“兴趣再强化、动力再填充”非常关键和重要。

2　初中毕业班学生学习心态

学生进入青春期的心理会发生微妙变化，这种心理变化是正常的，但却是不可忽视的。多年的教学实践表明，在各个学科领域，进入初三阶段，学生的学习心理特征都会随之显露出来，并在一定程度上影响他们的学习兴趣和学习效果。

2.1　分数“天花板”心态

相较于小学和初中基础阶段的学习，初中中后阶段不管是主科还是所谓的“副科”，也不管是一直在学的语数外还是后期分别加入的理化学科，进入毕业冲刺阶段都会给学生增添更大的压力，特别是一些成绩中下的学生，往往会认为通过前面阶段持续的努力，始终没有赶上“尖子”，而且冲刺后的分数与往常的相差也不大，感觉自己似乎已经触及学科成绩的“天花板”“只有这个水平了”，已经趋近学科审美、学习兴趣的疲劳阶段，动力和信心已达“极致”状态，一旦产生这种自我认识，就不敢或者不愿再次“起跳”了。

2.2　消极互动学习心态

实际上，进入初中阶段学生的“竞争”心理就已经初露端倪，进入初三阶段，学科门类增多，中考压力增大，竞争心理特征在各个学科中都会更为明显地表现出来，激情、率真和无所顾忌的心理逐步消失，上课不主动发言、不爱参与集体讨论和课堂互动学习，即使有一些表露也会持保留性意见等情况都会出现。初中学习是非常需要课堂互动和师生、生生共同探究的。但进入毕业冲刺阶段以后，学生在课堂上往往会更加“专注”于自己感兴趣的学科或需要弥补的短板学科，面对“自己认为”不重要或者不想关注的探究问题大多会启而不发、问而不答。学生参与的积极性不高，课堂就会变成单一的灌输，启发性和探究性教学就很难开展。

2.3　“主攻优势学科”心态

尽管并不成熟，初中生已经有一定的自主意识和自我认知。如前所述，当学生进入初三阶段仍然觉得自己的某学科成绩不可能“一蹴而就”而又必须面对中考选拔的时候，他们就会转而“主攻”自己感兴趣或者可以“拉大分数差距”的学科，在其他学科上的时间分配、精力投入、总结提炼、查漏补缺的工作就会打折扣。在这一关键时期，如果没有班主任和学科老师的科学协调和辅导指引，就会严重影响其综合成绩的提升，甚至有的学生会“放弃”，不再努力学习，甚至“破罐子破摔”。

2.4　“重数量轻质量”心态

初中毕业冲刺阶段，各学科都会有大量的巩固性练习和提升，任何学科都不例外。由于初中生学习能力尚未健全，分不清轻重缓急，多数时候是在教师和家长的“指挥”下学习，毕业复习阶段学校本身就有大量的检测题，有的家长还会给孩子准备一些自认为较好的练习题，因此不少学生都会陷入“题海”中，为练习而练习，往往被动地做很多题，实质上却是“学而不思则罔”，达不到系统有序巩固、强化和提升的目的，成绩提高和学习能力提升反而不明显。

3 因势利导做好毕业生学科教育

鉴于学生对学习存在的心理状态、初三阶段知识系统巩固和学生学习能力强化提升目标的需要，教师应该高度关注学生的心理状况和成绩变化情况，“对症下药”，才能有效地呵护学生身心健康，顺利地完成教学目标任务。

3.1 构建和谐氛围

不管哪一种心态的出现，本质上都是学生关于中考压力和青春期心理交织的必然反应，特别是在初三阶段，学生除了学习心态的被动改变外，其情感也会变得更丰富、更活跃、更有主见和喜好自我选择。但总体上，学生都希望与老师是平等和谐、亦师亦友的关系。所以师生关系的和谐融洽是非常重要的。在初三阶段，学生成绩基本上在某一区间内已经“定型”，分数一般也不会异常“大起大落”，特别是对一些成绩中下的学生，教师一定要善于换位思考，用心感受其在面临中考选拔的压力下的心理，主动帮助其分析原因，有效帮助其解决学习提升中的动力缺失和目标不高等问题。

3.2 激发学习兴趣

兴趣是最好的老师。每一门学科教学都是艺术，在初三新课阶段特别是新课后期，基本的教学任务已经完成，这一阶段主要是要避免学生动力下降、拼劲不足的问题，所以当学生出现厌学或被动学习心理时，教师在课堂上可以尝试“减压”、尝试再次激发学习“兴趣”，比如语文学科中的故事背景、数理化中的有趣实验和名人逸事，英语中的原声外语故事短片等，这些元素可以增强学科的吸引力，可利用影像、视频、音乐等多媒体辅助教学手段，甚至读、唱、讲、辨、做有机结合，让学生在视听享受中快乐学习，使其在接受书本知识、课堂知识的基础上，被陌生的或者未知的事物激发出探索求真的强烈兴趣来。初三阶段虽然有大量的巩固性学习，但要切忌“全面突击”，切忌把学生束缚在教材上和题海中，而是应该张弛有道，多开展一些丰富多彩的活动，必要时可以通过带领学生感受自然、举办知识竞赛、参观博物馆等方式，即所谓的“得法于课内，得益于课外”，多开辟一些学习渠道，让学生积极参与更有兴趣、更有效率的学习和实践，保证学生保持轻松愉悦的心理，实现知识巩固和素质提升。

3.3 注重能力强化

初三阶段学生已有一定的思辨能力，学习习惯和方法基本形成定式，这一阶段的教学不仅仅是基础知识的简单重复和机械记忆，而是更应注重系统学习能力和习惯强化。课堂教学要更加注重理性，在科学教学和知识巩固有计划推进的基础上，要更加切合查漏补缺实际和学生群体差异，在教学中要比较明确地把学科内容系统化地呈现出来，并且要注意区分不同层次的学生并进行针对性指导，让学生明白需要强化哪些方面的知识，并适度结合学生已有的人生观、社会观等认知给以激励、鼓励，注意启发学生独立思考问题、发现短板、总结经验，在巩固提升学习成绩的同时，实现对学生系统化思辨能力的培养，使学生感受到学习和成长的快乐，增加学习的自信力和原动力。

3.4 给予学法指导

通过多年的学习积累，学生进入初中毕业冲刺阶段时大多已有一套适合自己的学科学习方法，但面对升学压力，毅力稍弱的学生还是会向现实“妥协”，转而“突击”其自认还可以拉开分数差距的学科。这个时候，无论是在基础知识、综合运用还是重点提升方面，学生都需要教师给予有利于其快速进步的方法指导，要多传授一些经验，以让学生少走一些弯路，多感受一些成功，以使学生更有主动性、更有积极性、更有章法地学习。

3.5 强化学习习惯

进入初三阶段，学科教学的核心已经不仅仅是突击和提升，而是同时要引导学生保持良好状态，做到“即使小步快跑、也要持续前进”。因此，学生平常已经养成的良好学习习惯一定要进行强化。比如书写习惯、试题检查习惯的强化等。初三阶段由于学习任务重，有的学生会形成书写潦草、省略解题步骤、“刷”过的题不再仔细审题、做完后不检查等各种毛病，在答卷中往往“深受其害”。但学生总是警觉不够，反复出现问题。又如使用工具书习惯的强化。初三阶段，教师的巩固复习和系统教学一般是有计划、有针对性的，但同时又不能针对所有知识点和所有人面面俱到，因此，工具书就是学生的另一位“老师”，要强化自觉使用工具书的习惯，习惯用工具书不仅在知识强化方面可以得到帮助，能力积累也会从中受益。再如记笔记习惯的强化。课堂上，老师一定要强化学生对学习思考、教师讲解、探究讨论等情况随时做好记录批注的习惯，平时学习、阅读中也要形成多点评、多批注、多记录、多反思、多做日记的习惯，这样才能达到系统化巩固、全面性强化、持续性提高的目的。

4 科学处理毕业班学科教学的几个关系

确保毕业班教学质量，除有效把握学生学习心理并实施有针对性教学举措外，还应注意处理好教学的新与旧、内与外、教与学等关系。

4.1 新课程与系统复习的关系

在传统的教学中，进入初三学期后，很多学科都会抢进度尽快完成新课的教学，进入总体的巩固和系统的复习阶段。殊不知，正是这种用很长时间来复习的模式加重了学生学习的负面心理压力。实际上，初三新课教学和复习并不冲突，进行系统复习也是必要的，但关键是要善于在新课教学过程中，把涉及需要巩固的知识有机地结合进去，在新课进行的同时，事半功倍地做好系统复习引导。否则，由于复习课相对枯燥，新课少、刷题多、战线长，非但复习效率低的问题不能有效改变，甚至学期的新课质量都不能保证。

4.2 课内和课外的关系

如前所述，任何学科都是要使学生“得法于课内，应用于课外”，课堂和教材有不可替代的作用，都是学生形成良好素养、提升学习能力、提高审美情趣和文化知识层次的主要依托。但相较于教学和成绩本身，学科学习的目的更应强调其社会功用功能，而且整个中学阶段都是“打基础”阶段，因此即使在初三阶段也不能“重此轻彼”，仍需要适度地用课外的实践来考查学生课内知识的应用能力，实现“课内所学”与“课外所用”的有机结合，并尽可能地检验教学提升学生整体素质和能力的功能。

4.3 老师讲解和学生自学的关系

基础学科都有一定的社会实践功能效用，要提高学生学习能力，不管是单纯的以老师讲解为主还是让学生大量自学练习都是不科学、不可取的，必须要做到讲、练结合，学、用结合，理论和实践结合。特别是在进入复习巩固提升阶段之后，教师主要是针对薄弱环节为学生进行讲解，突出知识的系统性建构，注重对学生的能力培养，突出学生的综合思辨和应用水平的提升，所以必须要科学分配好学生自主学习、自主练习、应用实践的精力，绝不能搞疲劳战法和题海战术。

4.4 针对性和全局性的关系

初中阶段各学科的教学都要强调与学生的学习基础能力匹配的问题。进入初三复习阶段尤其要解决好针对性（部分或个别学生）和全局性问题，要研究学生的学习和心理现状，了解学生的认知起点，洞悉学生在哪些知识点上还有问题，然后有针对性地（甚至可以考虑分群体教学）进行指导，才能提高系统复习的针对性和实效性。否则，要么会为了满足小部分学生的个性化需要而影响整体计划进度，要么会因为顾全大局而“牺牲”部分本身学习能力较强的学生。

4.5 教师主导和学生主体的关系

初三复习巩固一定要有计划性，每一个时间段主要教学内容是什么、目标是什么、对象是谁一定要明确，而且要让学生有总体感知。在教学计划推进中，一定要充分调动学生学习的积极性和主动意识。当然，复习巩固过程中必然有大量的巩固练习，无论是对优等生还是后进生，教师都主要是扮演主导计划推进的角色，工作侧重于订计划、提要求、教方法、抓计划推进和学习效果监测，而学生要充分发挥学习的主体作用。老师在完成主体巩固复习计划的基础上，仍需要引导学生梳理知识、形成体系、发现问题，并针对性地给学生提供解决问题的方法和技巧，包括基础知识怎样复习、理解能力怎样提高、应用能力怎样提升以及学生自主掌握的学科时间和精力如何分配等。

5 结语

总体而言，初中阶段的学科学习是根据新课标大纲的规划而开展的渐进式推进和积累，进入初三毕业冲刺阶段如何进行系统、科学的巩固和提高是一个复杂的过程，每个不同班级的基础和文化都有其自身的特殊性，每个学生心理和心态也千差万别，教法和学法总体上要切合班级、学生和学科教学的实际，才能收到培养健康心理、完成学科教学的全面成效。

和风细雨浸润“受伤”心灵

【摘　要】 这个案例是因为我无意“偷听”到学生的半句话引出来的——“这辈子我最恨的就是我爸”。虽然只是孩子，虽然这话并不是孩子对我说的，但问题的严重性却不容置疑——对这孩子的心理“矫正”，初中三年我甚至付出了超过其父母的努力，但每一个假期后孩子的心理和行为又有明显波动，可见“辅导”效果并非立竿见影，但总体上孩子在变化，而且有的方面变化还非常明显，希望他升入高中后能够以更加积极的心态和行动，以自己的改变来影响父母管理方式和态度的改变。同时，我更期望他的父母能够听进我的忠言，给孩子营造一个平等、温暖的环境和氛围。

【关键词】 叛逆期；心理；家庭教育；家校合作

“……这辈子，我最恨的就是我爸……”

那天走到教室门口的时候，最后排的几个同学正在说着什么，我正好听到了这“半句话”。说这话的是班上大家“公认”最调皮的××。看到我走过来，他和几位同学就分开了。我“听进去了”但装作什么也没听到，若无其事地走进教室找科代表谈有关作业检查的事去了。

回到办公室，我越想越觉得问题比较严重，虽然我清楚地知道××的父亲对他的教育存在问题，以致孩子在班上不受同学喜欢，很多同学都“惧怕”和他一起坐。他在刚上初一的时候，几乎天天都要引发一起事件，就连女生都有被动和他打架过招的情况，可以说班上只要发生有关纪律或矛盾方面的事情几乎都和他有关。但通过很长一段时间的矫正，这孩子已经听话了很多，而且我一直在做他父亲的思想工作，甚至给他交涉过“如果再打孩子的话，我就绝对不会管孩子了”的话。孩子的父亲也亲口承诺过会尽量克制自己。

可这孩子怎么会说出“最恨”的话呢？尤其是他那还未说完的话，想想多么可怕呀。

借助中午的时间，我找到早上那几个在一起“讨论”的同学，从同学那里反馈出来的信息是××对他父亲已经到了“恨之入骨”的程度。不过孩子倒是没有表现出其他“异常”行为。他今天早上和同学说了“最恨父亲”之后，居然还有人主动要求和这个向来令大家望而生畏的孩子同桌，而且是个女同学，这倒也让我有点意外。

回想起来，才入学大约两个星期的时候，××就和班上的同学发生过抓扯了，科任老师也经常反映他的作业要么没做，要么就是只做了很少部分，而且课堂上动性很大。这和我观察到的情形差不多。但随后就有同学反映他强行拿走别人的东西，很快就引起了我的注意。但开始的时候我并没有为他打上太深的“烙印”，只是批评他总惹祸，然后就请家长到学校交流。他的家长倒还配合，每次都是一请就到，而且来了之后都是先批评自己孩子的不对，然后不停地道歉，但之后就是给孩子讲些大道理，什么“我管不了你法律总管得了”之类无关痛痒的话。往往在这种时候，这位从外形看应该是铁骨铮铮的彪形大汉表现得完全没有刚性，有时甚至让我有些同情又有些失望。关键是我看到孩子没有丝毫的改变。我心想，得想想办法教育一下这孩子才对，至于家长，我在多次沟通交流后已经没有抱太大的希望了。

我都还没想好下次出了问题如何教育他的时候，在第三周周一他又惹事了。本来他没交周末作业我都还没来得及“修理”他，第三节课后就有同学来说某同学和××打起来了，而且拉都拉不开。我赶过去后才把他们分开。问明情况，得知矛盾还是由××引起的，我一下火了，因为另一位同学的脖子上分明看到几处被抓出血的痕迹。我有些难受，心想：“地盘都还没踩熟”就这样，不整治一下今后还了得呀！我立即就给两位家长打了电话，家长到了，我让孩子们自己给家长讲清今天发生的事，之后，按惯例先教育然后听受伤孩子及家长的意见。幸好这位家长比较宽容和理智，认为都是孩子，只要认识到错误，今后不再犯就是了。此时，××家长又像前几天那样先给那位家长和受伤孩子道歉，然后批评了××，又给××讲了些以前讲过多次的大道理。我一听，这不又是一些解决不了问题的空洞“训示”吗？送走另一位家长后，我特意留下了××的父亲，他告诉我这孩子从小就总是惹事，从来都没让他省过心，他说他想尽了一切办法，但都不管用。因为这孩子从小就不听话、不懂事，还老是惹祸，家里的大人之间甚至经常会因为对他的教育而发生矛盾。

我没有过多深入去“刺探”，而是将话题转移到孩子的作业问题上来。他说完全没法管理，因为周末他们大人都还没起床，孩子很早起来就跑出去上网去了，他们曾经多次为此把孩子关起来不让他出门，但孩子即使在家里也不会写作业，能想到的方法都用过了也没解决问题。然后他叹着气说：“看来还是只有打，因为只要打一次，孩子就能够管一段时间。”我听他这样一说，心想：看他这样，动手打孩子？应该不会吧。虽然不信，但我还是立即劝他不要打孩子，打是解决不了问题的，然后给他提了一些教育孩子的方法和建议，让他回去试一下看行不行。他答应了。然而此时，我发现自己也被绕进去了，竟然发现自己到现在还没想清楚今天请他来到底想解决什么问题，又解决了什么问题，难道给受伤者道歉就算解决了问题？

当天下午放学后，我留下了××，非常友好地给他端来凳子，和他对坐着。此时我一点也没有生气，非常平静，但我却一句话也没说，就这样看着他，他看到了我的异样，显得有些不自然，脑袋微微转向右面，我依然没说话，直接用手将他的头轻轻往我这边转过来，他的目光依然回避着我，故意低着头，我托起他的下巴，目不转睛盯着他，平静地告诉他说“看着我”！他看起来虽然有些不自在，但这回没敢再回避了。

“说说，怎么回事？”他不说话。“没关系，说吧，我没有批评你的意思。”他还是不说话。“那这样吧，我不勉强你，等你想说的时候我们再说好不好，但从今天开始请你记住，我必须要郑重地和你谈一次话，你好好思考一下，怎么样？”他终于说了句：“好，我可以走了吗？”我同意他走了。

第二天放学后，我又找到了他。同样，我按前一天的方法和他对坐了一会儿，等他敢于正视我后，我问他：“怎么样，昨天回去有没有思考一下我给你说的话？”“没有！”“那现在想想怎么样？”“我做啥子了吗？”

看来他还不知道自己做了什么，我将老师同学们反映的问题以及他打架的事一条一条地说了出来。他说：“这些不都解决了吗？”“是，但我觉得没有真正解决问题！”“那你说要怎么样才算解决问题吗？”

我感觉孩子在“求助”，沟通的时机到了，我苦笑着说：“那你说说看，这样的事一直反复在发生，如果以后再发生，就是又请你家长来，又给别人道歉，就算解决问题了吗？”他不说话了。“现在你该清楚我说的需要真正解决问题是啥意思了吧？”他还是没说话。“我们聊一下怎么样？相信我，绝对没有要批评你的意思。”“我不晓得说啥子。”“那就说说开学以来发生的这些事吧，怎么想的？”“不都解决了吗？”我笑着说：“又来了，我刚才不是给你说了吗？什么才叫真正解决问题！”他又不说话了。“你只需要告诉我，出现这些事情你有没有想过自己错在什么地方？下次会不会再犯？能不能不犯？”“没有。”“那我们从今天开始思考一下这个问题怎么样？我今天先给你表态，今后再犯这样的错我保证不批评你，但你一定要在犯了错误之后思考一下：我错了没有？能不能不犯了，好不好？”“好。”“现在我暂时不对你提其他方面的要求，只要求你回去后把今天的作业做了，至于做不做得完明天我都不批评你，只要你努力去做了，而且是认真地做了，明天早上你的作业都单独拿来我给你看看，我保证不批评你，但你一定要按我要求的去做，怎么样？”“嗯。”

第二天一早，见他没有主动找我的意思，我笑着对他说：“昨天我们说的事没忘吧？”他笑着将语文作业交给我，我简单看了一下，完成得比前一阶段好些，但只要稍有难度的题他都空起，再检查他其他学科的作业，比语文做得还要差些，我笑着说：“看来还是有进步嘛！你说呢？”他笑。放学后，我留下他，按昨天的方式和他谈了话，先表扬他昨天守信用，希望他每天都有一个小进步，同时我告诉他说希望他从当天起每天放学都和我简单谈谈话，把当天的优点和缺点都总结出来，我们一起来分析和解决问题，然后有意提醒他今天要努力做得比昨天好，他答应了。

就这样，我反复和他交流一段时间后，我发现这孩子虽然成绩差，习惯不好，但经过这一阶段的交流后变得越来越相信我了，有时在教室里还会主动和我开开玩笑，老师们反映好像也要好些了。我渐渐地由单独表扬他变为在同学们面前大张旗鼓地表扬，而且几乎每天都要提到他的变化，并引导征得同学们的认可。与此同时，我还同时表扬了班上其他几个成绩比较差但有变化的同学。后来，班上那几个成绩比较差而且以往整天都完不成作业的同学好像也在努力把作业做得越来越好了。

有一天，我感觉是时候将这些情况和家长交流一下了，于是我将他的家长请来学校，虽然我告知家长是父母一起来，但最后孩子的母亲还是没来，说是因为身体不好。趁还没有放学的时间，我将孩子这阶段的变化讲给家长听，并告诉他孩子已经有一些好的变化，希望家长配合我，也按我这样的方法去教育孩子，尽量不要在这个阶段过于要求孩子的学习，而是先将过去的这些问题解决了再考虑进行其他方面的规范。甚至给他提出可以考虑开通家里的网络，同意孩子在周末有条件地上网玩电脑，至于如何把握，我给孩子做指导。

这位彪形大汉表现出很感激的表情，连连点头表示一定按我的要求去做。这时我才将孩子从教室里叫出来，并让他把自己这段时间记载的东西一起带来，孩子看到自己的父亲来了，表现出很吃惊的样子。但这个时候，他的父亲却用手抚摸着他的头，孩子感到了温情但仍然表现得有些害怕。我让孩子将笔记本交给他父亲看，这位看似铁骨铮铮的男人竟然不停地擦着眼泪。从他红红的眼中，我感觉到他要么是被孩子的这些变化感动了，要么是我的一些评语和激励孩子的话让他感动了吧。总之，我相信他心中这时又燃起了希望……

紧接着的这段时间，我时时不忘看看他的笔记本和作业，不时地提醒孩子注意存在的问题，表扬和激励孩子……可有一天，我却发现了孩子的脖子上有几道像是打架留下的印痕——这是一个新现象。

放学后我找来孩子，问了好长时间才得知是他父亲打的。我真有点不敢相信，再次找来他父亲，从他父亲那里我得知：孩子在开始的时候还能坚持只玩三个小时，但最近两周就控制不住自己，还是在早上家长还没起床就跑出去了，而且一去就是一整天。为此，家长还是像原来那样将其关锁在屋里，但仍没解决问题。所以，他感觉到又没办法了，周末又打了孩子，而且还很“骄傲”地告诉我以前打了孩子之后基本能管一段时间，还说不怕不好意思说，于是摸出手机，告诉我，他打孩子之后还将其拍下来，以便今后教育他。我接过手机一看，一张张孩子脱光裤子满屁股红印甚至有血迹的图片出现在我眼前。我瞠目结舌，实在看不下去了，我简直不敢相信有这样做父亲的。于是，我很郑重地告诉他打孩子的后果，而且明确地告诉他如果再这样打孩子，我绝对不管孩子了。他似乎不敢相信我的话，我一点也没跟他客气，告诉他这是原则。他勉强同意了。

后来的事实证明家长确实有了改变，渐渐地，这孩子越来越少出现问题，成绩也在缓慢地上升，在初一下学期的期中考试中，他竟然考到了前四百名，我很高兴，第一时间把这个信息告诉了他的家长，同时也作为典型讲给同学们听，很多同学都有些不太相信他能考进“前四百名”。最让我不敢相信的是，期中的家长会上，他们父母同时来开家长会了，我第一次见到了孩子的母亲，一位很瘦弱的女人。家长会结束后，等所有的家长走完，她让孩子的父亲先走，自己留下和我聊了近两个小时，她也差不多哭了一个小时。通过这次谈话，我才了解到，他们夫妻俩在教育孩子的问题上存在极大的观念和方法反差，她自己管得太松，孩子的父亲又管得太严，父母的意见从来都没有统一过，而她对孩子已经完全绝望了，所以现在她从来都不参与孩子的管理，至于多次我请她来学校她都没到，说生病纯是借口，因为她不想面对老师。但这段时间，她发现孩子确实有些不同了，更重要的是听到孩子竟然成绩会有那么大的进步，她真有些不敢相信，所以来了。我告诉她，其实我很多次就想从她那里了解一些情况，但每次都没“请”动她，我也不可能强求，希望她今后多到学校交流孩子的情况，更重要的是，一旦发现孩子身上有变化，无论是好的还是不好的，一定要及时告诉我，这样才有助于我们共同帮助孩子成长。我预测这孩子肯定还得反复，所以后阶段更要密切关注。她表示非常乐意。

这就是之前对××的曲折的教育过程。很不幸的是家长的表现被我言中了——问题就出在暑假期间——新的学期一开学，我就发现孩子完全又变回了原来的样子。经全面了解，主要问题还是出现在家长的教育上。更严重的是我听到了孩子说的那句让我害怕的话。

为了消除孩子心中的“恨”，我又得重新开始，因为我真不想前功尽弃，我相信通过我们的共同努力，孩子还会回复到我理想中的状态。

于是，一切都又“从头再来”。

……

不过还好，目前这孩子的状况远比我预想的要好得多。从进入初二年级以来，孩子就再也没有打过架了，虽然作业有时候还是完不成，但只要做了的部分，都比较认真，还算对得起他自己吧。最关键的是，班上的活动他能够主动参与了，朋友也比以前多了，还出现了女同学主动要求和他同桌的情况。经了解，这其中的原因，一是他本身有了变化；二是这位女同学同情他在家里的处境；三是想帮助他。看到这些变化，我发自内心地高兴，也表扬了这位女同学。

我当时没有惊动孩子，几天过后我才问他说“最恨父亲”时的想法。他竟然告诉我是开玩笑的，是生气了才随口说的。但是，我想即使是玩笑，这种玩笑也开不得呀。我说：“你知不知道，我听到你这句话以后一直都在担心?”他笑着说：“以后再也不开这种玩笑了!”

……

临近中考的时候，孩子给我说他高中想考树德协进中学。这是一个好的变化，有目标就有了动力和方向——我既激励他又祝福他。我相信，总有一天他会明白父亲的无奈……

我的班长恋爱了

【摘　要】早恋，折射出的是孩子“爱心”的萌动。我没去“追究”孩子是否真的早恋和为什么早恋，而是一边与孩子平等“交心”，教给他“移情”的方法，尽可能“无痕地”消除孩子内心潜藏的“魔障”，一边开导“安慰”家长，希望他们不要简单粗暴地进行“扼杀”，导致孩子产生青春期的反叛。处理孩子“早恋”问题，无论学校、老师还是家庭、家长，都要教之有方，最重要的是要进行正面引导，要给孩子“明理”的机会和时间，避免过激行为影响孩子的身心健康。

【关键词】青春期；早恋；无痕教育

“何老师，我想找你聊聊了。”找我的是我们班的班长。

“说吧，想聊啥？”我故作镇静地说，其实我听说他向她表白了。

“哎呀，还是以前跟你说的那件事。”眼前这个帅小伙不再像以前那样“嗯”半天还是吞吞吐吐的样子，今天他一点也没有要回避的意思。

“哦，又咋的？”

“我们现在连话都没法说了……”说这句的时候，他尴尬成了不知接下来该说什么的样子。

“……”我笑看着他，啥都没说，因为我知道结果一定是这样，他见我不说话，反而有点紧张了。

这是他和××“恋爱”后第四次找我谈话了。四次都是他主动找我谈的。

还记得开始的时候，我隐隐约约听到同学们议论他和××恋爱了，不过，经过我一段时间的观察，他们好像没有给对方甚至是班级带来不好的影响，我也只是在日常的教育管理中习惯地讲一些他们这个年龄男女生要如何做到正确交往的问题。

渐渐地，孩子们只要在涉及他们两个的场合就开始起哄，我只好利用放学时间把男生和女生分开开会，分别就男女生在这个年龄交往中应注意的事项和女生在生理期遇到突发情况后要如何应对的事跟他们进行了交流，其中，特别肯定了如果对异性产生了好感是非常正常的事，说明了这是他们心理健康的表现，至少在恋爱倾向上是对的，逗得他们都忍不住笑了。同时，我也特别提醒，如果他们在这个最美好的青春时期遇到什么困惑的话，最好找一个自己比较信任的人倾诉一下，听听别人的建议，当然，这个人也包括我，前提是我也是值得你信任的人，因为这个时候往往是当局者迷，只有旁观者才能真正理解你的感受。

也许是我的信任和真诚打动了他，也许是他感受到了我对他的关心和担心，也许是他担心如此下去会影响到自己的成绩。总而言之，好像是在我第三次在班上或者他们小范围内讲关于青春期可能会出现的现象之后，昨天一放学，他就主动来找我了，虽然一直都是吞吞吐吐，但我还是感受到了他对老师的信任。他是在向我求助。

“何老师，……呃……”

“说吧，没有什么不好意思的。”

“……”

“大家的起哄是真的？”

“你知道我找你是这事？”

“那么难开口，还会有其他事吗？挺有眼光的嘛！”

“哎呀，何老师，你就不要嘲笑我了嘛！”

“我没笑你，真的，我也挺喜欢她的，说说，到啥程度了？”

“呃，……大脑中总是有她……”看到我无法抵抗的眼神，他断断续续地说着。

“仅此？”我故意怀疑地看着他。

“仅此！”他肯定地回答我。

“她知道你喜欢她吗？你觉得她喜欢你吗？”

“应该知道，因为同学们都在开玩笑嘛。”

“你找我是不是担心这样下去影响不好？”

“我不知道……可能是吧，反正我觉得不给你说不行！”

“你想听听我的看法不？”

“想！”

“首先，我要感谢你，感谢你对我的信任，虽然我早已听到大家在议论，但我没想到我跟你们交流后你愿意主动来找我，说明你很信任我；其次，我要恭喜你，恭喜你那么有审美水平，她的确属于比较让人喜欢的类型，你的眼光不错；最后，我要表扬你，当你担心这事可能会影响你的时候，你懂得求助他人。单从这三点来看，都说明了你做事理性，是值得女孩子喜欢的男孩。所以，如果你真的担心这事影响到自己，那我觉得你完全可以让它在你心里保存一份美好，因为，一旦真正交往了，说不定你反而会不知如何处理你们之间、你们和同学之间的关系。我觉得你现在要不断充实自己，尽量让自己不要总去想她，在学校，你上课要不断给自己暗示要跟上老师的思路，这样就不容易走神了，下课就尽量挑战一些难题来占用自己的大脑空间，如果怕周末总想她，那就提前计划好，在空余时间就在家附近方便锻炼的地方去跑步、打球等，只要你有这个意愿去尝试，并有意识地坚持做一两个星期，我相信你就不会再那么困惑了。当然，如果你不愿意去尝试，那你恐怕就会一直都深陷在困惑中走不出来。至于该如何做，我相信那么聪明的你一定会明白的。"

虽然我知道事情没那么简单，但我必须要先给他把高帽子戴起，要让他感受到我不会用简单的方法来阻止他，我得让他更加信任我才行。

他答应了，说："好吧，我试试看。"

接下来的那段时间，关于他们的传闻依然不断，同学们依然在起哄。在这期间，无论是他的父母还是她的父母都来学校找过我，虽然我跟他们分析了情况，但他们的担心还是一直不断地在我面前表现出来。其间甚至出现了他和父母为此闹得很僵的问题。

大约过了两周，他又来找我了。

"咋的？忘记了？"我故意开玩笑道。

"没有，当时好像是忘了，但是静下来还是总要想她。"

"对的嘛，如果这么快就忘记了，那说明我看错人了。"我又一次给他戴起了高帽子。他不好意思地不知道说什么。我接着说："你要坚持下去，这才一两周咋可能立即忘记呢，你继续按我的建议去做，我相信你会明白的。如果还不行，那我干脆就把你们调来坐在一起，咋样？还有就是要不你们就大胆地交往！"我以退为进发出"威胁"。

"不、不、不……"

"那就按我说的继续！"

……

结果，我们的谈话还不到两周，我就听同学说他向她表白了。正好在那个时候，他的父母来学校找到了我，从他们的谈话中，我能感觉到他们和孩子之间因为这事已经闹得很僵了，用他们的话说，就是觉得“已经没法和孩子交流了”。然而，我无论如何劝说仿佛都不能改变他们最担心的一点——孩子的学习受到影响。其实，他们哪知道，如果大人横加干涉，不但不能解决问题，相反，还会让事情弄得不可收场。在我还没“策划”好如何跟他们交流的时候，就出现了开头“话都没法说了”的一幕。不经意间，听他的“哥们”说他完全是在和他的父母作对才赌气去向那女孩表白的。

孩子是“多变的”，我都还没找到更好的契机来跟他交流的时候，又听说他们竟然分手了。

此时，我内心有种说不出的感觉，为她？为他？为他们？为我们？我不知道，就这么一个在很多人看来应该是很担心的事情，结果竟然以这样简单的方式结尾了。

后记：

一直以来，青春期的孩子仿佛大多都有过所谓的“恋爱”经历，而一般情况下，家长都很难做到冷静对待，原因只有一个，那就是影响学习。但我想说，如果我们不能找到一种真正能解决问题的方法的话，我们为何不能给孩子一点时间来让他们在这些经历中慢慢成长呢？我只希望，不管做什么，我们都不要伤害到孩子的纯粹的内心，否则，一旦孩子“横竖一条”的时候，我们就真的没有什么更好的教育引导的办法了。

善意谎言下的“陷阱”管理

【摘　要】谎言本不值得倡导，但是在教育管理中，有时候善意谎言往往能起到较好的“刺激”作用，比如触发孩子们对美好未来的憧憬、引导孩子们自我肯定的强化、激励孩子们对自我潜力的挖掘等。善意的谎言运用得当，甚至是一个非常有效的班级管理手段，有时候似乎比“河东狮吼”的批评更为管用，也更容易让孩子们喜欢！但是即使是“善意的谎言”也不要常用，而是要善用。

【关键词】“谎言”；激励；集体意识；班级管理

这是我担任树德实验中学初2010级9班班主任期间的一个班级管理“小插曲”。那时候，我刚调动入职树德实验中学不久。这个班是我在这个新学校接手的第一个班级。

开学不久的一天，在课间操期间，由于没来得及提前到操场，我被争着赶往操场的学生们堵在了教学楼三楼没办法再往下走，我只好先站在三楼的过道上，准备等学生们走完后才下去。不经意间往下一看，吓了我一跳——好多班级的同学一到操场就站得整整齐齐，而我班的呢，说话的说话，追打的追打，队列凌乱不堪，简直不成规矩。为什么其他班的孩子一到操场就能站好队列，而我们班的孩子就不行呢？

课间操后就是我的课。我没急于上课，而是给孩子分析我刚才看到的现象。问他们能不能改变。孩子们都异口同声地说：“能！”我顺势强调：“真的能做好吗？”“能。”大家还是很肯定地回答我。

“那好，能不能让我相信你们，明天、今后我就看大家的表现了。”

教学楼刚好正对着操场。第二天我就故意没先去操场，而是站在三楼观看孩子们的表现。我猜想孩子们可能早就忘了昨天的豪言壮语了，但我内心仍然期待有“奇迹”发生。

果不其然，队列比昨天稍好一点但好不了多少，当然我也没觉得这有什么不对劲，因为毕竟才开始，按照以往的经验，我也没寄予太高的期望。

这是考验我“管理方法”的时候了。铃声一响，我就“满脸笑容”地走进教室，有同学感受到了我的情绪，问我：“何老师，啥子事情那么高兴啊？”其他同学也跟着嘀咕起来。

我故作郑重地说：“你们想知道吗？”“想！”“那你们猜猜呢。”“我觉得是我们班得到表扬了！”“不，我觉得是何老师中奖了。”孩子们七嘴八舌各种猜测都有。

趁大家高兴的时候，我故作神秘地说：“同学们，今天我的确非常高兴，可你们都不知道我到底高兴什么……”我话还没说完，就有同学不停地催：“何老师，你快说嘛！”我笑了笑然后镇定地说：“孩子们，你们知道吗，今天真的是开学以来我最高兴的一天，因为我觉得你们太讲信用了，关于课间操秩序和纪律的问题，我昨天只说了一次，今天大家就那么用心，而且做得那么好，有的同学还真让我有点不敢相信……”“哦，我知道了，是我们今天做操的时候站得很好！何老师，对不对！”“高，实在是高。知我者刘超也！”孩子们笑，我也笑。

我趁机接着说：“同学们，我真的没想到，你们真的是实践了你们的诺言，今天课间操的时候，我站在三楼一看，我们班的队列和过去完全不一样了，整个队列非常整齐——除了三个同学到操场说了话之外（其实何止是三个呀），其他同学都是一到操场就很快站好的，有两个同学开始看起来也想说点什么，但不知为啥又停住了，至于是哪几个同学，我在这儿就不点名了，我相信明天的课间操他一定会做得更好，你们说是不是？”“是！”“那大家明天是不是可以不用我操心，也不用班干部操心就能站好呢？”“能！”“那好，明天我就不到操场去了，看大家是不是能真正做得更好，你们对自己有信心吗？”“有！”

在接下来的几天里，孩子们的确有了较大的变化，而我几乎每天都要表扬他们一天比一天做得更好了，孩子们对自己好像更有信心了。就这样，不仅是课间操的队列站得很好了，就连做起操来也更精神了，原来管课间操的干部因为没有可管的事情，甚至好像还有些“失落”！

通过这个“案例”，我发现偶尔设置一些善意谎言下的“陷阱”，其实对班级管理是一种比较有效的方法和手段，这种“绝招”运用娴熟之后，在班级管理中时不时地来一点“善意的谎言”，似乎比“河东狮吼”的批评教育更为管用，也更容易让孩子们“接受”和喜欢！

谎言本不值得倡导，但在教育管理中，适度的善意谎言往往能起到较好的激励作用，比如触发孩子们对美好未来的憧憬、引导孩子们自我肯定的强化、激励孩子们对自我潜力的挖掘等。

从认知理论的角度，应用善意的谎言至少要具备 3 个条件：一是“说谎者”有足够的理由确认目的是正向的、善意的；二是“说谎者”对自己的管理是自信的、可控的，是偶尔为之，而不仅仅是依靠谎言来进行管理；三是“说谎者”的谎言即使被“拆穿”也可以保证管理向好的方向转变和发展。

在教育管理中应用善意谎言，前提是“谎言”要对班级、对学生和对班级管理是无害的。我的“无中生有”的表扬，满足了孩子们渴望“自我肯定自我管理自我激励”的情感需求，既尊重了孩子们的自尊，又满足了孩子们的心理，通过放大孩子们的进步和优点，以积极的心理暗示约束和激励孩子们不断朝着好的方面转变，而且这种自发的转变是来自孩子们的自我要求，比直奔主题的严厉批评更能收到意想不到的管理和激励效果。

在班级管理中使用善意的“谎言”要基于对孩子们的爱，以及“说谎者”对班级状况和孩子们的全面了解，而且必须用之有度，才能起到正向激励的作用，反之则会给孩子们留下不诚实的印象，甚至会误导孩子们。

作为教育工作者，我们的初衷始终是关爱孩子，目的是保证孩子们的健康成长，因此“谎言”收到了潜移默化、润物无声的效果，达到了春风化雨、凝聚人心的目的。

师爱启迪心灵

【摘　要】那天，我正一边改作业一边和同事们讨论着如何处理学生违纪问题时，一位40岁左右、打扮时髦的中年女士来到我的办公桌前，为了不影响同事们办公，互相问好后我把她领到走廊上再进行交谈——这是我们办公室对家长来访的一致约定。“何老师，请你再帮我好好开导一下XC吧，他现在只听你的话了，你跟他谈一次话要管一段时间，这两天又在家和我们闹情绪了，我实在没办法了……”这位家长我已经很熟悉了，她是XC的妈妈，她的到来让我想起了开学前的一幕幕……

【关键词】家庭环境；事件教育；心理教育

按照学校的安排，我需要继续担任班主任兼语文教学工作，因为具体的班级是开学后抽签决定的，没有预感和期望地就和“初一九班”结了缘。因为刚来学校，加之开学之前才接到“上任”新班级的通知，我没有时间做任何班级管理的前期准备工作，所以开学的时候倍感工作无序，遇到问题还真有点不知所措。好在之前有过几年的工作经验，我想，常规的管理应该不用准备也能应对好吧。可事情偏就没有我想象的这么简单。

——刚开学的时候，我已经在家长会和孩子们的学前教育中明确了作息时间等相关的要求。才开学，我想孩子们刚刚从各个小学来到这个全新的环境，无论是家长还是学生，即使没有对新环境、新要求的敬畏至少也应该希望自己的初中生活有一个良好的开端吧。基于这个经验性的判断，我就暂时没有抛出具体的班规班纪。

没想到开学才一周，XC同学就迟到了两次，而且迟到时间最长的差不多有20分钟。老师问他迟到的原因时，他整个一副满不在乎苦大仇深的样子。我打他家长的电话想了解一下情况，可电话一直没人接，之后也没给我回话。我心想：这才开始，对班级的影响太大了吧，更何况电话都不接不回，这简直就没把学校的管理和要求放在心上啊，而且我开学所做的学生情况摸底表明 XC 家就在学校附近，迟到了总应该有所解释吧，可两次迟到后我问他原因时，他都是这样回答的——要迟到我有什么办法？然后满脸不高兴的样子进教室去了，把我一人“晾”在一边，我还真的不知如何处理才最为恰当。

按照常规的处理办法，我一般是将学生请到办公室详细地问一问。可是如果他愿意照实回答的话，就不会话都不多说一句就进教室去了。还有一种方法就是当着全班同学的面批评他一顿，说一些“才开学某某就迟到了，我们要严格处理并希望全体同学引以为戒”之类的训示。可这样就能够保证他今后不会迟到了吗？答案是否定的。

毕竟才开学，我和 XC 一样面临的都是一个全新的环境，我们都需要相互适应。我强压怒火告诫自己要冷静，我得想办法走进他的内心，好好想想怎样做才能获得他的信任，才能使他愿意和我说真话，因为只有相互信赖才能找到问题的症结，我也才能积极地想办法让他以后不犯这样的错误。我需要等到一个恰当的时间，机缘巧合才能和他进行有效的沟通……

一天中午，我在教室里“监督”孩子们吃午餐，吃得快的孩子已经到教室外活动去了。突然，从教室外传来一个声音：“你是‘瓜’的吗？把饭盒放整齐嘛，好烦哟！”循声望去，不是别人，正是 XC，他正弯腰收拾同学们餐后放饭盒的箱子。我有些不相信，因为这一周多来，我发现他总是对任何人都像看不惯一样，而且当天早上他还迟到了呢。

突然，我灵机一动，感觉这就是我想要的合适机会。正好快到中午休息时间，我有空，他也有空，这是一个难得的场景机遇，我得利用好它。

于是，我停下吃饭，走出教室，当着大家的面说：“就是嘛，你们看看，如果大家都像 XC 这样，那我多省心呢，谢谢你啊，XC！”

“不用谢！”

“看来你在家里一定是个爱收拾的孩子哟。”

“我最看不惯乱扔东西了。”

“是呀，我也不喜欢看到别人把东西到处扔，看来我们有相同的地方！”

他笑了笑，于是我就借此和他聊上了，慢慢谈到各自的爱好、特长、理想等。在谈得差不多的时候，我谨慎地问了一句：“可是，XC，我能问你一个问题吗？”

“啥子问题？”

“当然，你想说就说，如果不想说就算了，但是有一点，如果你愿意告诉我，我希望能听到你真实的答案，可以吗?”我在表明师生是平等的，我是尊重他的。

“何老师，你问嘛。”于是我就问了他为什么迟到后总是既不说明原因，还要表现出很不高兴的样子——我估计他不会很爽快地给出“答案”的。

正如我预料的那样，这一问，他果然就有些迟疑了，眼神游离地尽量避开我的目光。

我猜测XC有他的难言之隐，所以没有“逼问”。我期待他自己先开口。他看着我，眼睛里隐隐有泪花在转动，但仍没有说话。

我一只手搭在孩子的肩头，安慰道：“不想说就算了吧，等想说的时候你再说，好吗?”

一瞬间，他似乎毫无征兆地打开了心结：“没关系，何老师，我现在就想说，但是请你替我保密，暂时不要告诉我的父母，行吗?”

我答应了他的要求。他忐忑地告诉我，他这样做是在和父亲作对，因为他的父母这几天一直在闹离婚，每天他都要处在“战争环境中”，迟到是因为不愿意来读书，但很多时候实在不忍心看到妈妈伤心流泪，所以又必须来上学——他就尽量在家里拖延时间，借此发泄自己内心的不快——无声但固执地与目前的家庭环境做“消极对抗”。

终于搞清了事情的原委。但我本该轻松的内心却又变得异常地沉重和复杂了——处在这种“风口浪尖”环境中的孩子，甚至比已经是单亲家庭的孩子还要敏感、脆弱和消极，作为老师，我必须得想办法帮助他跨过这个“泥沼”，否则，这个孩子的人生也许从此就会出现拐点。

我问他相不相信我，他说相信。我告诉他，我想和他做朋友，问他愿不愿意，他说愿意。于是，我把他带到操场，我们一起围着操场慢慢地走着，给他讲了一些自己的人生经历，说明我在过去的成长中也曾遇到过这样那样的困难和挑战，但因为自己从来就不会怨天尤人也不会自暴自弃，所以后来很多问题都被逐步化解了……渐渐地，看得出来他已经比较相信我了，于是我才开始启发他，告诉他两代（辈）人会有两代（辈）人各自不同的生活经历、观点和方式，作为孩子，我们可以努力争取一个完整的家，但也要考虑尊重长辈们的选择……与此同时又教他如何处理这种事情、如何向父母表达自己的真实想法等，并开导他无论是不读书也好、迟到也罢，实际上并不能解决家里的问题，也不能缓解自己心头的不快，反而还让爸爸妈妈更伤心、更难过……一个中午的开导，他终于答应我一定要按照我给他说的去做，并让我相信他一定会把学习搞好。我表示非常相信他，也会更多地关注他的成长，希望他把我当作良师，更当作诤友，经常进行深入的交流沟通。

……我一直都对这个孩子非常关注——其间和后来经历的过程，却远比我现在的描述要繁复和曲折得多。

时间过得非常快，一转眼，半个多学期就过去了。我的努力和坚持，或多或少地帮助 XC 建立起了积极应对困境的坚强心理，我在这半个多学期里看到了 XC 在努力克服环境带来的影响，在慢慢地成长。

真的，实际上从我们敞开心扉交流的那天起，直到今天，XC 再没迟到过一次，他在学习上也非常用功，虽然成绩不是很理想，但进步很快。更重要的是，他后来从未违反过学校或班上的任何规定，并且班上的任何事情他都积极参与。虽然后来的跟踪了解表明有时他回到家里也还要和父母闹矛盾，但与父母的“对抗”明显比之前缓和多了。

在后来很长的时间里，我一直在坚持引导他，我告诉他老师希望他在家里要和在学校是一个样的，一定要努力使自己健康成长起来……我也知道，这肯定需要一段较长的时间吧。

后记：

XC 只是我从教多年来遇到的一个特例，但却留给我非常深刻的印象。作为教师，我们不只是要授业、传道，更是要解惑，更是要关注学生健康的心灵引导和健全的人格教育。

教书育人不是一句口号——书是载体和工具，教是方法和手段，育人才是教育的核心内涵和终极目标。

在学生成长的生涯中，任何一个老师为他授业解惑的时间都是非常短暂的，影响也是有限的，但只要倾注爱心，即使短短的瞬间也可能改变一个人的一生。

希望 XC 的父母能够尽量站在孩子的角度来思考和处理家庭问题，配合学校和老师开展对孩子的心理健康教育。

祝愿 XC 尽早走出心灵的阴影，尽量主动修复与父母的关系，继续保持良好的学习和成长状态，实现健康快乐成长。

“顽固”的××委员

【摘　要】对JL，我做过很多努力，直到确乎没有信心了仍未放弃。JL还是一个孩子，我不希望她就这样成长。但我的所有努力都见效甚微。这么多年来，对JL的教育是我班级管理生涯中极其沮丧的一个案例。

【关键词】学生形象；精神面貌；行为规范

“JL，你为什么又把你妈妈给你弄好的校服橡皮筋拆了？你就不能穿规矩点吗？哪天能让我看到你穿得得体点呀？”“哦，我明天就弄好！”每当谈到这样的问题，JL总是这样轻描淡写地回答我。这样的问答不知有多少次了，但不知为什么，看似非常简单的问题，JL始终没有改正过来。我真的很纳闷，我对JL的教育怎么就这么失败呢？

JL差不多1.70米的身高，在学校的所有女孩中她是比较高的了，记得开学她来报到，我一眼就喜欢上了她，因为初看起来她很有礼貌，对班级的事情也显得很热心，加之从她父亲的介绍中，我了解到她在小学时还担任过大队委，说是工作能力很强，我心里就觉得她是一位班干部的好料子。

一开学，她就被选为我班的首届班委干部，在分工时，我觉得她那么高的个子，而且看起来也较活泼，心想让她任体育委员应该很合适，可她却说自己不太喜欢体育，想当××委员，我也就顺应她的意愿让她当了××委员。在短时间的接触中，感觉她个性好，人际关系比较和谐，是老师一看就容易喜欢的女孩，成绩也还不错，尤其是语文。我暗自高兴，看来班上的××工作用不着我操心都能达到要求了。

从开学到10月中旬之前，孩子们都穿的是夏季校服，我并没发现什么异常。可自从换穿上秋季校服后，没过两天我就发现JL的穿着很不得体——她本身个子较高，但也并不是“超高”，选的校服码号却“无比大”，开始我虽然觉得很不协调，但还是没看出来有啥太严重的问题。穿衣服嘛，自己的爱好，可是在仔细观察她做操的时候，才发现在跳跃运动的时候，她的裤脚一直是在地上拖起的，很明显她的脚并没有离地，看起来很怪异，更重要的是这才10月下旬，天气还不冷，她就已经把手缩进了袖子里面，只用几个指头捏着袖口，整个人看起来懒懒散散的样子，我找了她谈过几次，希望她注意，因为她这样的举动和她自身的气质看起来很不协调，加之又是班上的××委员，更应该注意自己的形象。她也非常爽快地答应了我，她的回答非常肯定，语气也非常坚定，加之又是我比较信任的孩子，我想只要提出来了，她应该不用我太操心，所以也就没怎么在意这事。

就这样过了一段时间，学校运动会如期启动了，班上的一切赛事准备都比较充分，就只等在正式比赛中大显身手了。这个时候应该是××委员发挥自己才智做好宣传的时候。我找她谈，她也非常爽快地告诉我：“何老师，没问题，这事你不用操心。”我当然高兴喽，有了这样“得力”的干部，我还有什么可担心的呢？

运动会如期举行，在一项又一项的比赛中，我们班的运动健儿们都表现得非常出色，同学们都很关心团体分数，不停地听到孩子们各项比赛的获奖信息传来，我心中暗自高兴，看来孩子们非常争气，而且感觉班级凝聚力已经慢慢在形成了，我甚至觉得以后的工作都已经很好开展了。运动会结束后，如愿以偿，我们班获得了团体总分第一名的好成绩，个人获奖也非常多，从孩子们灿烂的笑脸上，我看到了他们对班级的信心。

运动会结束后，班上一个同学突然问我，我们班为什么没有得到精神文明奖呢？我倒不是很在意这个奖是不是一定得拿到，但我总得知道问题出在哪儿呀！于是我让同学去问一下问题出在哪儿，结果出乎我的意料，回来的同学告诉我，我们班在整个运动会期间竟然没有投过一则宣传稿件，所以精神文明奖就没有我们。我不敢相信，因为在运动会前，我还专门教了JL如何进行宣传，甚至还让她在运动会还没开始前就先大体分配了哪些同学具体负责哪方面的稿件，她都说全准备好了，怎么可能没有一份宣传稿件呢？我找来JL问了情况，结果她的回答证实了事实的存在，确实没有投过稿件。我无语了，倒不是因为没拿到精神文明奖，而是安排的工作没有得到落实，是我太放手了还是……

跟随而来的期中考试中，由于JL的成绩位于前列，我对她的“过失”似乎就没有太多的计较了。我告诉自己，我自己也有管理粗放的过失，只要她下次能改正过来，我就应该原谅她的“过失”了。

入秋过后，天气渐冷，孩子们开始加厚衣服。一天我在检查课间操的时候，无意中发现JL以及紧挨她站着的几个同学的衣着和其他孩子似乎都有些不同，仔细观察了一会，才发现原来他们几个的裤脚拉链敞开着，裤脚几乎是在地上拖着的，看起来极不顺眼，再观察他们做操时，才发现他们的动作几乎相同，个个都有气无力无精打采的，而且其中两个同学和JL的上衣脚和袖口全是拆掉了橡皮筋敞着的，越看越觉得不对劲。

课间操结束后，我找到JL问其原因。她说是天气冷了，衣服加多了，可她不喜欢衣服太紧，所以才拆掉了橡皮筋，这样自在些。这几乎说服了我，而且她的态度又极为诚恳。我问其他几个同学，他们都是这样的回答。我要求他们以后裤脚的拉链必须拉好，而且回家后必须让父母把衣服的袖口和衣脚的橡皮筋给恢复原样，他们都答应了。然后我给他们讲了这样穿着的影响，他们都一致表示知道自己这样做的坏处，并答应一定要改正。

第二天，我趁热打铁检查校服，其他几个同学都按照我的要求做好了，唯独JL的还是原样。我问她为什么没改过来，她告诉我说："爸爸出差，妈妈忙于工厂的工作，人在新都，没办法，但已经打电话给妈妈，妈妈答应周末回来弄好。何老师，你放心吧，我一定弄好。"我再次相信了她。

又过了一周，我倒没忘记这件事，却发现她一切依然如故。

我非常生气地找到她，她说她妈妈找来了橡皮筋，但太短了，所以没弄好，需要等她妈妈回厂里重新拿橡皮筋来弄，而且还非常诚恳地说："真的，何老师，不信你问我妈。"我虽然生气，但似乎又被她诚恳的态度说服了，可是这一次，我意识到我必须从她父母那里得到肯定的答案，于是拨通了她父亲的电话，证实了她没说谎。我在电话里给她父亲讲了一些我对JL有关生活行为的看法，她父亲明确一定配合我做好这个工作，同时他也告诉我JL从小就有这个坏毛病，由于孩子总体上比较听话，加之自尊心又强，他们担心伤了孩子的自尊心，所以就一直都在给她讲道理，但孩子接受意见很容易，就是老也改正不了，加之感觉好像问题也不是那么严重，所以也就没有引起家长足够的重视。

我不知道如何形容自己当时的复杂心情，也不知该如何来对待JL这个问题，但如果这样下去的话，又将是一周以后才能解决好。于是我"抹下脸"给JL父亲提出要求——当天回去后无论想什么办法一定要把她的衣服给弄好。第二天，JL的衣服问题终于解决了。我对JL并没有失去信心，我相信她只要改正这些缺点，一定会越来越好的。

可是我的判断又错了。JL做操还是原来的样子，无精打采、懒散拖沓、动作走样变形。如果我守在她的旁边，她就做得稍好一些，一旦我走到远处观察，她的精神状态又变得让我极其难受——怎么做个操就那么困难呢？中学生应该是朝气蓬勃的呀，她怎么就一直打不起精神来呢？

针对这个问题，我不停地找她谈话，给她讲道理，留她一个人重新做，请同学教她做，请她家长到校进行沟通，让家长帮助她改变……然而所有的努力都没有收到我想要的效果，只要我不跟踪监督，她就又变回了原来的懒散状态。我实在找不到改变她的有效方法了，她的父母整天忙碌，也没能进行有效的家庭管理和配合。

期末考试前的一件事，让我对她彻底失望了——那天，我偶然去观摩了一节体育课，顺便了解一下我班学生的体育考试情况。在我和体育老师交谈的过程中，进行课前慢跑准备的 JL 正好慢腾腾地跑过去。体育老师也就顺口说了句："这个女生体育课懒得很，简直不像个学生，一点朝气都没有，枉费了她那么高的个子！"我从体育老师手中拿过成绩单一看，JL 体育总成绩 40 分，好多单项都不及格，我真不明白为什么，当初我还以为她只是懒散一点，没想到她竟然懒惰到了这种极端的程度。

……

学期结束了，她的数学成绩低到 84 分，再加上体育成绩一栏那个扎眼的 40 分——我的心差点已被凉透了。这个曾经让我一眼看中过的孩子，到底是怎么啦？

散学典礼结束了，我又找来 JL，和她一起回顾了这一学期来的情况，故意说到这些与她的日常行为有关的成绩，希望下学期能见到她的真实改变。她倒是理直气壮地说她知道，而且一定会改过来，一定会在新学期开学后以崭新的面貌出现在我面前。

我已竭尽所能，可又能怎样呢？因为已经过去的这一学期的反复“博弈”中，我已几乎无能为力了。对她“真诚”和“坚定”的态度，我在内心深处已不敢抱有多大的期望，只是祈祷来期能如她所承诺的那样，会给我展现一个崭新的 JL……

后记：

对于 JL 的教育，我至今都没厘清问题出在哪里，是我心太软还是她太“顽固”，是我的方法欠妥还是她的手段太高明，是我的要求过高还是她认为我太古板不合潮流？为什么在 JL 身上会一而再再而三地出现这样或那样的在我看来不符合中学生要求的现象？

总而言之，从当时对 JL 的教育过程和效果来看，我是“失败”的，更为严重的是这么久了我还没有真正弄清自己“失败”的原因……

……

论勇气

（成都树德中学高 2018 级 7 班　罗浩鸣）

【摘　要】这是孩子在学校的命题作文之一。也许是孩子平常刚好在这方面有过思考，因此遇到这个题目后写起来较为“行云流水”，对问题或现象的思考随着年龄的增长也显得更加深入，文中引证信手拈来，逻辑也较为严密，侧面反映出了孩子的心智正在逐步走向成熟。原文标题为《语文书中有“勇气”》，编入本书时做了改动。

【关键词】勇气；社会秩序；道德；正能量

2018 年，10 月 28 日，重庆万州，一辆公交车本在按它原来的路线正常行驶在过江的大桥上，乘客刘某发现自己坐过了站，要求司机立即就近停车。依照交通法规，未到站公交司机当然拒绝停车，蛮横的刘某随即与其产生严重争执，最终升级为肢体攻击司机而导致车辆失控瞬间坠江，车上包括司机在内的 15 人无一生还。这样的新闻，真的令人沉痛。

如果时间可以回退，让我们换一个结局：当刘某与司机产生争执时，哪怕有一名乘客勇敢地上前一把把刘某拉回来，阻止她的一切鲁莽行为，这辆公交车就不会以《重庆万州公交车坠江，15 人全部丧生》的标题登上新闻头条，15 名无辜乘客的生命也不会令人痛惜地定格在那一瞬间。

纵观整个事件，不难发现整车人都是看客，即使面对可能的死亡威胁，他们都缺少一种勇气——只要那 15 人中有一人有足够的勇气站出来，悲剧就不会发生。即使是当今社会文明已经发展到普通人不用像原始洪荒时代那样勇敢地去比武、打猎和战斗，面对违反社会良俗公德和正常规则时敢于制止的勇气还是必须要有的。

我们在哪里寻找勇气呢？在我们的身边就可以处处都找到勇气！

我现在正学习的高一上期文言文单元就是一个“有勇气”的单元。烛之武以他智慧过人的勇气和胆识令秦军退兵；荆轲以其前所未有的勇气和决绝反对暴行刺杀秦王；鸿门宴上樊哙一人闯进宴会，凭借超人的勇气冒着生命危险救下了主人。古代中国并不缺少勇气：智慧的勇气、反抗的勇气、忠诚的勇气。他们在今天的社会仍然具有非常实际的现实意义。尤其是荆轲，他的精神被千古传颂，影响了一代又一代的中国人。重庆万州失事公交车上的人们缺少的就是这种勇气：面对暴行，敢于反抗和制止。

敢于抗争的勇气，同时也体现在刘和珍和孔子身上。刘和珍面对北洋军阀政府而无畏反抗，只要是为国而死，为人民而死，无论反抗统治者还是反抗社会制度她都没有丝毫的畏惧。至于孔子，他更是在以一己之力与整个时代对抗，是知其不可为而为之，这是他的信条。再无力的反抗，再无用的演说，一点点地积累起来，也是有效用的。刘和珍、孔子，本来都是温和的人，我却在他们身上看见了无畏反抗的勇气。

勇气不一定仅仅是面对压迫时的奋起反击和面对艰险时的临危不惧，也可以是事后的忏悔。巴金先生面对小狗“包弟”，更是面对自己的不作为，做出了最勇敢的忏悔。责任，本在于时代而不在于他，但他却背负起了这份沉重的责任，深刻地剖析自己的灵魂，作为受害者，他在灾难过后的自我忏悔是最勇敢的选择。

我们常说智勇双全，光有勇而没有智是鲁莽，面对困难不会有任何效果，甚至会适得其反。烛之武去见秦王时带的不只是胆魄，还有智慧，凭借胆魄和秦王交锋，但本质是以智慧最终说服秦王。现代社会更需要这种有智慧的勇气。

有勇无智是不计后果、不顾大局的匹夫之勇。2018 年 11 月 26 日，贺建奎宣布世界第一例基因编辑婴儿诞生，在社会上引起轩然大波。科学学院一致认为这是把一把刀交给了一个不谙世事的孩子，让一个没有做好准备的时代接受了一个它完全无法承担的事件及其后果。更何况这项技术虽然早已成熟，但因为伦理道德问题所以未曾用在人身上，而贺建奎却无视最重要的伦理道德问题。这项技术本身实际上没有任何的创新，没有任何的进步，甚至可以说是退步。贺建奎完全无视人类的道德和伦理，只是一种愚蠢的不带任何思考的勇气。人类社会走过的每一步不但是充满勇气的，更是谨慎智慧的。贺建奎缺少的，正是智慧的勇气。

勇气在当今社会中有不同的体现方式，有些“勇气”则是我们不需要的。我们回到重庆万州公交坠江事件。在事件发生后不久，新闻上就以“女司机逆行导致公交车坠江”的标题登上了头条，引发了很多网友“勇敢”的评论——他们一致“勇敢”地得出结论：是小轿车女司机违规造成了这场事故，她应该承担所有的责任。甚至有人应用强大的互联网把司机的一切信息搜索、公布了出来。一时间司机受到了网民无孔不入的人身攻击和恶毒谩骂。随着公交“黑匣子”出水，不久后事情真相就曝光了，人们于是转而攻击刘某。而小轿车司机呢？没有一个人向她道歉，她也只能默默忍受无端的痛与苦，无处释放曾经受过的诽谤和攻击。

由此可见，勇气的“使用”一定是有背景、有限度、有原则的，是基于具体事实的。正能量的勇气能够造福人类，负能量的勇气则会带来伤害，甚至被伤害的就是我们自己。

心
手
相
连
支
撑
梦
想

树德节之
2018

师德修养

Shi De Xiu Yang

浅论新时期师德修养的意义、作用和途径

【摘　要】教师道德作为一种特殊的职业道德，它是教师和所有教育工作者在从事教育活动中必须遵守的道德规范和行为准则。教师素质的高低，在一定程度上影响着学生素质教育工程的成败。本文基于这一认识，对新时期教师道德修养的重要意义、作用以及如何提升师德修养进行了论述。

【关键词】师德修养；素质教育；师生关系

新时期教育的目的是为未来社会培养合格人才，在当前实施学校集中教育的过程中，首要的是通过实施素质教育，提高学生的整体素质。教师是学生思想道德教育的引导者、教育者，教师素质的高低将在很大程度上影响学生素质教育工程的成败。而师德修养在教师素质修养中具有非常重要的意义和决定性的作用，因此，探索新时期师德修养的可行途径和方法也必须要引起学校、教育主管部门的高度重视。

1　新时期师德修养的重要意义

教师是“人类灵魂的工程师”。教师道德作为一种特殊的职业道德，是教师和所有教育工作者在从事教育活动中必须遵守的道德规范和行为准则，以及与之相一致的道德观念、思想情操和人格品质等。道德素质并不是指规范本身和准则本身，而是要求教师把这些规范、准则逐步内化于心，成为教师从事教育事业最基本的准则和道德要求。

1.1　教师道德素质在教师素质构成中更显重要

新时期教师劳动的知识性、专业性、艺术性、长期性、示范性、创造性的特

点决定了构成教师素质的特殊性。教师素质是教师顺利完成教学任务、培养人才所必须具有的相对稳定的基本品质。其本质特点就是教师自身的综合修养，包括教师的身体素质、文化素质、道德素质与心理素质等。

学生接受知识的过程正是其个性与品德形成的过程。尽管社会环境、家庭环境对儿童、青少年的个性形成和品德发展都具有一定的影响，但教师的作用最大。教师通过一定的教育内容、教育方法对学生产生影响的同时，还通过本人的人格特征、言行举止等对学生产生影响。在多数学生眼里，教师的话都是对的，教师都是正确的，教师的言行都潜移默化地影响着儿童的个性形成和品德发展，因此被称为“师魂”的教师道德素质比文化素质更重要。

1.2 师德修养的魅力主要来自教师的人格

“为人师表”“以身作则”“诲人不倦”等要求既是师德的规范，又是教师良好人格特征的体现。在学生心目中，教师是社会的规范、道德的化身、人类的楷模、父母的替身。他们会把师德高尚的教师作为学习的榜样，模仿其态度、品行乃至行为举止、音容笑貌、板书笔迹等。

从社会的角度看，社会群体都是由单一的个体所组成的。每个个体的道德风貌的结合，反映出来就是整个民族的发展水平。个体的道德习惯、道德品质都是从小养成的，教师对学生道德品质的形成具有决定性的作用。因为教师的教育是长期的、系统的，无论是德育内容、德育方法还是德育手段等都长期而系统地对学生产生影响。儿童的许多行为习惯培养都是教师根据其成长规律有计划、有步骤地进行的，所以教师的教育必须要强化科学性。人生最初的二十几年是决定和影响人一生发展的关键时期，是道德观念、行为习惯形成的关键时期。所以从推进社会向前发展的高度来看，教师道德修养水平的高低具有重要的现实意义和深远的历史意义。

1.3 师爱是师德修养的灵魂

当今社会，由于受社会大环境的影响，部分教师过多地偏向于对功利的追求，缺乏足够的爱心。而许多学生在人生的紧要关口，由于长期受缺乏爱心的老师的影响，可能最终导致其难以建立对社会关爱的人生态度。作为教师必须有仁爱之心，在一定程度上，热爱学生就是热爱教育事业，就是坚持核心师德修养。

2 新时期师德修养在教育教学过程中的重要作用

良好的道德品质不仅是提高师德修养的必需条件，更是教育教学过程中增强师生关系的基础。教师自己受过多高层次的教育和教养，并且使这种教育和教养成为他自己的财富，就能在相应的程度上对别人产生教育影响，而且必然发生这种影响。教师自身的学识与道德水平即师德始终在潜移默化中直接或间接地影响着学生，也影响着学生对从教者的判断和看法，进而影响着师生关系。

2.1 良好的师德能促进提高教师思想素质进而加强师生关系

信仰决定思想，思想引导行动。一个具有良好师德的教师，才会具备优良的思想素质。这种修养和素质具体表现在以饱满的精神进行教学、以坚毅乐观的性格面对学生、以严整刚毅的人格引导学生等。教师以自己的良好品行为榜样，使学生在潜移默化、耳濡目染当中不知不觉受到影响，使学生也形成坚强的意志与自制力，因而更富有理性、更善于思考、更发奋学习，从而进一步提高学习效率。如能达此标准或要求，则在教师身体力行过程中，不仅能使学生的学习成绩和学习能力有所提高，而且能使学生受到高尚人格感染，更加敬慕教师，从而增进师生关系。如果教师达不到以上方面的要求，上课时还无精打采、语言粗俗，则不仅不能成为学生的榜样，而且势必会对学生产生不良的影响，当然，就更无从谈起良好的师生关系了。所以教师良好的素质必然是良好的师生关系的关键，“德不配位”则是教学的大忌。

2.2 良好的师德能促进提高教师职业素质进而融洽师生关系

律人者必自律。具有良好师德修养的教师，自然而然会不断提高自己的职业素质和职业能力，这种素质就会表现在热爱教育职业、热爱教学工作、热爱学生的具体行动中，并且一定会在施教的过程中自觉规范自身的道德行为，从而便会受到学生的爱戴，赢得学生的喜欢与尊敬，进而才会出现良好的师生关系，这是一个因果循环的过程。如果教师没有从心底里热爱教育事业、热爱学生，肯定不会受到学生的欢迎，师生关系也因此会受到影响和挑战。

2.3 良好的师德能促进提高教师业务素质进而增强师生关系

学高身正，是为师范。具有良好师德的教师，会想方设法提高自己的业务素质。这种素质具体表现在两个方面：一是在学生情况把握方面，会从学生的知识基础、智力水平、接受能力、年龄特征、个性差异等方面出发，全面深入了解学生，并能客观、公正、科学地处理好共性与个性、传授知识与培养能力的相互关系。二是在教学内容把握方面，能够领会运用科学方法使教学适合学生的接受能力，从而使学生顺利地掌握教材。只有这样他才会使学生学到更多更好的知识，进而获得学生的敬爱，师生关系也因此增强。

2.4 良好的师德能促进提高教师艺术素养进而增进师生关系

要给学生“一杯水”，老师首先自己要有“一桶水”。只有具有良好师德和能力水平，才会在教学中展示出较高的艺术修养，才能更好地活跃课堂气氛，激发学生的学习兴趣与积极性。这种修养和素质具体表现在面对课堂、面对学生时的真挚的感情、优美的语言、闪光的哲理、渊博的学识、恰当的态势和流畅的表达等方面。通过这些素养的展示不仅能使学生更加喜爱上课，而且会增添学生敬慕的心理，进而使师生关系更加融洽。

2.5 良好的师德促进教师自我教育进而稳固师生关系

逆水行舟，不进则退。有良好师德的教师才会努力不懈地坚持自我教育，使自己的专业水平不断提高，进而不断提升自我、完善自我。自我修养具体表现在经常进修、加强专业教育、精通本学科的专业知识、扩充知识面、开阔视野、拓展思路、提高教学水平等方面，目的是确保自己始终与时俱进。这样才会更受学生的尊敬和热爱，师生关系也才会因此持续巩固、历久弥新。

3 新时期提高师德修养的途径和方法

教师道德修养不仅是一个理论问题，而且是实践的问题。要使教师道德原则和规范成为教师行为的准则，必须依靠教师自己长期不懈的努力，需要教师自觉的修养和锻炼。因此，掌握正确的师德修养的途径和方法是非常重要的，也是十分必要的。

在参加社会实践、投身教育教学工作中坚持理论与实践相结合的原则，是教师道德修养的根本途径。积极进行道德修养需要坚强的毅力，即使受到外界客观因素的影响，也要竭尽所能、不懈努力，即使收获甚微也要日积月累、不断历练，才能够成为具有良好道德修养的教师。

3.1 努力学习，提高师德理论修养

师德理论是教师进行职业道德修养的指导思想，掌握了师德理论才能辨别是非善恶，才能摈弃错误、落后的道德观念。只有在道德修养中以贤哲、先进、典型作为自己思想行为的楷模，鼓励自己、修炼自己，在思想意识中沉淀道德规范，常以崇高的道德品质作为自己行为的目标，才能保证自己在思想、信仰和品德修养中不会迷失方向，才能使自己成为有高尚道德修养的“人类灵魂工程师”。学习教师道德理论，主要途径除了个人自学，还要有教育部门组织的教师道德学习。个人自学不受时间地点限制，有一定的自我支配的灵活性、机动性，但会受教师个人理论水平、思想觉悟和自我控制能力的影响，有时达不到预期的目的。教育行政主管部门、学校集中组织的教师道德学习，是一种有组织、有计划的教师道德教育，能有效克服自学中的惰性思想、浅尝辄止等不利因素，体系性地强化教师道德理想、道德品质和道德行为。

3.2 参加社会实践，做到知行统一

参加社会实践，在实践中进行教师道德修养，是教师修养的重要途径。在教

师道德修养的过程中，从教师道德认识、道德情感、道德意志、道德信念到教师的道德行为和道德习惯，自始至终都要在社会实践和教育教学中进行检验。教师只有更多地基于教育教学实践，在处理师生之间、教师之间、教师与家长及教师与社会其他成员之间关系的过程中，才能认识和校验自己行为的对与错、是与非，才能更客观地辨别善行与恶习，才能培养自己良好的教师道德品质。如果只是“闭门思过”“坐而论道”，脱离实践去“修养”，这种道德修养就只能是一句空话。

3.3 正确开展批评和自我批评，促进自身素质的提高

正确开展批评和自我批评，是促进个人进步的内在动力和外在推动力，是教师道德修养的根本方法。由于教师工作辛苦、繁杂，在道德修养上往往会出现反复或波动，也会因种种原因产生这样那样的缺点或过错，人非圣贤，存在过错是在所难免的。对于这个问题，关键是发现了自己在实践中出现的违背教师道德的言论和行为时怎么看待、怎么改进。正确的解决方法就是用好“批评和自我批评”这个武器。

仅仅停留在自我反思层面还不行，还要善于学习先进教师的优秀道德品质。因为先进教师是存在于身边社会、身边群体里的鲜活榜样，能直观地启发教育和感染教师，进而影响教师的思想和行为，监督和促使他们以先进人物为榜样，取长补短，提高道德修养水平。学习先进教师的优秀品质，可以多读教育名人传记和模范教师的先进事迹，学习这些名人的优秀道德品质和高尚道德情操，使自己的行为更符合道德原则和规范要求。还可以学习身边的模范教师，让看得见、摸得着的榜样引领自己，受到的影响就更直接、更深刻。

对师德的再认识和再评估①

【摘　要】人才培养需要成体系、高水平、创新型的高质量教育，而高素质教育需要品德高尚的教师。本文从教育实践出发，总结了基于职业精神、职业能力、师德修养的基本要求：一是要有关爱尊重学生的心态；二是要有传道授业的基础能力和水平；三是要做人格魅力的楷模；四是要做学生创新探索精神的导师。

【关键词】教育实践；师德修养；关爱；能力；人格；创新探索

1　师德修养是教师的基本道德要求

从教近 20 年来，我对教师这个职业的认识一直在不断提升，对师德和师德修养的理解也逐步深入。在我看来，即使成不了教育专家，也必须要立志做一名品德高尚的好老师。

从 2000 年第一次走上讲台，至今已过 18 年，我一直坚守在课堂一线，教师职业之所以令我无法舍弃，正是因为自己心怀对学生的爱，并在灵魂深处凝结了一腔育人的神圣情感（当然也有成就感）。18 年来，即使是在人生发展最艰难的时候也没有影响到我对学生的教诲和关爱，这不仅是职业带来的责任和义务——从大处说，站在讲台上我们就肩负着祖国的未来和民族的希望，就肩负着培育新人和振兴中华的重任；从小处说，自己有了孩子后，我更是把学生也当作自己的孩子看待，恨不得倾注全部的心血教给孩子们成长发展的所有知识和技能，引导孩子们树立自尊自强、自爱自信的人生观，用责任和爱心为孩子们构筑成长的希望和台阶。

① 本文为教师道德修养研讨会上的发言，编入本书时稍有修改。

2. 新时代师德修养的基本内涵

21 世纪更需要高素质、多层次、职业化的人才，人才培养需要成体系、高水平、创新型的高质量教育，而高素质的教育需要师德高尚、素养精湛、担当尽责的教师。那么，从哪些方面提升教师道德修养呢？回顾反思耕耘讲台 18 年来的实践和感悟，我觉得要成为一名具备职业精神和职业能力的老师，其师德修养至少应该包括 4 个方面的内涵。

2.1 教师首先要有关爱尊重的心态

“师者，人之模范也。”① 师德是教师素质的灵魂，关爱和尊重学生是践行师德的最基本的要求。教育本质就是关心关爱和教育培养下一代的事业，教师可以“得英才而教之”，但绝不可以“择英才而教之”。首要的就是把爱心倾注于整个职业生涯中，有作为教育者的职业奉献精神和社会责任担当，有对受教育者的真心关爱和悉心呵护，有把全部精力和诚挚献给教育事业的准备，要真正像前辈圣人那样做到“有教无类”,② 关爱每一名学生，关心每个个体的成长进步，而不仅仅是奉行所谓的“精英教育”模式。

教师是一个受人尊重的称谓和职业，但这份尊重的前提是要具备良好的道德修养，教师不能面对学生板起面孔高高在上，而是要尊重学生特别是尊重学生的人格。品德高尚的教师不是用管理来赢得学生的尊重，而是靠人格魅力和知识素养来影响学生。从这个角度而言，师德是在对学生的关心关爱过程中一点一滴地累积起来的。

2.2 教师要有传道授业的较高水平

“师者，传道、授业、解惑也。”③ 教好书、育好人的前提是教师自己要具备“从教”的基本素质，良好的师德虽是教师“从业”的必需条件，但离开能力素质积累、专业知识储备、自我学习能力而泛谈“师德”，只是无源之水，无本之木。培养高水平的学生首先要求教师知识渊博、学识精深、业有专攻。教师的职责决定了教师专业知识与时俱进的重要性，特别是当今科技飞速发展的时代，知识信息在不断更新，如果不去学习新知识，不去研究新问题，不去进行专业创新，谈何引导学生成长和超越？在知识信息高速发展的今天，老师必须崇尚科学，树立终身学习理念，不断拓宽知识视野和更新知识结构，不断提高教学质量

---

① 扬雄．法言·学行．

② 孔子．论语·卫灵公篇第十五．

③ 韩愈．师说．

和育人本领，随时保持“与时俱进”的状态。

教师提升自身的职业能力和教学水平，除了具备过硬的基本功、掌握科学的施教方法之外，还需要深入学习教育学、心理学、学科教学方法等方面的知识，要与时俱进，善于把教育理论的最新研究成果引入学生管理和教学过程，促进学科教学和教育管理的科学性、艺术性与时代性的有机统一，同时要熟练掌握信息技术和新兴互联网媒介的操作与应用，能够利用现代教育技术，以恰当、直观的教学方法展示知识信息，便于学生对所学知识信息的快速接受、有效消化和扩展衍生应用。

2.3 教师要做学生人格魅力的楷模

人格魅力是教师道德修养中的重要元素。教师必须要养成求真务实和严谨自律的治学态度，将刻苦钻研、严谨笃学的风格带到对学生潜移默化的课堂影响中，在教育教学中认真负责、以身作则，教学内容制定要坚持以严谨求实的科学研究为铺垫，倡导博学精神，恪守学术道德，追求学校教育与社会实践的有机结合，使学生的知识范围得到超越和拓展，强调学生的能力培养，开发学生的创新思维和创新能力，鼓励学生积极思考、主动钻研，注重对学生学业能力和道德品质的培养，并通过言传身教促进学校、社会、家庭的良好协作配合，为学生构建知识学习和人格养成的良好平台。

教师的人格魅力并不仅仅是在学生面前、在学校内部展现的光明面，而是无论在什么时间、什么地点、什么场合都始终如一地保持内外一致、知行合一，没有严格的职业素养，我们就可能会在无意识中将一些不好的习惯、行为带到学生面前。一定程度上，教师在非职业场合的修养更能反映“师魂”的高尚，也就是我们常说的“慎独”——即要求自己始终保持独立人格，在没有第三方监督的情况下仍坚持自己的道德取舍，自觉按最高标准的道德原则来规范自己的言行，达到师德修养的最高境界。

2.4 教师要成为学生创新精神的导师

传道授业本质上也是一项创造性的工作。实施全面素质教育，前提是教师自己就要有创新、探索的精神，落实到教学中，就是要拓展教学内容、创新教学手段，有效结合现代教育要求和学生实际，充分发挥学生的主体作用，重视培养学生独立自主的思维能力、学习能力，让学生能够自主地发现问题和解决问题，全面提升学生适应未来社会需求的能力。

基于对师德修养的认识和感悟，在教学和班级管理中，我始终将孩子们放在核心位置上，突出对学生的关爱。不管是教学还是班级管理都力求做到公平正直、坦荡无私、光明磊落，发现学生的错误，我也是坚持做到耐心开导、循循善诱，即使是学习上“不求上进”的学生，我也从不放弃，而是和学生反复单独谈话，帮助学生找出原因，启发引导他们一步一步改变。爱护学生就是从维护他们的自尊心开始，尽量避免对孩子造成伤害，避免出现爱“英才”而忽略差生的做法，坚持在尊重关爱学生的基础上对学生提出严格要求，在严格要求的基础上体现对学生的尊重友爱，做到爱得得体、严而有理。同时努力创造条件，使学生不断获得创新成长的体验和成功。

成绩只是证明孩子们技能的增长情况，不同的孩子学习能力自有差异，但成绩都只是其成长的一方面，更重要的是要注意培养提升孩子们诚信正直的基本素质。我首先坚持自己的人格影响，做到言行一致、诚实守信，努力做学生学习、为人的榜样，用真诚的爱去感化学生，以诚信理念教育和影响学生，做孩子们的良师益友，做孩子们健康成长的指导者和引路人。18 年来我先后在 3 个不同区域的 4 个学校带过各种不同的班级，这些学校管理和教育水平不同，管理要求和管理模式各异，班级和学生群体也有不同的特点，但他们都总是能够很快从心理上对我产生亲近感和信任感，并很快将我的要求转化为他们自己的自觉行为。这种效果的取得，除了始终不忘初心、坚持恪守职业规范外，可能也与我从不“因循守旧”的思维意识有很紧密的关系。

3　提升师德修养要与时俱进坚持不懈

根据自己多年来的感受和体验，我们强化师德修养不是一时一地的事情，平常也要不断自省，要学古人“三省自身”，不断总结和改正自己在教育和学生管理中出现的新问题，不断地对照进行自我剖析和自我反思，不断加深自我认识和提升自律意识，找出短板和不足，并积极弥补改进，不断提高思想道德水平。从我自身经验来看，每次的自我反思、自我批评和自我改进都在后来的管理和教学中获得了正面印证，这一点我倍感欣慰。

“学高为师，身正为范”，对于“学高”，我可能成不了专家，但对于“身正”、对于人格和责任，我会努力做一名好老师。基于对过去的经历和经验的自我判断，我自信有高尚无私的道德情操，有志存高远的精神追求，有奉献人生的执着信念，有刻苦坚韧的精神，虽然有些工作我做得还并不是完美无缺，但我在努力做到无愧于心，所以自信能够成为孩子们学业提升和道德养成的“良师”。

教好书育好人是党员模范作用的终极体现

【摘　要】教书育人是所有教育工作者的核心职责和使命，党员教师更是要时时处处都起到模范带头作用，在“教好书”的同时，还必须要“育好人”，特别是在“育好人”方面承担起更重要的职责，除了知识讲授和技能传导，培养下一代的使命意识、责任意识和大局意识更是每一位党员教师必须践行的使命责任和必须担当的历史责任。

【关键词】党员；模范作用；教书育人；使命责任；担当精神

1　引言

党的十九大报告提出，“加强师德师风建设，培养高素质教师队伍，倡导全社会尊师重教。”① 教师是立教之本、兴教之源。作为新时代的党员教师，党的教育事业就是我们价值选择的导向，就是我们教书育人工作的指引和人生目标的航向。党组织培养起来的青年教师更是要加强师德师风建设，既要做到“有理想信念、有道德情操”，又要做到“有扎实学识、有仁爱之心”，在“教好书——抓好知识技能教育”的同时，还必须要“育好人——抓好思想素质建设”，并将其当作实践党员模范带头作用的终极体现。

作为一名党员教师，教书已不只是知识和技能传授那么简单，党员教师的身上更大的责任是“育人”，是引导教育下一代的健康成长和科学发展，是培养“有理想、有本领、有担当”的青年一代。结合自己10余年的中学教育和班级管理的实际，我更加体会到党员教师在“教书育人”，特别是在培养高素质人才方

① 中国共产党第十九次全国代表大会文件汇编［M］. 北京，人民出版社，2017：37.

面，承担着更重要的历史使命，除了知识的讲授和技能的传导，培养下一代的使命意识、责任意识和大局意识更是每一位党员教师必须履行的时代使命和所要担当的历史责任。

2 传承和创新：党员教师必须起好模范带头作用

每个人的成长都是一个持续学习的过程，这个过程就是对知识、技能、经验和自身思想政治素质、职业道德素质不断进行“传承和创新”的过程。无论是普通教师还是党员骨干，新时代的教育工作者首先自身就需要不断学习、不断进行知识更新、不断进行党员素养的修炼和提升。

从党性教育和党员修养的角度，党员教师自身更是要不断加强思想教育修养和政治素质修炼。任何人在实践中的认识都是不成体系的，我们不可能在短期内从感性认识上升到理性认识，不可能一朝一夕完成综合素质的全面养成，而是需要不断地进行学习、总结，更多地吸取前人的成功经验和已经形成统一认识的知识，以理论来指导行动。作为教育工作者，教师要结合教育实践，将党建理论、思想政治工作理论内化成教育理念，形成指导学生建立终身发展意识的指导思想，要关爱、尊重、引导和激励学生，让学生远离社会“假、恶、丑”，始终在和谐有序的环境中实现健康成长。

在学生学习能力和人格养成的过程中，教师作为施教者，承担着重大的责任和使命，特别是中学教育阶段，学生涉世未深，既没有科学的辨别能力，同时又对新事物有强烈的好奇心，甚至有的学生进入青春期后还会有严重的叛逆倾向，如果这一阶段没有接受到良好的知识技能和人格素质教育，他们就会过多地接受社会阴暗面的影响，最终就会导致教育的失败。

社会发展归根结底是人的发展。人的发展就需要以人为本的思想，教育也是一样，作为学生知识和人格养成的“引领者”，我们必须要应用好科学的教育观，很好地坚持共产主义、社会主义教育思想，更科学地强化学生的历史使命和价值意识，让学生汲取正向的因素，逐步树立科学的世界观、人生观和价值观，从而形成正确认识自身对社会全面发展所肩负的历史责任，最终成长为社会主义建设的有用人才。

渊博的知识是教学的前提，知识的积累需要终身学习，只有不断学习才能产生新的思维，才能促进人类社会的发展和进步。教师作为知识、人格和思想传承的“纽带”，最核心的模范作用就是要“持续学习”。党员教师更是要以身作则，以“学习型教师”的形象给同行、给学生做出榜样和标杆，引导学生明白终身学习是人（或人类）持续发展的“必由之路”。教师自己做到了“持续学习”，课堂教学自然就不会是完全“照本宣科”，就会通过丰富的案例、精彩的演讲(示)、创新的教法和广博的视角，让学生感受到知识的魅力，激发出浓厚的学习兴趣，培养起建立终身学习的意志和信念。

3 探索和实践：党员教师必须立足岗位提高课堂效率

追求高效课堂教学、提升学生创新能力和培养学生远大理想是党员教师必须要坚持的教育目标。目前学校正在实施的“三三课堂”，如果教师善于在某环节强化好对学生的思想道德素质教育，就能够很好地实现这一目标。培养学生学习能力和引导学生树立远大理想，核心手段就是高效的课堂教学，而确保高效的课堂教学，党员教师更应勇于当好探索者与实践者。

探索素质教育新模式更需要教师具有“高效课堂”的意识，要能对教学资源实现高效利用，这里面包括教学环境利用（如城市和乡村)、教学时间分配，以及施教者、受教者角色作用，教具、教材解构和利用等，资源的整合利用有各种排列组合模式，其核心始终是高效利用资源实现教育教学目标。同时，高效利用教学资源本身就是对党和国家提出的“科学发展观”的有力诠释。有效利用教学资源提升课堂效率，教师必须要认真加强课堂教学实践和探索，在探索中思考如何从宏观上把握课堂全局，努力体现资源整合的优势，寻求满意的课堂效果，并根据实际不断反思和完善。

当然，就充分利用现有资源提高课堂效率本身而言，教师和学生自然是最核心的元素。在课堂教学中，教师要善于处理好与学生之间的关系，在给学生做好知识技能传导的同时，还要注意培养学生良好的人格和远大的理想，让两个主体发挥最大的潜力，形成最大的合力。

党员教师勇做教育教学的实践者和探索者，而不仅仅是教学资源、教材内容、教学目标的探索实践。当今教育技术信息化为提高课堂效率和效果提供了更便捷的手段，党员教师更是要带头实践运用这些现代教育技术，熟练地掌握和运用现代教育技术，成功地实现课堂教学目的，通过现代化的辅助教学手段和方式体现教学的直观性和趣味性，激发学生的学习兴趣。

4 引导和教育：党员教师要当好和谐社会建设的启蒙者

和谐社会构建是当今社会建设的主题之一，也是科学发展观的核心要求。在学校教育特别是中学教育阶段强化和谐社会建设的教育，是党员教师必须要担当的社会责任。在这种思想指导下，学校要营造平等、民主的校园环境，班级要建设和谐、有序的集体氛围，才能为学生的健康发展创造良好的环境。教师在这个过程中发挥着不可替代的作用，特别是党员教师，更是要主动承担起构建和谐的启蒙者职责。

和谐社会构建是一项浩大的工程，但这项工程是通过一个个划小的单元来实现的，班级就是教育领域的一个最基本单元。结合班级管理和课堂教学的实际，党员教师在“班级单元”落实“和谐社会”这一主题（我们暂且称之为“和谐班级”）的过程中，教师是关键的启蒙者。

首先，教师要强化“有教无类”的教育思想，换言之就是保护学生“公平”受教育的权利，没有公平就没有“和谐”。无论面对什么样的学生，都要让他们平等地享有受教育的权利，平等地享有教育资源。这方面大到物质资源、教师资源的配置，小到座位的安排、优秀的评选乃至教师的培优补差和作业的评改等，不一而足。所有的平等思想和理念，都应该体现到教育教学方方面面的每一个细节中。

其次，教师要有“包容的心态”。班级的和谐不是点上的少数学生的和谐和进步，而是整个班集体的共同和谐成长。中学生处在人格和技能养成的关键阶段，有的学生由于家庭、个体差异等原因，自然会染上这样那样的毛病，个别学生甚至会经历漫长的叛逆心理期，面对这样的学生（甚至是问题学生），党员教师更需要以成熟的心态和辩证的思维来包容他们的错误，才能为更好地实施教育行动引导打下良好的基础，学生才愿意接受教育，也才能实现全面、健康发展。

最后，教师要善于给学生以正向、积极的人生态度指引。教师尤其是党员教师，更是有责任让学生在和谐中成长，这是教育的使命，也是在党和国家的科学发展观指导下的教育使命。中学生视野较窄，不能立足大局看待和分析一些片面、阴暗的现象，遇到这种问题，党员教师更需要立足全局，全面剖析，给学生以正确引导。

5 结语

教书育人是所有教育工作者都必须要面对的基本要求，党员教师更是要时时处处都起到模范带头作用。党的“三个代表”教育、党的先进性教育和党的科学发展观教育，归根结底都是以人为本的全面、健康和可持续发展的教育，特别是中学党员教师，我们必须要真正起好作为党员必须要起到的模范带头作用，让我们自己，让学生、学校乃至中国教育实现科学发展和全面进步，因为我们在中学教育这个关键阶段承担着崇高的、关键的历史使命和责任。

再鼓征帆作远行

——致即将毕业的孩子们

【摘　要】本文是我给2013届毕业班学生的毕业赠言。作为中学老师，我们每三年就会经历“一个轮回”的“迎来送往”，而我们面对的每一届学生都是一个全新的集体，对每一个班、每一个孩子的教育，总体看来都会有得有失。而作为孩子，他们在从懵懂走向成熟的这三年里，又何尝不是这种感受？但是不管是孩子们还是老师，我们都始终常怀感恩奋进的心，始终不断在努力前行，在推动着整个社会的进步，这正是我对孩子们的期望。

【关键词】赠言；梦想；奋斗；远航

孩子们：我想告诉你们，在你们身上，同时承载着我的梦想和寄托。作为你们的老师，我的职责是传道、授业、解惑——为师之道，首重人格，自己要有高尚的品德，也要培养你们高尚的道德情操——自走上讲台起，我的梦想就一直和你们联结在一起——点燃你们心中的梦想，并带领你们为梦想的实现而努力，就是我实现自己梦想的过程。十多年来，我一直在享受这种过程。作为我接手的又一个新班级，再过两周，你们即将初中毕业，你们将考入自己中意的高中，开始人生的又一段航程，站在初中阶段的最后一个站台，我将继续为你们的远行站好最后一班岗、护好最后一次航，并祝你们梦想成真。

孩子们：十多年来，我曾带着一批又一批和你们一样的孩子，历经初中三年的“选育”，最终基本奠定他们未来的人生道路，和他们一样，你们的成长、成功、成才，一直都是我人生梦想实现的过程。每一个三年，我都在和不同的孩子们共同学习、共同奋斗、共同进步，共同在知识的海洋里奋力前行。这里面不乏后进孩子学习的艰辛，也不乏问题少年成长的烦恼，但最终的收获都是成功的喜悦。因此，对每一个和你们一样的孩子，我都充满信心，绝不放弃，我也希望你们和我一样，始终坚定信念，始终永不放弃。

孩子们：初中阶段是你们心理、人格、习惯和能力成长最快、最关键的阶段。回想十多年来的教育生涯，我的大多数学生都非常珍惜人生中这段最关键、最难忘的时光，所幸的是，我教过的孩子们始终没有放弃人生的理想、没有偏离人生的航向。即使当初最淘的孩子，最终都走上了正道，有不少孩子"薪火相传"，已经走上了讲台。无论在人生的哪个阶段，我都希望你们不要放弃希望和梦想，要不断充实自己，不断强化正能量，自始至终做一个诚实守信、人格高尚、并能不断学习和提升自我能力的人。作为老师，看到你们成长、成才，我会为你们感到骄傲与自豪！

孩子们：我知道，最终选定一所教学水平高、师资力量强、适合自身未来更好发展的学校或班级，应该是你们在这个阶段最大、最现实的梦想。再过两周，你们的初中学习生活就将告一段落，你们届时将通过中考，迎接目前高考制度下人生更大的挑战。三年的积累，你们在知识和能力方面已经逐渐充实和饱满，我为此深感欣慰，你们的学业能力从进入初中时候的参差不齐到逐步平衡提升，整个班级和你们每个个体都为自己"画"出了一条良好的上升"曲线"，进入初三后的多次模拟考试，你们也没有辜负老师和家长们的期望，都取得了较好的成绩，这为你们迎接中考的成功和实现人生的梦想奠定了良好的基础。

孩子们：中考并不亚于高考，仍然是一场综合能力的较量，希望你们以对自己、对人生负责的态度做好后期冲刺，以保证在中考中发挥出最好的水平。在这人生至关重要的征途上，在最后的中考准备和冲刺中，希望你们珍视人生的理想，坚定必胜的信念，鼓足前行的勇气，不断充实完善并战胜自己，在做好充足准备的前提下，以平常的心态面对考场，深思熟虑、沉着冷静，恪尽所能、力避失误，才能考出最理想的成绩，走近自己的梦想。

孩子们：两周之后，你们就将走出树德实验的校门，带着自己的梦想、师长的祝福、母校的期盼和对美好未来的向往，走向更广的天地，启动更远的航程，迎接人生更大的挑战，追逐人生更高的梦想。中国梦是每一个中国人共同的梦想，中华民族的伟大复兴是一代代华夏子孙共同的目标，伟大的中国梦等待我们、你们共同去完成。请你们谨记"树德、树人、广能、广才"的树德实验校训，为人生、为梦想、为使命，再鼓征帆，再作远行。

孩子们，无论走多远，请记住你是树德人，祝你们好运！

我和“小辫子”的故事①

【摘　要】因为不符合《中学生日常行为规范》和学校管理要求，我必须让这个小男孩剪掉伴随他“度过了成长岁月”的“小辫子”。但我没有“强硬”要求，也没给家长“施压”，而是“要抓他的‘小辫子’”，一步步地启发他，让孩子进行“自我认识”，孩子终于“愉快”地和自己的“小辫子”告别了。

【关键词】行为规范；心理教育；启发式教育

开学了，我新任初一五班班主任，进校第一天，我按常规在操场将新生迎接进教室，那么多的新面孔中，一个男孩一下就吸引了我的眼球：一身时尚的装扮，主要是还留有一根长长的辫子，歪在脑袋的一边，着实非常显眼。午间，班主任都在交流着班级学生中的“奇葩”，还没等我开口，就已经有老师调侃我班有个留辫子的男生了。可见其影响并不一般。

我既是学校新生年级的家长，也是这个年级的老师，非常清楚学校在新生领取入学通知书的时候就专门发了“入学须知”，其中就有一条明确规定了学生的发式要求，而且还附有照片作为参照。学校有明确要求，班上其他孩子也都按要求进行了规范，按理说，“小辫子”应该知道学校的规矩啊，可他为什么就不按学校要求留发呢？

第一天的入学教育结束了，我忍着没有“过问”他。第二天一早，“小辫子”依然没表现出丝毫想要“削发明志”的意思。从两天的观察来看，我猜测这孩子的习惯可能不是一般的差，但我还是没有“惊动”他，反而不断地拿他的辫子开玩笑，经常给他说一些“如果不守规矩的话，就抓住你的小辫子不放”之

① 本文曾获成都市“一线教师讲述自己教改的故事”案例评选一等奖。

类的话。在这样的“笑谈”中，他可能都认为我不会提让他剪辫子的事了。“小辫子”其实不知道，在这期间，学校一直在提醒班主任必须在新生入学之后迅速强化规矩和规范。开学之初不立新规，后面的工作就难以开展了，我又何尝不急呢？可是看着这么“特别”的孩子，在没弄清原委的情况下我真的不想贸然对他提出剪辫子的要求，而且，如果只是为了让他剪掉辫子直接提出要求，估计他也不敢不剪，但孩子内心不知道会怎么想。我“按兵不动”是想先弄清楚他留这么怪异的头型的原因，再找个合适的机会来处理这个事情。

根据当天军训的安排，下午的时间交给了班主任。我准备利用一点时间来讲一些学校管理的常规要求。有些要求是我根据班级情况单独提出的，而有些则是学校本身就有的，对于校级的常规要求，学校专门印制了《成长指南》，对中学生仪容仪态有详细的要求，别说辫子了，男孩子连长发都不能留。于是，我要求每个同学先自己认真阅读《成长指南》，对照检查自己还有没有和学校要求不符合的地方，然后自行改正，如果发现不了的，我们全体同学一起来帮助其改正。可是，我们还没来得及收集反馈学习情况的时候，已经到放学时间，我只得再次提醒孩子们当天晚上回家后对照检查，希望第二天每个同学都能按要求做好，孩子们都很高兴地答应了。

第二天早晨，军训已经开始了，“小辫子”还没到学校。就在我准备联系家长的时候，他来了，依然是留着他的长辫子来了！我真没想到他居然没去剪掉辫子，而且还很淡定地准备跑进军训队列中去。我叫住了他，问他迟到的原因，他的回答非常淡定：早晨闹钟没响，他妈妈起来带弟弟到公园玩去了，没人叫他。我心想：这是什么样的一个家庭呢，孩子才进中学家长怎么就不管孩子，难道他们不担心孩子挨批评？我忍住没有批评他，只提醒他以后如何做才能不会出现这种情况。他答应了我，仿佛有些不敢相信我竟然没批评他。

正当他放松警惕想“再次入队”的时候，我问他昨天回去学习《成长指南》没有，他说学了，我问：“那自己有没有和学校要求不符合的地方？”他说有，随即直接给我说：“其实，我的妈妈早就告诉我，我的头发是不符合要求的，让我剪，可我就是不想剪。”我说：“不想剪，是因为这辫子陪伴你度过了很多岁月了吧？”他点点头。“那一定有很深的感情了是吧？”瞬间，只见他眼里竟然噙满了泪水。我拉着他的手说：“其实，何老师也好喜欢你这样的装扮……”我本还想说点什么的，他却抢先一步说：“我知道，何老师，学校是不准男生留长发的，我今天放学后就去把辫子剪了！”

……

那天的军训过程中，我特意拍下了他的好多长辫子照片。我告诉他：“我专门给你拍的这些相片，将作为你童年时代带有些许遗憾的永久性纪念。”他笑着，说了声“谢谢”。

第二天，这孩子果然剪了一个小平头。我表扬他言而有信，又给他拍了一些新发型的照片。我告诉他剪这个头型有几个纪念意义：一是作为男子汉说话算话的凭证；二是作为初中阶段的一个新开始的纪念；三是作为我们俩永久性的一个回忆。他愉快地笑着说：“谢谢!”

慢慢地，从随后一段时间的观察和接受学校管理的情况来看，“小辫子”在学习生活中虽然有很多不尽如人意的地方，但无论他哪里不对，只要我跟他交流，他都会非常乐意地接受我的教育和引导。

后记

写这个案例的时候，“小辫子”已经顺利升入了一所重点高中。

回想起来，我庆幸自己没在他一进学校就提出“削发明志”的严厉要求，而是让他慢慢理解、适应并想办法自己改变自己，努力做到与学校规范管理的要求相一致。虽然没有第一时间严厉制止这孩子的不当行为，但“迂回”的方式最终达到了“无痕教育”的效果，我相信孩子没有因为“失掉”了自己的那可爱的“小辫子”而留下心理阴影。

“敲山震虎”巧管理

【摘　要】对那些行为失范又“特立独行”的孩子，苦口婆心的“责备”可以收到一定的效果但效果并不明显，有时候需要用一些特殊的“手段”，对小L的教育就是一个例子——我通过请她向其他班的同学“转达”学校对学生日常行为规范要求的方式，间接让她认识到并改正了自身存在的问题。

【关键词】《中学生日常行为规范》；事件教育；移情

那天早上，我和以往一样按时来到学校，刚进校门，学校德育处主任叫住了我前面的那个同学，因为感觉语气有些不同平常，所以吸引了我。

我仔细看那位“倒霉的”同学，这不是和我班小L很好的那位某班的同学吗。只见她校服上全是各色各样的涂鸦，头发整个一刺猬造型——被伟大的德育处主任给逮住了。

我无语苦笑，现在的孩子怎么这样啊？

正当这时，德育处主任对我说：“何老师，我有点忙，请你帮我告诉×班主任，请她通知××的家长马上给他的孩子送一套校服到学校来，并告诉她他们班××同学正在我这里接受教育！”我应了一声，便很快来到教室准备早自习。

刚在办公室把行李放好，正打算去完成德育处主任交代的任务时，突然看见我班和刚才德育处主任叫去的同学非常要好的小L——她不是一直都因为行为规范问题让我操心吗？虽然现在她有所变化，但那不是在我炮轰似的教育之下才有点收敛吗？要不然她不也和这位同学差不多呢。而且只要我稍不注意，她还不是一样“按下葫芦起了瓢”，管住这里就管不住那里吗？我灵机一动，何不借他人之事教育她自己呢？

于是，我立即把她叫过来，对她说：“请你去×班给他们的班主任说‘他们班××同学因为在校服上乱涂乱画和发型不合学校规范要求的原因，现在正在德育处接受主任的教育，并请班主任通知她的家长马上带一套干净的校服到学校来，然后和主任一起讨论关于这位同学的教育问题’。快去吧！”

说完我就进了教室。小L很快就回来了，当时马上上课了，我就没再过问她。

下第一节课后，我主动前去问小L找到那位班主任没有，并问她是怎样说的。她给我重述了一遍。于是我顺便简单地问了问她和那个同学的关系。她似乎感觉到了什么，较为坦然地对我说：“何老师，你放心吧，从这学期开始，我一定高度注意形象规范！”

看来我“敲山震虎”的目的达到了。“我相信你，但要言出既行哟！”小L肯定地答应了一声，便欢快地返回了教室。

接下来的那段时间我都一直在有意地观察她，感觉她整天好像确实比以前认真多了。我暗自高兴自己这样处理问题的效果。

我发现，只要注意把握最好的机会，“敲山震虎”的处理办法远比苦口婆心的教育说服管用十倍。

把赞美送给学生

【摘　要】任何人都希望能听到他人对自己的肯定或赞美，所以，我在班级管理中也奉行着一个原则：多给孩子们一点赞美的声音。实践证明，抓住契机适时对孩子的小小的成功、点滴的进步给予赞美，可以强化其获得成功的情绪体验，促进其良好心理品质的形成和发展，有助于建立和谐的师生关系，有利于营造良好的班集体氛围。

【关键词】赞美；鼓励；放大效应

哲学家詹姆士精辟地指出："人类本质中最殷切的要求是渴望被肯定。"对中学生而言更是如此。教师的赞美如阳光、空气和水，是学生成长不可缺少的养料；教师的赞美似一座桥，能沟通教师与学生的心灵之河；教师的赞美是一种无形的催化剂，能增强学生的自尊、自信、自强；教师的赞美也是实现以人为本的有效途径之一。教师的赞美越多，学生的精神面貌就越阳光、学习劲头就越足，自然就越活泼可爱。

任何人都希望能听到他人对自己的肯定或赞美，上级赞美你，你工作会更有劲头；同事赞美你，你会更有自信；老师赞美你，你会更加努力。一个人如此，一个集体也是如此。所以，我在班级管理中也奉行着一个原则：多给孩子们一点赞美的声音。

刚开学，由于我是新到学校的老师，看到班上的孩子，觉得他们和我过去的学生相比，的确听话很多，所以，对学生的日常管理就还停留于在原来学校的要求上，两个星期过去了，自己的班级在学校没得到任何的肯定。我隐约感到孩子们有些失落的情绪，而我又何尝不是一样的呢。

可是，要怎么才能让孩子们对这个集体更有信心，让家长们相信这个新来的外地教师呢？我寻思着，一定要在最近让班级得到学校或他人的肯定，否则的话，孩子们可能会对这个集体失去信心。

回想起来，我也曾经整天说这些孩子这不对，那不对，结果问题还是没有得到解决，还不如换一种方式尝试一下，于是想到了“农民种庄稼”的效应，庄稼没种好，农民都会分析自身哪些方面没有做到位，我也应该从自己身上找找原因——学校没有表扬，我可以表扬啊。

但是同学们的表现总是不尽如人意，而且总有几个学生，他们既不勤奋上进，又不惹是生非；对班级一切活动既不反对抗议，又不踊跃参加，虽然学业平平，却也算不上落后。一般情况下，这样的学生既得不到老师的表扬，也不会被老师批评，是一些容易被老师忽视“遗忘”的学生。

YXX 同学就是这样一个似乎没有什么特色的学生——我决定从她的身上寻找“赞美”的突破点——很长时间以来，我几乎都没注意到她的存在。但是当我的心理改变后，一件微不足道的小事就可能改变我对她的看法，好像也改变了她自己。

那是一个中午，我站在班级门口，看着走廊里来回走动的学生，无意中发现走廊上散落着一些饭菜，许多同学说着笑着绕着而过，好像没有注意到地上的饭菜。这时，YXX 同学走了过来，告诉大家不要踩了，然后急忙跑回教室拿来清扫工具，将饭菜扫净，又用拖布拖了一遍。我被这一幕感动了，回教室后，立刻当着全班同学表扬了 YXX 同学，并尽力赞美了她关心集体，为他人着想的好行为。

此后，我又从几件小事里发现 YXX 性格中闪光的地方，并及时给予表扬，使真善美的精神得以激发和升华。渐渐地，我发现她变了，上课特别认真，作业完成得尤其好，学习成绩也有了很大的提高，还被同学们选为班级清洁委员。

这件事给我的启示颇深，在班主任工作中，更要注重以人为本，面向全体学生，细心观察和着意捕捉他们身上的每一个闪光点，及时把赞美送给每一个学生，使之发扬光大，使每个学生都感到“我能行”“我会成功”，班级的凝聚力慢慢就汇聚起来了。

实践使我懂得，教师一句激励的话语，一个赞美的眼神，一个鼓励的手势……往往能带来意想不到的收获。教师对学生小小的成功、点滴的优点给予赞美，可以强化其获得成功的情绪体验，满足其成就感，进而激发其学习动力，培养其自信心，促进学生良好心理品质的形成和发展，有助于建立和谐的师生关系，营造一种奋发向上的班集体氛围。

请多给学生一点赞美吧，因为他明天的成功就蕴藏在你的赞美之中！

无人监考：一次成功的诚信测试

【摘　要】无人监考一般出现在大学，对初中生而言，无人监考是一种“冒险尝试”。机缘巧合，我利用一次单元检测的考试，对初一年级的孩子们做了一次成功的“诚信实验”。

【关键词】信任；诚信；无人监考；自我管理

作为老师，我认为要敢于大胆地相信自己的学生，因为信任才是一切的基础。

在《第56号教室的奇迹》中，雷夫·艾斯奎斯说：我们必须承认，很多孩子之所以遵守规矩，是因为他们害怕，怕挨骂，怕在同学面前出丑，怕让父母、老师失望。而老师也怕，怕不受爱戴，怕说话没人听，怕场面失控，所以只能将“害怕”作为手段，让孩子们“听话”①，我也曾害怕。

而雷夫老师告诉我们：信任恰恰是战胜害怕的最好手段，能让师生之间的关系更和谐，让教师教得更轻松，让学生学得更容易。② 信任是教师与学生之间的互动，它包括两个方面：一是老师给予学生充分的信任和理解；二是学生信任老师，真心愿意实践老师的各种引导。当学生真正信任老师，才会自发地去相信、听从教师的引导，摆正自己的学习态度和价值观，而这种信任则首先需要教师身体力行的实践。

机缘巧合，我利用一次考试做了下面这次“诚信实验”。

开学一个月后，年级要进行学生入学后的第一次单元测试，但考试时间由各

① 雷夫·艾斯奎斯．第56号教室的奇迹［M］．北京：中国城市出版社，2009.

② 同上.

任课老师自己根据自己的教学时间来安排，备课组长刚说完这个事，老师们就提出很多疑问，有说考试时间不一致，就会出现学生传抄答案的；有说这样考试出的题也等于白出的；有说用课堂时间考试的话，自己的教学进度跟不上来的……最后大家一致决定利用周二下午全校教职工大会时间统一考试，这样既统一了考试时间，同时又避免了可能传抄的现象。但新的问题又出现了，有人提出这个时间老师都在开会，那谁来监考呢？

不管他们如何安排，我只是默默地想，我要大胆尝试无人监考，我计划利用这次机会做一次诚信测试。我相信只要给学生讲清楚了我的想法，他们会诚信对待自己的。

走进教室，我对孩子们说："同学们，为了让你们了解自己对本单元知识的掌握情况，让我及时了解自己的教学情况，我们要进行一次单元测试。只是这次考试我希望换一种方式，我们来一次无人监考咋样？"顿时，教室里像炸开了锅，各种声音交织在一起，我仔细观察了一会，从他们的表情可以看出：有高兴的、有怀疑的，也有不屑的。待他们小议了一会，我才给他们讲了我的想法，孩子们个个听得默默点头，我感觉到时机差不多了，于是用力地在黑板上写下两个大大的字——"诚信"，一句话也不说，只管发测试卷，待试卷发完后，我郑重其事地说："孩子们，你们对自己有信心吗？""有。"孩子们异口同声地回答。然后我在孩子们信任的目光中走出了教室。

走出教室的一瞬间，我忽然感到自己心情的异样——喜忧参半，喜的是"考试"是千古以来一直被人称为"神圣化"的制度，而我却在初一学生身上破天荒地尝试了一次"变革"；忧的是，这样检测的结果能真正反映学生的真实水平吗？

短短60分钟的考试，我人在会议室，可心却牵挂着教室里的孩子。他们能理解黑板上的两个字吗？我一次又一次鬼使神差般地向教室走去，快到教室门口又退了回来。难熬的60分钟过去了，我走进教室，迎接我的是孩子们诚实的眼睛。他们用无声的语言告诉我，这次无人监考尝试的意义已超出了考试本身。这是一次人性的考验，也是一次成功的尝试。

无人监考结束之后，为了避免学生猜疑，我没有单独找任何学生了解情况，而是在班上和同学们公开讨论对这次考试的看法。有学生说："无人监考使我考试时很轻松，发挥得比平常好。"有学生说："我没有想到作弊，我认为我是为了自己检测自己在考试。"有学生说："无人监考是老师对我们的信任，即使考试成绩不理想，我们也应该强化自己的诚信修养，并且我非常希望这种形式的考试继续下去。"

孩子们的发言给了我深刻的启示。当今社会，小到个人大到国家都在讲“诚信”，诚信是为人之本，以诚信育人，是每个教育工作者的神圣职责。以诚信为本，是每个青少年健康成长的道德基础。考试并非为了为难学生，而只是一种评价的方式，是一个了解学生学习情况的窗口，我们不应该人为地把它“神圣化”。无人监考不是搞“花架子”，而是为了从小培养学生的诚信。

通过这次“诚信”测试，我打算以此为起点，不断探索，尝试改进考试的形式和方法，通过诚信、尊重、信任等正能量的传播，让教育教学活动真正朝着更加有利于学生成长的方向演进。

耐心陪你一起跨过那道坎儿①

【摘　要】每个孩子在成长的过程中，或长或短都会经历一段“莫名恐惧”的时期，有的孩子很快就会过去，而有的孩子则会产生比较明显甚至异常的“应激反应”。×××同学就是我带过班级里面“应激反应”最为强烈的一个孩子。而引导孩子战胜内心恐惧、成功走出关键的“应激反应”期的这个过程，同时也是我从教以来最有价值的一次挑战自己能力、历练自己心性、伴随孩子一起成长的过程。

【关键词】应激反应；家校配合；爱心教育；共同成长

上午第二节课后，收发室的师傅又给我送来了×××同学外婆写来的信。

这已经是这两周来我收到的第四封既没有邮戳，也没有邮票，甚至连寄信地址和姓名都没有的“非匿名”信了。我依然迫不及待地撕开信封，拿出信读起来，版面依然和过去一样，看似很随性地东一句西一句、想到哪写到哪，甚至一会儿又在结尾处加一句，一会儿又在边上写句简单的感激的话，内容和过去的几封信没有太大的差别，几乎都是写些孩子最近回家向他们叙说在学校发生的一些事，以及对我感激的话。看完信，我依然不知如何来告知这位年过七旬的老人我是非常理解她的激动之情的。虽然她一再在信中告诉我不要给她回信，也不要让孩子的父母知道她给我写了信，因为她相信我能收到她的信，而且也能理解她对我的感激之情，她希望在孩子毕业以后才和我见面，但我还是很想当面对她表达我内心的一些感受，可是，我怎样对她表达呢？

回想起孩子到班上来以及后来我们共同经历的过程，我真的要感谢孩子以及

① 该案例原载于《教育艺术》（案例集）第9期。

孩子的外婆和父母对我的信任以及我自己的耐心。

9月1日

在新学期第一节课上到一半的时候，突然有一位家长在教室外面找我，我走出教室，来者交给我一张纸条，原来是领导写来的接收某同学的“通知”。说实话，我内心真有些不愿，班上64人，已经是学校人数最多的一个班了，不管是什么样的情况都不可能再接收插班生了，更何况我们的教室每列8个座位已经抵到最后的墙壁和门了，唯一可安的位置就只有讲桌旁边，那不是“特殊位置”吗？可是，已经既成的事实是没有可能改变的，家长和孩子就在外面等着呢，肯定只有先安排孩子的位置。我给同学们介绍有一位新同学要到来，同学们听了都觉得挺兴奋的，尤其是那些男生们，听说来的是女生，那掌声真的好热烈。随之，大家都表示了对新同学的欢迎，我也顺理成章地让新同学做了自我介绍，就这样，×××同学顺理成章地坐到了“特殊位置”上，成了我们班上的第65号。

下午第一节刚下课，这孩子就来向我请假。她告诉我说肚子痛想回家看病，虽然看样子不算严重，但特殊时期，肯定是以最快的速度通知家长接回家看病要紧。就这样，我还没来得及对她做过多的了解，她就请病假回家了……

9月2日

上午第一节课快上课时，孩子突然来到我办公室，结结巴巴地说了半天，后来我才听明白，原来她找不到教室了。我想孩子一定是新到了一个陌生的环境中，面对陌生的人，心里有些紧张吧。我不停地安慰她不要紧张，然后告诉她出门如何走，可是出去后不到五分钟，孩子又折回来了，告诉我说她还是没找到教室，我只好带着她到教室。回到了办公室后，同事们都笑了起来，我知道大家在笑什么，我也有些奇怪，心想，不至于吧，连教室都找不到，还可以上初三吗？

没想到下午第一节课后孩子又来找我了，告诉我她肚子还是痛，要回家看医生，应该是昨天的问题还没好吧，照样，我告知了家长，让他们接走了孩子。目前我还没有找到可以了解×××同学情况的直接方法，只好“走一步看一步”了……

9月3日

同样的事情又发生了，几乎还是在那个时候，×××同学的肚子又痛起来了，这回，我没让她直接在门卫处等家长来接她，而是在通知家长后，我主动和×××同学交谈起来，从孩子那里，我只了解到了疼痛的原因是前几天吃坏了肚子。不一会儿，她的父母都来了，和孩子的家长简单交流了两句，家长只告诉了我，之前也发生过，医生检查后都说没什么问题，于是说服孩子坚持把当天的课上完，孩子也没有太大的意见，答应上完课再回家。于是孩子就上课去了，我从家长那里了解到了孩子来这个班之前的一些情况，知道她是上一届的同学，休学了一年，原因很简单，学习压力过大，目标很高，很难达到就有些失落，导致心里更紧张，此外就是过于追求完美。其他的情况家长也没做过多的介绍，我也就没有深问。就这样，家长走了，孩子暂时留了下来。

可是，就在第三节课上课前，我按惯例来教室检查，发现×××同学的位置上没人，书包是在座位上的，问班上的同学，都不知她的去向，任课老师已经开始上课了，可是×××同学仍没回来，我在教室外等了一会儿，不见人影，想到孩子可能去了厕所，去找了结果没人，再找周围，还是没人。此时已经上课近 20 分钟了，这孩子去哪儿了呢？一节课结束了，不见人，再让同学去找还是没找到。我一直站在教室外等，就在第四节快上课的时候，她气喘吁吁地赶来了。

我拉着孩子的手，把她带到办公室，一问，才知道她去找校长去了，原因是校长告诉过她有啥想法就去找她。我问她今天有啥想法，在我的细致询问之下，我才知道情况的严重性，她告诉我，这一年多来，她一直休学在家，因为自己害怕去学校，害怕见老师和同学，这次本来是已经鼓足了勇气回到课堂，但回来后感觉还是没有办法改变对所有事情的恐惧感，每天都同样感到非常紧张，非常害怕，不管是哪一个人，哪怕只是声音稍大一点她都认为是在指向她。这时候，我只有不停地鼓励她，给她信心，努力让她相信这个集体的每一个人都非常喜欢她，然后再简单地教她一些避免紧张的方法，让她试一试，可我每说出一种方法，她都摇头，小声地说用过的，没有任何作用，我那时真是觉得没什么办法可以再用了。只好让她先去上课，我再想想办法。

送她进了教室，我当即把她的家长再次请到了学校。还好，家长比较配合，刚回去这么一会儿，接到我的电话两人很快又返身赶回了学校。我把事情的经过告诉他们以后，开门见山地对他们说，如果真希望孩子有什么改变的话，必须把详细的情况都告诉我，否则我真不知从何处开始着手帮助孩子。也许是我的真诚打动了他们，很久我才感觉他们似乎没有什么顾虑了，这时，孩子的妈妈才边哭边讲孩子的情况，从家长的讲述中，我感觉到情况远比孩子说得严重，同时也感觉到了孩子父母的伤心和无奈，不过有一点好，就是这孩子非常听话，于是我一个劲地安慰着她的父母，并表示会尽自己最大的努力，然后要求他们按照我的方法去试着做一做：

第一，每天在接孩子回家的时候首先要微笑着给孩子一个拥抱，然后问孩子当天在新的集体中看到的或感受到的愉快的事，尽量让孩子把它讲述出来（不管有没有，一定要给这方面的导向，然后家长最好记载下来）。

第二，孩子回家以后，不要立刻要求孩子写作业，而是在无意识中把孩子带到镜子面前对着镜子照，在这个时候父母一定要非常真诚地对着孩子说她的优点(最好是长相)，尽量做到把孩子说笑，然后抓住时机说她笑的样子很可爱，最后演变为希望她能经常笑，孩子放松以后，要求孩子对着镜子大声地说："×××同学，你是最棒的!"而且一定要强调"同学"以提醒孩子记得自己的"学生"身份定位，每天都可以重复"表演"几次。

第三，每天早上把孩子送到校门口，都给孩子一个深情的拥抱，必要时可以给她讲讲昨天在学校发生的愉快的事，然后要求孩子看着崭新的学校深呼吸一两次，挺直身子，昂首挺胸地走进学校。

孩子的父母听了我的建议以后，表示可以先尝试一下，然后我负责任地告诉他们，我在学校也一定会想些办法帮助孩子克服恐惧的心理。最后，我把孩子从教室领了出来，并给孩子讲了些鼓励性的话语，也希望她能积极按照我说的方法去试一下。还好，孩子虽有犹豫但答应了。

9月4日

我早早地站在教室外等待着×××同学的到来，我用自己特有的方式迎接了她，然后让她跟我一起到办公室，我握住她的手，正准备和她聊一聊有关我给她提的要求的事，又一次发现她的手还是捏得紧紧的，我让她慢慢地试着舒展开来，不用那么紧张，在我多次鼓励和帮助之下，她慢慢张开手，这时，我才发现她的手心全是汗，和她聊的整个过程，我始终握住那双全是冷汗的手，真怕她再捏紧就没办法舒展开来一样。

和孩子聊完以后，明显地感觉这样的办法没什么用，但我想这才一次，多几次效果会不会更好一些呢？我还是打电话给她的母亲交流了今天的情况，也希望她们能坚持一段时间，同时又从她以前的老师那里去了解了一些信息。我想，只有更全面地了解她的情况才可能更好地帮助她。

在此基础上，我特意让班上的两个同学有意地接近她，主动和她聊天，领她出去玩。当然，同学们并不知道内情，他们只是认为我的做法是因为×××同学才插班进来，对环境不熟悉才这样安排的，所以也非常乐意。

……

9月N日

好长的一段时间内，孩子还是每天必不可少地给我说她很紧张、害怕。而每一次，我都要给她说一个她到我班上来以后我看到的她身上的优点或者最近表现好的地方，同时鼓励她继续努力，尤其是自从我给她讲我要在课堂上请她回答问题并征得她的同意后，我发现，原来她有一副天生的好嗓子，还能讲一口标准流利的普通话，这正是我班上同学最缺失的地方，于是，几乎每一节课我都要请她来回答一个问题或读一段文字，而且几乎每次她都能赢得同学们热烈的掌声。

10月N日

那天，班上的语文科代表竟然跑来告诉我她不想领读了，而且开门见山地告诉我大家都一致推荐×××同学来领读，我都还没来得及问原因她就已经直接告诉我说×××同学的音质好、普通话又标准，胆子又大。我既高兴又感动，没想到这孩子在同学心中已经占据了这样重要的地位。我当即表扬了科代表所做出的贡献和取得的成绩，同时又表扬她的包容和大度，但我没“批准”她，而是要她先去征求一下×××同学的意见，结果她竟然直接告诉我×××同学已经同意了。太突然了，这么让我担心的孩子，竟然顺理成章地就成了我班的语文科代表——领读科代表。

……好几次，原来了解孩子情况的领导来视察教学工作的时候，突然看到了孩子的变化和表现，都对她大加赞赏，这种认同和鼓励让她变得更加有信心了。

N月N日

不知道从哪一天起，我和孩子的谈话已经不再是“还紧不紧张”“还怕不怕”等内容，而是今天的表现有多棒、进步有多明显等。她的脸上似乎也有了更多的笑容，只要看到孩子的笑，我一定会及时地告诉她：“你看你笑起来多漂亮。”并要求她再笑一笑，她似乎也没有什么不好意思，往往也就自然地会心一笑。

就这样，孩子再也没有闹“肚子痛”了；再也没有不交作业了（刚来的近20天，孩子从不交作业，理由很简单——自己还没准备好）。就这样，孩子再也没有让我带着同学到处去找过了；就这样……我的耐心越来越好了。

也许是我的激励教育，也许是同学的集体力量，也许是彼此的相互信任……总而言之，不到半学期，孩子一天天就安全度过了她的“应激反应期”，一步步就走向了学习、生活正常的轨道。

孩子的变化让她年过七旬的外婆看在眼里，于是才有多次背着孩子的父母给我写信，并亲自步行送到学校放在收发室的情况。从第一封信起，外婆就坚持不和我见面，只是选在上课的时间里，请门卫室把信转交给我。老人家知道我作为班主任，上班期间肯定在学校，一定会在当天看到她的信。在信中，外婆大多写的是每一次和孩子的谈话后的感受和她内心的感激之情。

从老人的来信中，我了解到她不和我见面的原因，是因为老人家已年逾七旬，儿女不放心，不希望她来参与孩子的事。老人家希望我保守她给我写信的秘密，嘱咐我不要给她回信，她说因为她相信我一定能收到她的信，而且完全能理解她的心情，她希望在孩子毕业后才见我，所以，信没有地址，没有写信人的名字，只有落款是“×××的外婆”。从信中完全可以感受得到老人家在写信时的激动心情。

至于我，我想也只有遵守老人家暂时“向她的女儿保密”的要求。虽然我多次让门卫室的值班老师转告了我的想法，希望老人家不要大老远地反复跑来，而且相信我会一直坚持下去。但不知为什么，老人家的信还是没有停止……

后记

对于孩子，我相信，我们每个教育工作者只要遇到了都会全心地投入、全面地疏导、耐心地教育，全方位地想办法减缓孩子的“应激反应”问题，但是不是我们的付出和采取的办法都能起到作用呢？也许是我这次的办法正好对孩子管用，也许是同学们的力量让孩子不经意地融入了集体，也许是孩子经过一年的自我调节起到了效果，也许是孩子外婆无微不至的爱唤醒了孩子战胜自我的力量……

这一切都不重要，重要的是孩子的确是变了，让我们可以不再那么担心了。同时，我又在思考，我本来应该是一个性子很急的人，对其他的学生会有这样的耐心吗？肯定是没有的，那么，当我遇到另一个不同的学生的时候，我又会怎样来处理呢？

10年后的今天，孩子早已完成高中、大学的学业，找到心仪的工作，早已成长为社会的有用人才。而10年前的这件往事，却一直都珍藏在我心里，时刻提醒着“我是一名老师”！

纸短信长意更长①

【摘　要】这是十多封我珍藏了十年的学生家长（实际是孩子的外婆）的来信。这些信，断断续续写了一年多，于老人家而言是就孩子教育与我的交流，于我则是一种难得的信任、肯定以及由此带来的感动，十多年来一直激励着我对教育、对学生不敢有须臾的松懈和怠惰。因为某些约定，我只能摘录其中的部分内容。这些信侧面记录了一个孩子在强烈的“应激反应”中战胜自我顺利度过逆反期的过程，反映了年近八旬的外婆对孙女的悉心关爱与无私付出；更激励警示我时刻牢记自己肩负的教书育人的初心和使命。

【关键词】书信；心理教育；情感教育；共同成长

何老师：

我今天上午又给你写信了，还是放在学校的收发室，事后我又后悔给你添麻烦了，不过给你说的都是我很早就想说的话。

……

……我今年 76 岁了……你不知道，我已经很多年没有摸笔了……

……

×××现在上课很用心，你看她的各科课本上，记录老师讲课的内容密密麻麻的，一回家就赶紧写作业，很认真，很乖。

从小我就带她，对她很有感情，看到她的这些变化，我很激动，所以情不自

① 本文辑录自学生家长（外婆）来信，因为特殊原因，大部分信息未摘录。

禁地又给你来信，表达我的心情。

……

2月22日

何老师：

……

你是我最爱的老师，你是我的恩人，你是合格的心灵导师，这半年多来，你对×××的关爱教育掌握得恰如其分，我很感激你，会一直记住你。

回想上学期×××一开始是不愿意上学的，是在你的教育关怀下，是因为喜欢你，她才逐步走向正轨的，终于读完了一学期了，每天都早早地就来上学，从不迟到，一学期都是全勤。

现在是初三下学期了，是冲刺阶段，再过三个月即将中考了，为了她能闯过这一关，还希望你继续鼓励她，哪怕就是你的一个眼神、一个微笑，对她来说都是鼓励和安慰……

×××比较内向，她不是很爱和同学们交流，她还需要同学们的继续关爱。你经常在班上表扬她，同学们也喜欢她，都愿意和她亲近，这增加了她的信心。只有老师的关爱、同学的友谊结合在一起，她才会更好地完成毕业冲刺，才能顺利地完成中考。

……

你不用给我回信，也不用打电话，我每次写的信，都是在你上班期间放在学校收发室的，我知道你是收得到的。

3月2日

何老师：

现在是深夜了，我年纪大了，睡不着，所以又来打扰你……

……正如你对×××的引导和教育一样，孩子的身心健康是第一位的。

……

孩子一直都很喜欢朗读，上周的课堂上你又让她朗读了，她回来非常高兴、非常开心。

我知道老师一直在关爱着她，恩重如山！……

……

3月9日0点40分

何老师：

×××中考完了，成绩良好。我两年来最期盼的一件大事实现了。……

这一年来辛苦你了，无时无刻地关怀着她，不断地表扬她、鼓励她、开导她，让她领读，还培养她入了团。在你的引导下，全班同学都喜欢她，给了她自信，给了她动力，给了她欢乐，让她顺利坚持到了初三毕业，虽然学校离家很远，但她不再像原来那样不愿意去学校，这一年她一直都没有迟到、没有旷课，只是重感冒休息了两天。就是因为她很喜欢你。

现在你们即将分别，×××确实感到依依不舍。

……

她非常听你的话，望你提醒她几件事：

一、要和同学多交往……

二、要爱婆婆，暑假多帮婆婆做点家务，多陪下婆婆……

三、学会骑自行车，大胆地上街……

四、安排好暑假时间，多阅读……

6 月 16 日

何老师：

……

×××这一年在你班上，你默默地用心关怀她、照顾她，她终于顺利毕业了……她虽然毕业了，却一直舍不得你，我也是有很多感激的话要给你说。每次看到你和×××照的照片时，我多想抱抱你、感谢你。

……

8 月 27 日

何老师：

又一年开学了，你一定很忙。孩子能上完初三年级，能顺利参加中考，能考上重点高中，全靠你的教育。你是一位优秀的老师，而且懂得孩子的心理，我在心里永远记住你，×××也会永远爱着你。

……

现在每当我路过学校时，总想在校门口多看一看，心中有一种感激之情。昨天我去家乐福，路过了东马棚街，又专门去看了看学校……

祝工作顺利。　　8 月 29 日

尊敬的校长：[1]

我是你校××××级毕业生×××的家长（外婆），虽然学生毕业半年了，我还时时想念着她的班主任何老师。

孙女是休学一年后进入初三的，插班到何老师班上，在何老师的教育关心和爱抚下，她转变成了爱学习、有自信的人，不但整个一年的学习中没有请过任何假（全勤），还很顺利地通过了今年的中考，而且成绩优良，考进了树德中学，现在已经在读高一了。

……

我为你校有这样优秀的老师感到高兴。

现在每当我路过你校时，总想在校门口看一看，心中总有一种感激之情。

我很早就想向校长表白：我爱何老师，我爱树德实验学校。

很早就想写这封信，但我在晒衣服时踩滑了梯子，右手骨折，写字不方便，所以迟迟没有表达我的感激之情。

我今年 77 岁了，如果再不表达我会遗憾的。

谢谢校长，祝工作顺利。

元月 13 日

何老师：

……

×××读高一了，学习压力有些大，开始有一点不适应，但很快就适应了。她说她很留恋初三，很想你。

今天我写了一封信给你们的校长，我写得一般，因为我担心我把整个过程和我的感受全部写出来的话，可能会加重你的负担，因为学校可能就会多给你安排几个调皮的学生过来。

……

我身体很好，不必挂念。以后有新的情况，我会及时告诉您。

祝工作顺利。

元月 13 日

① 该信摘录自家长（外婆）写给学校的信。

德
德不孤
必有邻

班级管理

Ban Ji Guan Li

我们是共产主义接班人

规范　人文　和谐　成长
“四措并举”构建班级管理新秩序[1]

【摘　要】班级是学校的细胞和基础。班级管理是师生互动的管理过程，班级管理秩序是班级管理的核心工作。本文基于管理实践，提出了“以规范管理构筑班级基本秩序和持续发展，以人文精神调动师生积极性和创造性，以和谐构建培养学生团队精神和合作意识，以共同进步实现班级管理和学生成长”的四项班级管理秩序建设工作举措。

【关键词】班级管理；班级秩序；文化建设

班级是学校的细胞和基础。班级管理是一个学校和班级互动、班级师生互动的过程，班主任则是班级管理的主导和核心，是学校、学生联系的核心沟通“平台”或“渠道”，承担着在学校教育教学管理体系下建立细化管理规则、营造合适管理氛围、协调学科教学老师的责任和全面塑造学生德、智、体、美、劳各方面品质的责任。

1　新理念引领班级文化新境界

回顾自己10余年来的班主任工作，班级管理主要体现4个核心理念或主要举措：规范管理、人文管理、和谐管理和师生共同成长。

规范管理是班级工作的基础，没有“规矩”不成方圆。在规范的基础上，班级管理还要特别强调“人文、和谐、成长”等主题。班级管理要有制度和规范，但是没有人文、和谐的因素，一味强调严格执行和高压监管，也不会有奇迹发

① 本文获成都市2012年中学德育研究成果二等奖。

生，因为学生的能力素质只有在身心和谐的情况下才能发挥到最佳水平。在建立基础规范的同时，还要把营造宽松和谐的班级氛围、激发团结合作的精神作为打造强有力班级所追求的最高境界。

任何一个班级的管理，都要坚持规范化管理与人文化管理相结合的工作思路，将“规范、人文、和谐、成长”作为优秀班级建设和学生发展的目标，以“人文品格、敬业精神、合作态度和探索意识”作为学生能力培养的主要内容，以“团结、务实、细节、过程”作为班级工作的主体精神，以“促进学生发展、提升学习能力、增进班级和谐”作为学生团队培养的终极目标，依循“理念指导、执行管控、效果评估、持续优化”的班级管理工作轨迹，才能最大限度地调动全体学生的积极性，才能最有成效地管理团队，才能共同创造班级的辉煌。

2 新举措构建管理新秩序

2.1 规范管理：构筑班级基本秩序和持续发展的核心

无规矩不成方圆。小到班级、大到学校甚至整个社会，最有权威、最应遵从的就是制度、秩序和执行监督。这是众所周知的道理。

学校需要制度，班级同样也需要制度，而且班级制度的制定应更具体、更细化、更具有可操作性。要确保班级基础管理是制度管理为主，而不是班主任（或者班委）的个人影响。必须要引导学生对管理权威、制度办法、社会规则建立正确的认知。班主任的责任即是带领班委和班级管理的“代表”们，建设制度、维护制度、为制度服务，用制度去管学生、管班务，用制度规范学生行为、凝聚团队人心。这种以制度管理为核心管理手段的做法，在一定程度上还能避免老师和学生之间因管理界限模糊所致的“说不清、道不明”的事情发生，避免出现被管理者对抗或误解为班主任（包括科任教师）对人不对事、做事不公平、故意刁难学生（有的学生或有这种片面认识）等不利局面。

有了共同约定（当然也有可能与学生站在自己的私利角度不认同的制度），就有了保证全体学生都必须共同遵守的制度，就能保证在一个规范的机制、体系下促进班级和学生的良性发展，也能够有效保证学生建立“规则”意识、“秩序”意识和法纪意识。而这些意识，正是整个社会前进和发展的基本道德与法纪规范的核心，因此，建章立制、明确规范并要求严格遵守，对班级管理规范、对学生未来成长是有百益而无一害的。

2.2 人文精神：调动师生积极性和创造性的前提

如果说规范管理是班级管理的核心，那么人性化管理则是班级管理的灵魂。教育是面向学生开展工作，班级管理、班级文化也是学生管理工作，只要有效调动学生的积极性，有效发掘出学生的潜力，一切困难就都能战胜，一切奇迹就都能创造。因此，人性化管理成为深化班级管理最重要的方式。这些年来笔者在班级管理中“激发”学生潜能发挥的“法宝”中，以人为本的管理就是其中最突出的一种。“人文品格、敬业精神、合作态度、探索意识”就是笔者对全体学生的系统化的要求。

过去这几年，笔者在班级管理中一直都在尽最大的努力追求确保规范管理和人文精神的有机结合。个人探索的经验表明，只有与各科任老师的共同努力，班级管理才能真正实现和谐有序，学生才会都获得持续的动力，学生的学习能力和综合素质才会得到提升。

2.3　和谐构建：培养学生团队精神和合作意识的保障

班级是一个大家庭，班级管理和成人团队管理的道理是共通的，心“和”人才能“和”，人“和”才有团队和合作保障，班级工作才能正常开展。和谐班级构建的关键除了班主任管大局、管方向外，还在于班委、科代表、小组长工作的和谐开展。经验表明，对学生尤其是学生团体而言，和谐构建必须要得到班级教师特别是班主任老师的指导和引导，必须要建立自上而下的管理模式，必须要处理好几个关键的环节。

一是班主任与科任老师要和谐“谋事”。班主任与科任老师的和谐，是要以班主任为核心，针对班级的问题，在调研、分析、讨论中（甚至争论中）找到共同的认识、达成认识上的和谐，有这个思想认识前提才能找到解决问题的途径，在管理工作中才能实现共同协商、合理分工、积极合作。

二是班委与科代表要和谐“论事”。学生的核心“任务”还是学习，这是学校教育的“本源”。但在班级管理“分工”中，班委趋向于事务管理，而科代表则偏重于配合科任老师进行“学科”督促，二者要有效沟通、讨论。达成一致意见后就要“统一行动”，在班主任“授权”范围内，主动发现班级管理、学习中的问题，随时注意观察了解班级学生的思想、学习、行为情况，共同讨论对策，并第一时间与科任老师、班主任交流沟通。在班级管理中，只要营造好良好的氛围，经常都能收集到一些诸如“干部轮岗”、研学教育、自主管理等方面的“金点子”，有一些成功的教学管理优化的尝试就来源于学生。正是因为经常开展一些创新的尝试，学生们的工作、学习才能得到老师、学校的肯定和认同，班级也往往能够建立起自信、宽容的良好风貌。

三是各小组之间要和谐“共事”。各“自治”小组之间在学习、操行等方面是存在相互“竞争”的，但班级是一个整体，这要求小组特别是小组长有大局观念，对集体荣誉要有清楚的认识。各小组在统一的班级管理规范和制度下是竞合的关系，但规则需要共同制定，制度需要共同维护，班级管理一旦形成共同的认识，大家就都必须严格遵守。各小组有分工有合作，小组内的“能人”可能在各自的领域都有专长，但加强各组间的相互交流、信息共享，可以更好地起到取长补短、共同提升的目的。在这样讲合作、重团结的氛围里，班级的所有同学都能得到健康快速成长。

2.4 共同进步：实现班级管理和学生成长的终极目标

班级管理中，教师与学生的合作、学生之间的合作、各小组单元间的合作都非常重要，将直接关系到教育教学和班级各方面工作的效果，关系到学生一生的发展。教师面对的是学生群体，而不是一个或几个学生。所以，教师必须处理好与全体学生的和谐关系。尤其是对学困生、问题生，要坚持用“放大镜”找出他们的优点，整合学生的优缺点，才能打造优秀的学生集体，才能真正实现教师与学生的和谐共处。对学生，不论是管还是教，都要始终遵循“以人为本”的先进理念，将人文意识渗透到育人工作的每一个环节和细节。

实际上，在学生团体优秀、遵守“秩序”、成长明显的班级中，教师自身也会充满激情地投身到各自岗位的教育教学工作中，而在悉心“传道授业”的过程中，教师自身也一定能获得提升。

3 新视野推动校园文化再上新台阶

当前，整个教育行业都处在不断提升、不断优化、不断竞争的状态，每一个班级都是一列高速行驶的列车，只要其中的一环出了问题，整体的教学工作就无法正常前行。班级管理的成败一定程度上也决定学校管理的成败，影响校风、学风等学校全局形象。

班主任工作是一份职责，也是一种压力。班级管理同时也是班主任不断学习、不断提升的过程。师生能够在团结、友好、协调、奋进、有序、愉快的环境中快乐工作、快乐学习是班主任的使命所系，更是作为人类灵魂工程师的神圣职责。个人的经验是有限的，但如果每个人都主动贡献自己的成功经验，全校建立起了“资源共建、经验共享”的机制，学校的班级管理、教学水平和校园文化建设必然会实现更快速的提升。

家校合作：潜能是这样被激发出来的

【摘　要】为了方便家长及时了解孩子在学校的一些情况，同时，也为了增进班级家长之间、家校之间的感情交流，经与家委会商议，我班将每周二晚上九点半到十点半固定为我班班级 QQ 家长会时间，当天晚上，班级所有老师、家长均自愿进入 QQ 群参与家委会组织的主题聊天，若有需要特别咨询或者需要讨论的话题，可先私聊家委会相关成员，家委会将其计划在下一轮的讨论话题中供大家讨论。在每周二聊天会开始之前，家委会成员会提前一小时在 QQ 群里发布家长会主题、负责人等，以便及时反馈，会后则整理重要的聊天记录，上传班级博客以供所有家长参考。

【关键词】班级管理；家校合作；创新管理

说实话，当班主任这么多年以来，对孩子们的优秀表现采用过很多种形式的表彰，发奖状是最为常见的，还有买零食进行犒劳的、买小礼物进行奖励的、减少作业以示庆贺的等，可这些方式从来都没达到我想突破的表彰方式和效果。

今年，接了新初一，半学期之后，尤其看到班上最后几名同学在年级上的名次都在上升时，更激发我需要及时给这些孩子以特殊的奖励的想法。

表彰奖励这种事要趁热打铁，行动越快效果才会越好，可用什么样的方式来激励他们效果会更好呢，这么多年来的传统方式都没让我满意过，今年如果照例和原来一样，连我自己都不满意，孩子们会喜欢吗？我问自己。

正当我还在怀疑的时候，突然想到了当天晚上正是班上每周一个主题的 QQ 家长会，如果让家长们一起来出出主意，说不定比我一个人想的效果会好很多。

果然，晚上我把想法说出来之后，当时就得到了家委会的大力支持，从奖状开始就有了创意，一致认为传统的买张奖状，写上获奖的内容，再加上奖品的形式的确有点过时，如果能把奖状设计成有班级元素（包括班徽、印章、背景等）在里面，那孩子们这初中的第一张奖状对他们而言就肯定很有珍藏的价值了。正好，家委会中有专门从事广告制作的，直接就接下了这事，十几分钟，就出来了几个样板，通过大家比对选择后，一张以树德实验的元素为背景，以班级印章为落款的奖状就诞生了。接下来就是对奖状的内容要怎么印，哪些文字需要印上去，哪些内容是根据需要填写又进行了一番激烈的争论，这过程中为了填写的内容多用性，同时又考虑它更长远的用途，最终，大家共同设计了两张不同内容的奖状，一张是表彰成绩优秀的，一张是表彰进步明显的，直到凌晨一点，大家才把“奖状”这件大事定下来。

第二天中午，两摞独具班级特色而又完全不同于市面上常规设计的奖状送到了办公室，看到这与众不同的奖状，我的眼里都仿佛已经看见了孩子们领到奖状时的高兴样。

很快，我请来了班级“书法大师”（这种事情，一定要孩子们自己做才更有意义），在班会课开始之前，将所有的奖状全部填写完毕。

班会课铃声一响，班干部们把所有的奖状、奖品以及一些家长们准备的零食拿进教室的时候，孩子们不约而同地唱起了《RockYou》，和着音乐节奏双手在桌子上轻轻打着节拍，整个教室沉浸在一种幸福的氛围中，我招呼半天才极为不舍地停下来。

我们特地邀请了科任老师、班主任助理、班长、优秀同学代表作为颁奖嘉宾，分别为同学们颁发了“总分优秀奖”“单科优秀奖”“进步奖”“美德奖”和“小组优秀奖”。每一项颁奖结束后，我们都留下了这激动人心的一刻，有些同学只要见到别的同学留影，都争先恐后地挤进去和他们一起分享这快乐的时刻，无论有没有得到奖励，孩子们的脸上都洋溢着喜悦的笑容，教室里处处充满着欢声，每一个角落都有笑语……

当天晚上，家长 QQ 群里不断有家长分享着孩子们回家以后晒自己获得奖励的幸福感，对此次颁奖活动给予了高度评价，对全体老师和家委会成员表达了最真诚的感激，而这一切，都源于我们全体家委会成员和老师用心与通力合作！

有了这次活动经验，后来的所有家校活动中，我班的家长越来越多地积极参与了进来，家校合作越来越高效，很多家长体验了与孩子的共同成长，都由衷地感叹自己的孩子在初中生活中获得了不一样的成长快乐！

“自治小组”模式的班级常规管理

【摘　要】“自治小组”是我多年来在班级管理中一直“屡试不爽”的一种管理模式。分小组管理不仅仅是班级管理特别是“大班”管理的有效手段，而且在这种自主性、扁平化的管理模式下，学生的合作管理、自我管理的能力能更好地得到锻炼，进而更加有效地促进学生综合素质的快速提升。

【关键词】小组管理；制度管理；自我管理

在过去一年多的班级管理过程中，遇到的挑战很多，管理的收获也很多，回顾起来感慨也非常深——每一年的班级管理都是教师和学生之间进行的一场没有硝烟的“战争”。所幸的是，在这场“战役”中，我坚持“攻心为上，攻城为下”的指导思想和“自治小组”的方式获得了成功实践，很多时候都没费“一枪一弹”就获得了班级管理的成功。

在通过一学期的接触，对学生的情况有了较深的了解后，我将班级分为16个小组，4个人一个小组，推出了我的“小组自治制度”——开始的时候，我还不敢断定4人小组会不会带来预期的效果，因为把班级划分为小组实施“自治”管理在此之前没有尝试过“完全放手”，而采用“高度自治”方式管理还是源于我在一次班会活动上的“顿悟”。

开学的第二周，学校没有对班会时间做统一安排。可能是刚过寒假吧，我也没有太在意班会前的准备和安排，走进教室，原本打算讲一些要求，可后来一想，班主任开学就要写计划，学期结束要写总结，这次本来就准备对班级实行小组为单元的细化管理，不如让小组也根据班级管理的总体要求制定自己的计划吧——我很早就在筹划推行“小组自治制度”了，不如就让各个小组自己来定制度、定目标、定计划吧。

原本以为有同学会提出反对意见，结果我刚说完，大家都非常高兴，刚讲了要求，各小组就已经开始讨论本小组的计划了。“逡巡”了一圈，我发现大多数小组都在写学习方面的目标，也有在制定行为习惯方面的一些奖惩措施，感觉好像比较有“自治”的根基。

顺便点了几个组来表扬，这一来，其他小组就“不甘示弱”了，纷纷嚷着一定要超过这些小组。作为班主任，我也激动起来了。因为我发现孩子们仅在定计划目标这个“起跑线”上听到预备口令，他们还没听到“发令枪”，就已经开始有了竞争的意识了。如果我的“小组自治制度”推行得好的话，一定会比我每天事无巨细地“亲临现场指导、反复啰唆强调”要管用得多。于是，我提议各个小组把他们的这些想法都写进小组日记中去，而且要经常总结反思，以免有些同学“说起来容易，做起来难”。

结果，很多小组将他们所讨论的内容整理好后，真的就抄在了小组日记的首页，甚至有小组还让组员“签字画押”。我暗暗高兴，看来效果还可以。不过，我也知道，一项制度的施行一定要试用一下才知道效果——但是，从起点来看，我有信心和理由期待出现好的结果。

一个星期之后，我开始检查各小组的日记，发现有些小组不仅将计划目标整理好，还进行了详细补充，有小组还把计划打印装订起来。这次我没有再突出讲小组管理，而是改为评讲小组日记，讲的重心也不再是日记内容，而是他们的计划目标。这在明面上是给了小组一种表扬，尤其是小组长更是觉得非常自豪。同时，用这种方式来评价也是为了让各小组相互督促，保证我的“小组自治制度”的实施获得好的效果。各小组建立起了监督的权利和被监督的意识，我相信“小组自治”会推行好的。

过程就不赘述了。总之，各自治小组就这样进入我的“管理圈套”。经过一段时间的尝试后，班级常规管理的效果就凸显出来了，后来又建立了相关工作与自治小组日常管理的捆绑机制——管理理顺之后，我会根据学校的要求和我班的实际，动态地给小组增加一些工作，比如清洁工作由原来的生活委员每天安排变为固定小组负责，然后再由小组进行锁链式的监督管理（即二小组检查一小组的，三小组检查二小组的，依次进行），清洁工作基本就不需要班主任来监督管理了。流程、要求和机制理顺后，很多工作开展起来就容易多了，而我的时间也得到了一定程度的解放。

当然，除了整体“把控”之外，针对各小组的过程管理，我还是会“定向”提出一些要求，然后由他们讨论通过后执行，比如班级卫生的时间、检查标准等，先由小组讨论决定，然后推动执行。

新的工作加进小组管理后，小组开始会有些困难，但渐渐地他们就习惯了。因为这后面有管理监督的机制——同样以卫生为例，责任小组如果不在规定时间内做好的话，负责检查的小组会汇总给生活委员，生活委员会另行再给这个小组安排一项叫作“学习做事”的“工作”，——而且这项工作是在各小组组成的“参观团”监视下完成的——所以大家都会因解决不好问题丢了小组面子而不敢有丝毫的怠慢。

实行了“自治小组”后，对班级的常规工作，我就“放任”各小组去争论、博弈，最终形成“小组自治管理条例”，奖励惩罚的加分减分由“自治小组联合会”说了算。因为奖惩涉及评选优秀小组和优秀组长，所以每个小组都非常慎重，也非常重视。我甚至尝试着把应该由我“直管”的一些事情渐渐放手给小组去管——比如仪容仪表等。我发现，小组单元的管理很容易让他们在各方面形成竞争。而这正是我想要的结果。

处处留心皆“甜头”①

——初中新生班级管理的做法和体会

【摘　要】班级管理要“管”，但更要“理”，也就是了解学生情况、建立管理机制，在将班级管理的模式、制度、监督等机制“理”到位后，班主任要敢于大胆放手，退到“幕后”充当“导师”或是“裁判”，让学生走到“前台”，学会自我管理和自我成长。一“管”一“放”之间，学生和班主任都会获得丰硕的成果。

【关键词】初中生；班级文化；细节管理；团队合作；责任教育

2009年秋，我作为一名外地教师有幸入职成都市树德实验中学，担任了初2010级9班的班主任。半年多来的班级管理实践，我经历了破冰的迷茫，也经历了探索的艰难，但更多的却是丰硕的收获。

记得刚“上任”的那一两周，面对新的学生群体，新的学校管理，新的工作团队，也许是自己还不太敢大胆放手管理，有那么几周，感觉自己很难将班级凝聚得更像一个团队。说实话，在我看来，孩子们和以前的学生比起来好像都很懂事，常规也还不错，似乎比我过去接触的任何一个班级都还好。直到我班在第一次“芝兰之室”评选中落选，我从孩子们脸上看到了失落的表情后，我才意识到了问题的严重性。我想，我必须得想办法让9班更有团队战斗力，必须得让孩子树立起对这个集体的信心，否则我无法面对孩子和家长们，无法给学校领导呈交答卷，也无法给自己一个交代。

于是，我开始构想、实践……，皇天不负有心人，我最后还真收获到了付出的“甜头”……

① 该案例原载于《教育艺术》(案例集)第6期。

1 创新班级文化

开学后的大会小会，总能听到领导表扬某班布置如何新颖，某班布置又是如何特别。我心里很不是滋味，因为孩子们入学都快一个月了，我班的环境建设到现在还没有我满意的方案。我“侦察”了好多个教室的布置，始终感觉都不是我想要的风格，何况我也不能为了应付检查而随便敷衍了事啊。作为新手，我还是想在班级文化建设中体现一些“新意”。

晚上回家，我躺在床上翻阅杂志。内容自然是看不进去的，满脑子都是班级文化建设的问题。不知是否是“有心”的缘故，不经意间翻到的某公司的形象广告，广告上有公司员工的集体照片，照片上的员工个个面带笑容，人人精神抖擞，看得出这是一个很有活力的团队。我灵机一动，如果我的班级文化建设也用孩子们的照片这个元素来展示，效果会怎么样呢？于是，我顺着这个思路大胆构思，经过一番思考比较，初步的方案和草图基本成型，而且自我感觉还比较好，我越想越兴奋。

第二天我把自己的想法跟几个班干部商量了一下，大家都觉得不错，于是立即组织孩子们拍照。照片设计成大家的举手宣誓状。照片出来了，孩子们个个举起右手，口型一致，面带微笑，正是我需要的效果。回家后，我把孩子们早已拟好的《班级公约》置于照片的“黄金分割点”上，顶部是“班级公约”，下面是孩子们天真的笑容，看上去他们正在对着《班级公约》宣誓，背景是大红的暖色，主题突出，喜庆热烈，我感到很满意。

在基础方案的基础上，我就开始构思如何让班干部早点进入自己的角色。我想，从孩子们的心理出发，当干部不就是想展示自己吗，如果能让他们既能展示自我，又能管好班级，何乐而不为呢？于是，我要求每个人都提供一套标准照，按五寸、两寸、一寸的标准冲印，并告知他们，每个人都有机会竞争干部，因为我们班将在展示栏把“干部”的照片贴出来，但“干部”也要“能上能下”，工作不好或明显影响学习，就要被“淘汰”。哪位同学的照片上了展示栏，这既是责任，也要接受同学们的监督。哪个干部违反班规校纪被“撤职”，他的照片就会被新上任的干部替换下来。孩子们都很赞同，当时就有几个临时指定的干部表现出了担心的样子。这正是我想达到的效果。我开始构想 9 班“管理架构和组织关系图”，我得让班委的层次在图上展示出来，让他知道自己是做什么的，哪些“部门（工作）”归他管束，以便对号入座做好自身的工作。我在设计中先给干部们戴了顶“高帽子”——用非常醒目的字体标示“初 2010 级 9 班领导组织构架”，下面是金字塔形的示意图，从塔尖的班主任助理到班长，直到塔基的小组长、科代表，层层分清管理范围和职责，同时配上他们自己拟定的“班干部誓词”。背景特地选了一幅近似“群众积极响应党的号召”的图片，同样是大红喜庆的背景，因为这种色彩既能给人积极、奋进、向上的视觉冲击，又能随时警示大家要积极努力上进不要消极落后。

两张精心设计的主题海报通过写真制作，被贴在了教室正对门窗的墙上，还真有些蓬荜生辉的感觉。周一的时候，孩子们看到布置一新的“小家庭”，高兴得手舞足蹈。

照片很快就收齐了。我趁热打铁，当天就组织改选新的班委，干部选定后当众宣誓，宣誓完之后，当场就把照片贴到了墙上。

从那天起，所有同学个个精神抖擞，班级工作也很少让我操心了。因为干部们都在努力做好自己分内的事情。再后来，在学校两周一次的“芝兰之室”评选中，我班就没有一次落选过。在其他活动中，班上的同学也很积极，并取得了较好的成绩。班级的凝聚力和战斗力初步展示出来了。

后来，我听到有同学说，“干部”们“上墙”后，都有些担心，怕自己做不好管理工作，怕学习成绩下降，照片被换下来就没有面子了。

我暗自窃喜，我的“阴谋”得逞了。有时候，我在适当的时候还用这种“干部轮换”的“手段”来对孩子们进行挫折教育或培养他们的“逆境商”。在班级管理实践中，我初次尝到了“甜头”。抓住关键和要害，几乎是把原来管60多个人的工作改变成了只管几个干部。有时，对干部的管理都变成了指导，多数时候，我已经可以做一个“旁观者”了，远远地注视着孩子们沿着正确的方向翱翔，只是在严重偏离航向的时候去“扶一下他们”，这种感觉真像是在浓浓的咖啡中加入适量的奶伴和方糖，真不想很快就把它喝完。

2 打造团队意识

自从来到学校，我最深的感受就是学校对学生素质教育非常重视，这和以前工作过的学校有些不同。

开学还不久，学校的活动就一波接着一波，弄得我应接不暇感觉有点难以适应。不过，不管怎么样，这不仅要撑着，而且还得表现出自己的强悍来，因为孩子们太有激情了，我没理由拖他们的“后腿”。在学校开展的“阳光体育节”活动中，我除了安排体育委员如何去关注个人参赛项目外，每天还不得不抽时间组织孩子们训练入场式。可怜班上的几个高个儿，动作一点都不协调，反复练仍是同手同脚，弄得好些同学都没信心。不过，不搞则罢，要搞就得搞出点样子来，我给孩子们讲明了，如果我们第一次集体活动就被别人抛得远远的，不要说他们自己，就连我对这个集体都会没信心，所以，我们每个人都必须随时把团队意识和集体荣誉感放在首位。“……更何况，我们拼搏了、尽力了，实在拿不到好的名次，我们也会因为已经力尽所能，所以不会后悔。要是大家不齐心努力的话，可能运动会还没结束大家就已经开始后悔了。”

还好，在学校的拔河比赛、迎面接力、跳绳预选赛过程中，孩子们每一个项目都顺利进入了决赛，这给他们增添了不少信心。在西郊体育场第一天的入场式上，孩子们就小拿了一个奖，这让孩子们更有了信心，更有了拼劲。在接下来进行的单项比赛中，我根本就没想到原来还不愿报名的一个同学竟然一出场就得了第二名，当着全班同学的面，我马上就把喜讯发到了全班家长 QQ 群，很快就收到部分家长的反馈信息，我当即把家长给我发的信息念给孩子们听，孩子们顿觉光荣，自信满满，紧接着的比赛中，各项比赛都传来班级的好消息，只要得了奖，我都马上发信息通报喜讯。第一天比赛结束后，班上的团体分竟然是第一名，孩子们心花怒放。

有了第一天的“刺激”，第二天就更是捷报频传……

运动会结束了，通过孩子们的不懈努力和顽强拼搏，终于拿到了“团体总分第一”、个人比赛近 20 人次获奖的好成绩。我把所有信息都通过家校通传给了家长们，孩子们把赛场的自豪写在脸上带回学校又一直带到了家里接受了父母的“祝福”。从那天起，孩子和家长们都对这个集体增添了信心，班级的凝聚力完全形成了。我想：这对今后的工作开展奠定了良好的基础，我一定要让他们在即将来临的考试中考出理想的成绩。

于是，在运动会后我决定心无旁骛地投入教学中去。因为我知道，无论孩子们再怎么喜欢这个集体，如果成绩上不去，孩子、家长包括我自己都会失望。可是，就在我还没缓过神喘过气的时候，艺术节紧接着又来了，我想“逃”都来不及。真想放手让孩子们想怎么做就怎么做的时候，我大脑中出现了一个孩子在日记中写的那段话：“……在学校举行的运动中，我没为班上争到任何一点光，我感到非常遗憾，真不明白当初我为什么就没积极报名参加，如果以后还有这样的活动，我一定要第一个报名，我一定要充分展示自己的才能，我一定要给班上争得荣誉……”

看到孩子们的热情，我自然“无法逃避”，于是，我又一次鼓起劲准备做点样子出来。说干就干，首先是给孩子做好思想工作：“同学们，在运动会上，我班是得了第一名，但是，好汉不提当年勇，如果在艺术节上我们什么奖都拿不到的话，那我们 9 班获奖就‘纯属偶然’，你们希望这样吗？”孩子们纷纷表态不甘示弱意欲挽臂再战。“既然大家不服输，那就得再拼，而且要把学习也突击上去，好不好！”“好！”孩子们有了激情，接下来的工作就好做了：宣传委员立即就在班上大力宣传；文艺委员立即在班上“搜查”有艺术特长的苗子，班长干脆直接给平时不够自信而又有能力的同学下达“指标”……报名结果出来了，我一看：班上一半以上的同学都有了名字。就这样，艺术节孩子们轻轻松松地就拿了个“组织奖”，学生个人奖情况也令我非常满意，其中有一个获得“绘画二等奖”的同学竟然是班长下达“指标”给“逼”出来的人选。

在一波波锻炼孩子们综合素质和能力的活动中，孩子们的身心得到了锻炼，集体意识和团队“作战”能力得到了增强。这就是张弛结合的好处，这就是“活动”给我的回报，我真想说：活动让我认识了孩子，让我了解了孩子，也让孩子对我更加信赖了，我真正感受到了活动让我做班主任是如此的幸福。活动之后，有孩子在日记中写道：

“……经历了‘阳光体育’活动月和‘艺术节’之后，我才发现，我们班是一个多么优秀的班集体呀，我们班的同学是多么的团结呀。而且，大家好像更自信了，尤其是这两天的课堂，大家发言也更积极了……”

而我更想说的是：感谢学校组织了这么多的集体活动，才让孩子们对我更有信心、对这个集体更有信心。他们就像是磁铁一样，被学校、班级这个“磁场”深深地吸引住了。

3　善用正向激励

在学校青年教师赛课阶段，一切工作都在有序地进行着。不过，这对孩子们来说，竞赛是老师们的事，和他们一点都扯不上关系。我感觉孩子们在这一段时间虽然表现得好像还不错，但似乎没前一阶段那么有激情了，正着急怎么给他们来一点有效的激励时，机会就来了！

学期的某一天，一位我不太熟悉的同事“相中”了我们班，说她准备参加学校的青年教师赛课，想借我班同学上一下课。我想：客气什么啊，多好的事呀！我不但没有推辞，还非常感谢她选中了我们班。

给孩子们“通气”之后，我看大家都表现出很积极的样子，就趁机开导说：“同学们，这是我们展示良好班风和学风的时候，要不要好好展示一下我们的风采呢？”回答是肯定的。我也没多啰唆，只是给他们讲了些常规要求。

在被借用的课堂上，孩子们的表现谈不上特别好，但也没出什么问题。一下课，我就带着孩子们回教室，途中有个同学问我：“何老师，今天我们的表现怎么样？”我笑着说：“不错、不错！”“就是，我觉得今天我们的表现挺不错的。”我笑着摸了摸这个孩子的头，并肯定了他的回答。

进了教室，等大家安静下来后，我面带微笑并认真地说：“同学们，今天大家为我争了光，也为我们9班争了气，你们真的很了不起！”同时重点表扬了几个同学。我说：“我坐在后面，听到有老师不断地夸耀着你们，说你们思维敏捷，又非常积极。”我尤其提到了那几位已经被我点了名表扬的同学。孩子们听了都非常高兴，紧接着的那段时间，他们的学习热情再度高涨。

次周的一天上课前，我再次动用“激励”手段：“同学们，前几天我表扬大家，我还以为只有我一个人觉得你们表现好呢，结果，你们猜怎么了？今天我还听到好几个老师对我说，你班的孩子真的好乖哟！你们不知道我听了有多么高兴。”其实哪来老师表扬他们呀，不过，通过我这又一肯定的“证明”，孩子们就真的更积极了，那节课至少有一半以上的同学举手发言。

在这之后，隔三岔五地，我总要想一点新招来刺激他们。当然，除了激励，我也经常警示他们：“同学们，你们知道吗，现在我们得到了老师和领导的好评，但实际上很多班级正在努力做得更好，稍不注意，‘竞争对手’就赶上来了哟！”我发现，这个时候他们就会更加注意言行，更加努力学习。

渐渐地，这样的公开活动，9班就经常被“外员”“借用”。也许正因如此，孩子们在公共场合都非常注意集体形象，渐渐地，我还真的听到了来自领导、老师对班级的一些肯定。我终于可以不用“撒谎”了。

4 引导自主管理

新的学期我开始以为能够像其他班主任老师一样轻松地只上一个班的课呢，哪知11班语文老师再度病假，我还得将“代课”进行下去。如果孩子们不能进行自我管理的话，我也就没办法把自己从烦琐的班主任工作中解脱出来，再者，如果一直这样超负荷地拖下去，我可能还真的会受不了。于是，我开始构想着如何让他们能帮助我……

为了确保自主管理的有效性，我再次划小管理单元，将8人小组改为4人小组，以便分工到位、责任到人。从“管理”的角度，这可以“收缩战线”，从教育的角度，还可以更好地引导小组间的“竞争”，实现更加扁平化的管理。一切准备都在开学之后有序地完成了。推进“班级自我管理”，最重要的就是要让孩子们知道如何自我管理，就是要让孩子们“唱主角”——让他们自己定自我管理的标准和方法，将管理“权力”交给学生自己，让他们先进行讨论制定自己的目标、计划、安排和奖惩措施，并建立小组间相互监督实施的机制。

只用了一节班会课的时间，各个小组的创新思路就出来了：有提出一周轮流读一本杂志的、有计划每周背多少古诗的、有规定每周记多少英语单词的、有要求把小组个别同学不懂的题都抄在小组日记中大家来共同解决的……各小组的管理措施和奖惩制度也建立起来了。我把做得好一点的小组的想法通报给大家听，同学们的想法就越来越多。并采用了其中一个小组的思路，要求他们在班级日常管理的基础上，各小组都把自己的要点写在小组日记中，作为规章制度来执行。常规管理怎么实施，学习怎么安排，我一边点评引导一边把管理要求和方法教给他们。有了小组自己讨论确定的目标和措施后，各个小组的自治管理工作就随即有声有色地开展起来了。

5 坚持托付信任

一直以来，我都坚持以开放的心态管理班级。我相信“有教无类”，所有的学生都是“可塑之才”。

那天，学校要安排初三的全体同学到初一各班来上晚自习：学校提醒我们各班如果有需要注意的事项的话可稍做提示，比如：不要弄坏公共财产呀、不要弄脏地面呀等。我想：支持初三工作没错，可学校里大到电视机小到垃圾柜的锁都是落实到各班的，要是出了问题怎么解决啊。到我们班来的“临时插班生”要不要“防备”一下呢？我多么希望他们都是“君子”呀，可万一有几个淘气的人进来了怎么办……要捣蛋我也没办法呀！算了，既然我没办法，倒不如把他们全当作“君子”看待。还是应该相信“天下无贼”啊。

自己的想法和孩子们达成了共识后，我告诉他们：要求别人做“君子”，首先我们自己就要带头做“君子”，因为只有自己是“君子”，才有资格要求别人也做“君子”呀。大家都没意见。我问大家：怎么做才能让别人相信我们是“君子”呢？在简短的讨论后，大家一致认为，现在到处都讲究人文性，不如给初三学子们来点人文的东西。讨论结果出来了——在黑板上写一句劝勉性的话，既带有我们对他们的鼓励，也暗示“临时插班生们”一定要注意保护好学习环境。根据大家的意见，我们决定在黑板上写上这样一句话：“让我们共同的‘家’助你一臂中考之力——初2010级9班全体同学。”宣传委员在黑板上龙飞凤舞地写好后，孩子们就回家了。

在“混合型”晚自习“开张”的那天，因为自己还有点小事没处理完，所以我走得较晚。走出学校不远，我透过学校围墙就看见十来个“小人”正从我班过道翻上窗台，动作之敏捷，我还没来得及喊出来，“带头大哥”已经翻进教室把前门打开了，“随从们”也跟着进去了。我着实吃惊：看来并非“天下无贼”啊！实在是不放心，我打道回府，飞快地跑到教室前，想看看他们会如何给我交代，可是，还没走进教室我就愣住了——教室里安安静静。黑板上分明地写着：

“谢谢9班同学的支持!”“我们共同加油!”“共同的9班，共同的努力!”……果真如古人早已总结出来的规律——人之初，性本善。

由于多疑，愤怒的我匆匆地来，但却没敢看完，不得不轻轻地走了。而那瞬，我感觉脸似乎有些热……

第二天早上，我还没走进教室，几个孩子见了我就兴高采烈地报告“早间新闻”，争着说这事给我听。我只能故作镇静，装出一副惊讶的样子，非常认真地告诉他们“‘现在而今眼目下’正是太平盛世，看来就像我们信任他们一样，真的是‘天下无贼’!”

这件“外因”引发的“管理事件”给了我很深的教益。在不久的将来，我的孩子们也将逐步走入其他班级交流学习，以后，他们也一样会进高中、上大学，最终融入社会。我希望自己，也希望孩子们能够把对彼此的信任永久地传承下去，因为，信任是与他人合作共事、共创共享、携手前进的前提。再往大里说，构建和谐社会，没有了对彼此的信任，这又从何做起啊。

后记：

世上无难事，只怕有心人。

因为用心，我尝到了工作的“甜头”。也因为“用心”，我感受到了当孩子们的班主任的幸福。每一个用过心的人，生活中都绝不会缺少这样的感觉吧。

所谓教书育人，教书是职业，育人才是施教者的初心和使命。也许成不了名师，但我愿做良师，因为想继续品尝这浓烈的“香甜”，我会继续用心探寻、永不止息……

班级管理的“1234”策略

【摘　要】班主任管理涉及方方面面，初中的班主任更具有较强的“挑战性”，特别是如何做到“管而不死”“放而不乱”，需要一定的经验积累。不同班级群体、不同的班主任管理模式自然各有不同，我的体会是要把空间留给学生、要与科任老师和家长“联手”、要敢于尝试“分层负责”、要遵循一定的科学管理原则。

【关键词】班级管理；授权管理；系统思维；自主管理

班主任工作非常繁杂，当好班主任尤其是初中班主任并非易事，除了责任和爱心，还必须有科学的方法。回顾总结近 10 年来的工作实践，我把自己的班主任工作方式概括为“1234”策略，具体包括 4 个方面的策略。

1　突出一个目标：把自我管理的空间留给学生

班级管理须以学生的完善和发展为根本，给学生自主管理、自由发展的空间，让学生、班级在自我管理、自我教育的过程中成长。为了实现这一目标，我接手 2010 级 9 班的时候就大力推行“班级自治管理”，通过“班干部竞选”，设置了比较全面的“管理岗位”，让更多的学生参与班级“自治”。到现在，我的“班级自治”实施一年多了，实践证明这项“自治制度”增强了学生的主人翁意识和集体荣誉感，给学生营造了民主公平、和谐宽松的环境，他们从中获得了自信心，班集体也形成了很强的凝聚力和战斗力。

2　强化两个关系：与各科任老师和家长共同承担教育管理责任

班主任负责班级管理，但并不是时时刻刻与学生在一起，更不是手把手地教育辅导，因此需要注意两个问题：

一是要与科任老师密切联系和配合，统一教育思想和教育目标。各科任老师都有教育管理学生的职责，因此班级管理、思想教育在科任教师的课堂教学中也应进行有效的渗透。

二是要和家长有效沟通，特别是对那些情绪波动、缺乏学习积极性的孩子，班主任要及时了解其家庭情况，进行必要的家访，要求家长协助做好对学生的学习提示和心理调整。

3　建立“三级管理”体系，着力提升班级自我管理能力

建立班主任管理、班干部管理和学生自己管理的“三级体系”，是班主任通过管理促使班级和班级成员共同成长的基础。

首先，是建立班主任管理体系。班主任在管理中要通过全局把握，全面了解学生的心理，多动脑筋，采取灵活机动的方法“对症下药”、化解问题，为学生的自我管理、自我成长“扫清障碍”。

其次，是建立班干部管理体系。班级管理中必须强调学生主体作用，要发挥好主体作用，就必须建立好班干部管理体系，不断锻炼提升班干部的管理能力，通过班干部实现学生的自我管理和自我教育，并让班干部起好自我管理、自我成长、自我发展的典范作用。

最后，是建立学生自我管理体系。中学生的自制能力较差，因此一开始就是要加强自我约束能力的培养，这对形成良好的班风及创造良好的学习环境至关重要。对刚进中学的学生，最重要的是必须学习《中小学生行为规范》，要求熟记于心并做到“知行统一”。在此基础上，对小组或个人，要进行量化考核，通过小组的“自治管理”对组员进行行为习惯的固化。同时，还要引导他们养成善于自我总结反思的习惯，在一定的周期内必须对自己的优点和不足进行反思，并提出改进措施和努力方向。

4　把握四个原则：全面深入了解优化班级管理需要解决的问题

班级管理必须要遵循与管理对象“合拍”的基本原则，这些原则亦可以视为一种具体的管理策略。

一是“广泛接触”的原则。中学班主任要多与学生家长接触，必要时还可以和学生以前的老师接触。家长与孩子们共同生活了十几年，学生以前的老师也和他们朝夕相处了 6 年，他们对孩子的习惯、能力、心理最为了解，通过他们，班主任可以更快、更全面地了解孩子的个性特点、学习基础、行为习惯等情况，大

大提升教育管理针对性。

二是“深入沟通”的原则。班主任一定要深入学生中去，要多与学生沟通接触，通过接触培养师生感情，了解学生个性变化情况，为教育教学、班级管理和德育工作提供依据。同时深入学生能及时了解学生的状态并及时给予鼓励和矫正，这是对学生、对班级进行过程管理的基本要求。

三是“科学管理”的原则。班主任要有丰富的班级管理经验和心理学、教育学、社会学等管理知识和相应的实践。特别是对初中学生，可以说是“不审时度势则宽严皆误”，管死了不利于学生个性的发展，放敞了容易养成各种坏的毛病。要达到宽严适度张弛有道的境界，就必须要在把握学生群体特性的情况下，做好针对性、科学化的管理。

四是“跟踪督促”的原则。初中生的人格、性格仍处在成长期，对他们的管理引导一定要讲究方式方法，做得好的地方要进行正面强化、固化，发现了不良行为习惯也要通过不断的督促改进才能予以革除。学校是学生行为习惯和知识能力培养最重要的一个环节，而班主任又是其中最重要的角色，不但要告诉孩子们什么可为什么不可为，还要当好监督者、引导者的角色。

当然，上述策略也是老生常谈而已。针对不同的班级，不同的班主任都会有不同的管理方法。本文意在抛砖引玉，希望更多的人参与探讨，共同促进班级管理的改进和提高。

如何“修炼”自习课的良好纪律

【摘　要】自习课纪律管理和效用发挥一直是班主任管理中比较“头痛”的问题，特别是中学生，自制力较弱，自习习惯也存在这样那样的问题。在规范自习课管理的初期，自然需要班主任或者科任老师“坐镇”管理，但从长期的自我学习习惯养成的需要出发，则需要班主任帮助学生建立良好的自习课堂秩序，引导学生学会用好“自习”时间。

【关键词】自习课；课堂纪律；自我管理；示范作用

1　前言

从那次自习课孩子们的吵闹让我生气之后，我就下定决心开始了对他们的自我管理能力的培养。功夫不负有心人，通过一段时间的“休养生息”，学生的自习秩序和习惯都有了明显的改观。

周二下午班主任例会后，第四节是自习课。班主任会后，因有事需要找领导汇报，我没能及时回到教室“主持工作”。虽然这段时间以来都在有意培养他们的自我管理能力，但不知今天大家的情况怎么样。

忙完事情，自习课都过了 20 分钟了。本以为有干部管着应该不会有太大的问题，没想到还在楼梯口就听到一阵嘈杂声。肯定又是那几个一直在自习课上精力过剩的家伙在叫喊，我轻轻走到教室后门，准备逮他个现形，没想到教室里看书的看书、写作业的写作业，偶见交头接耳的都是在讨论问题。原来刚才的声音是来自其他教室。我有点不敢相信自己的眼睛，既感到内疚又深感欣慰。我相信，此情此景任何老师都会有说不出的感觉。我不想在这个时候去影响他们，于是便悄悄离开了……

快下课的时候，我来到了教室，带着感动，满脸笑容地走到讲台上，深情地说："同学们，请停下你们手中的笔，听我说两句，好吗?"孩子们照做了。"你们知道我现在最想说什么吗?（他们都在摇头，只是神情专注地看着我）你们不知道我今天有多感动，看到你们那么认真地自习，我真想当时就冲进教室来好好地表扬一下大家，可是我怕影响你们，所以现在才进教室……"看着孩子们得意扬扬的样子，我编了个善意的谎言，说学校某领导在巡查时看到他们如此认真都非常感动等。见我表扬他们在老师没在的情况下认真自习，孩子们都显得非常得意非常自信。有了这个好的起点，此后的自习课就不再需要班干部和老师在那里"坐镇指挥"了。

2　自习课的自我"修炼"

自习课能收到如此好的效果，我觉得核心是"真正把自习课'还给了学生'"，同时在管理上有5个方面的经验值得总结。

2.1　自习课的定位就是"自主学习"，要把自习课"还给学生"

自习就是学生自主、自我学习的过程，其主要功能就是在自主空间和相对时间内通过自学、探究（各学科内容形式），以保障知识前后贯通，并实现自我的完善、发展、巩固、提高和升华。

要上好自习课，首先得让学生明白自习课就是自主学习的课堂，不应该由老师来主导（个别辅导当然是无可厚非的），但在实际工作中，有的老师基于新课上不完、作业没时间讲等困难，都想挤占时间来"补课"，自习课就成了他们的"挤占目标"。任课老师的积极性班主任本应支持才对，但占用自习课的做法学生并不理解，他们学习任务本就很重，最反感的就是老师整天讲。所以，在这种情况下，班主任就一定要把好自习关，坚持把自习课"还给学生"，学生才会觉得轻松，也才会喜欢自习课。如果班主任再给自习课提些要求，学生就容易接受了，渐渐地就自然会养成良好的自习课秩序和自习课习惯。

2.2　要充分信任学生，引导学生做好"自我管理"

很多老师都反映遭遇过自己不在场自习课就很难安静，或者即使在自学但课堂秩序很乱很吵闹的问题。而且这个时候很多人的第一反应一般都会发火骂学生。但往往一通大火过后，学生也许在短时间内不会大吵大闹，但绝对保持不了多久。

那么如何才能让学生的自习课有目的、有计划、有秩序地进行呢?如果让学生形成良好的自我管理习惯，就不用老师隔三岔五来一次"河东狮吼"，而是让学生一到自习时间就习惯性地按自习课要求去做。

我也有过自习课上因学生的吵闹被惹得火冒三丈的经历，之后有一段时间学生似乎也听话了。但发火后我自己都觉得难受，看到学生也觉得别扭。于是我就开始自我反省：生气发火是否就可能震慑较长一段时间呢？我的生气是自己管理不善造成的还是学生不听指挥造成的？等等。后来，我发现这都是自己管理不得力的结果，渐渐地，我习惯于心平气和地主动跟学生专题探讨“如何才能把自习课上得让大家都高兴”的问题。

在一次自习课上，我组织大家进行了讨论。我静下心来把自己的想法给他们讲了，在取得他们支持的基础上，我组织了讨论，大家都各抒己见发表了自己的看法和建议，我根据他们的建议提出了自习课自我管理的目标和要求，并与他们达成一致，要求他们自觉遵守和兑现自我承诺。因为是自己的诺言，我发现他们一般都能按自己提出的要求去做。当然，推进的过程也有一些困难，但我不会急于求成，而是每次自习课后都对纪律、秩序和大家的收获进行总结，对好的方面或个别同学进行重点表扬，对做得不好的地方提出改进希望（不是点名批评）。一般情况下，我会“忽悠”孩子们：如果哪种情况在下次自习课上能改掉就好了，我相信大家一定会改过来的。在下次自习课开始前，我会把上次提的希望再次告诫大家，并鼓励那些做得不好的同学争取这次做好。课后，我也会对这些同学进行点名表扬，即使做得还不够好，我也“戴着放大镜”表扬。这样循序渐进持续一段时间后，效果就有了明显的改观，大家的自习习惯和整个课堂秩序都非常好，那些习惯较差的同学也在大环境的影响下养成了良好的习惯。

2.3 适时引导，帮助学生建立“自习任务”

要在充分信任孩子们的基础上，把自习课还给学生，不是完全放任自流，班主任要适时给他们提出学习上的要求。但要注意提要求前同样需要和学生达成一致，让他们自愿去做。比如：要求他们对当天或某段时间的学习进行查漏补缺并写出查漏补缺笔记；也可以对某一学科或某件事进行总结等，由科代表收集交老师查实。班主任要选择性地与学生交流。

值得注意的是：自习课最好不让学生完全用来做家庭作业，否则学生就会习惯性地把作业全留在自习课上完成，自习课就变成作业课了。虽然这也没太大影响，但这会削弱自习课应有的功能效用。

2.4 典型引导，为学生自学树立榜样

在自习课的自我管理实践中，班主任可组织学生评选自习课表现特别的同学，通过典型示范，为同学们树立榜样，引导其他同学学习先进、赶超先进。有了“标杆”，学生的自觉意识就会得到有效的强化。

实际上，不仅仅是自习课管理的问题，在培养学生良好行为习惯的过程中，只要树立了榜样和典型，学生就知道如何去做，就会主动自我约束，自我养成良

好的行为习惯。榜样引领比苍白的说教收效更为明显，学生身边典型的人和事，既能教育学生，又能引导学生养成良好的行为习惯。

2.5 适度“授权”，避免完全依靠干部管理自习纪律

一般情况下，班主任都喜欢安排某些得力的班干部来管自习纪律，而忽视对干部管理方式方法的培养。完全委托班干部管理，那些接受老师任务的同学倒是有了“自豪感”，威风地坐在讲台上不时大吼几声“安静”，下面虽然能安静一下，但始终不能达到长期有效的管理，而且只要班主任课后找谁谈话，大家谁都会认为是干部在告状，不管班主任做得如何精密，学生都会将被谈话的事情与干部的告状联系起来，不利于班干部与同学的和谐关系营造。因此班主任最好不要轻易动用干部，甚至在自习课上应尽量让班干部“休息”。

3 结语

在学生自我学习、自我管理的基础上，班主任在自习课管理中，还要尽量做到少批评多表扬、少怀疑多信任、少命令多商讨等。当然，任何事情都有一个过程，切忌一蹴而就急于求成，要相信孩子们都是可塑之材，这样工作开展起来才会更容易些。

演奏和谐班级“交响曲”①

【摘　要】本文交流的主要内容是班级管理的策略和体会。从班级管理的案例着手，主要记录了自己“通过建立班级共同目标激励全体学生共同进步；通过正向引导激励学生发挥自身优势；通过‘尊重学生’让问题学生认识到自己的错误；通过关爱化解学生的忧虑心理”等方面的管理经验和体会。

【关键词】班级管理；激励；赞赏；同理心；学校教育；家庭教育

这次研讨会的主题是“运用现代教育策略，培养现代公民”，根据《老师专业成长学习材料》关于“现代公民的标准”的解释，培养现代公民应该加强生命意识、独立人格、绅士风度、慈善意识、体育精神等方面的教育，现代教育策略我研究不深，所以我主要就如何培养现代公民这个主旨汇报自己在学生成长管理中的一些做法和体会，并向各位领导、专家请教。

就我们对学生的管理和教育而言，我管理的重点并非仅限于学习成绩，我着力的地方甚至更多的是培养学生积极乐观的人生态度和健康向上的独立人格。而营造一个和谐、向上的班级就是培养现代公民的制胜法宝。班级是个体学生组成的“大集体”，班级管理既要有团队管理理念的应用，同时又要高度关注集体中的“特殊个体”或“特殊群体”，既要有老师的付出，也要有家长的参与，才能达成“培养现代公民”的目标。结合这几年来我班的教育管理的几个案例，我就如何为培养现代公民构建和谐班集体，让集体的每一个成员都共同成长进步，谈谈我自己的做法和经验，我发言的题目是《演奏和谐班级“交响曲”》。

① 本文为在成都市“运用现代教育策略，培养现代公民”主题德育工作研讨会上的交流发言稿，编入本书时有删节。

1 谱写“交响曲”，需要调弦校音

苏霍姆林斯基说过：“在每个孩子心中最隐秘的一角，都有一根独特的琴弦，拨动它就会发出特有的音响，要使孩子的心同我讲的话发生共鸣，我自身就需要同孩子的心弦对准音调。”

演奏好一支乐曲，前提是要创建一支好的乐曲。要创建好的乐曲需要定好乐曲的主题，然后需要乐队的“指挥”遵从乐手的初心，摸准乐手的心弦，不断帮助他们校音正调。

一个班级虽然有各种性格的不同学生个体，但这些学生处在共同的年龄阶段，有基本一致的心理特点和对学习、成长的共同需求。初中班主任作为“总指挥”，就是孩子们在学校期间接受基础教育、提升基本能力，塑造健全人格、实现健康成长的灵魂人物。了解教育对象是班主任管理一个班级必须要具备的“弹钢琴”的基本技能——即了解学生情况，懂得学生心理，做到有教无类，确保与学生同频共振，才能共谱人生乐章。

2 培养“演奏者”，需要不吝赞赏

我的班级管理有一个原则：每一个学生都是班级交响乐的演奏者，都需要在各自的岗位上尽到责任。

但实际上，不是每一个演奏者都会得到“聚光灯”的青睐。在日常教育和管理中，优生得到表扬理所当然，中等生得到表扬，自然充满信心，而后进生得到表扬，可能会如获珍宝。我班有两位居年级最后几名的同学，他们身上的笑话说了大家都不相信。其中一位在初二地理会考前，老师给他单独辅导，老师教他认地图上的城市，老师先给他说在西面，他用手在地图上到处找都找不到，此时老师干脆提醒他在左边，他还是一会上一会下，老师看他没办法，只好让他伸出左手，结果，他同时伸出两只手，左看看右看看，居然分不清左右。语文默写诗词，只要是要求写整首诗，他绝对是独自创作一首，从没有写正确过几个字，老师根本无法看，面对这样的孩子，我真的一直没有找到有效的捷径。

有一次默写诗词，他终于完整地写对了一句，我大加赞赏，全班同学都笑了，但我却正式强调我的表扬是发自内心的。这孩子还真找到了点自信，竟然在作文中表达出对我的感激。从此，我只要发现他有一点点进步都会在班上公开表扬，开始学生还觉得他这些“进步”太让人好笑了，但渐渐地，大家就真看到他有了一点进步，就越来越相信我对他的赞赏是发自内心的了。有时，我总爱拿几个比他强一些，但态度不如他端正的同学来和他相比，特别是一些简单的问题，当比他稍好的同学做错了而他刚好做对了的时候，一旦得到表扬，他就会表现出自然的信心来。

我用这样的方法在班上几个较差的同学身上反复试验，真的就见到了明显的效果。事实上，班上有“学习障碍”的同学是正常的，但语文的有些知识点并不需要经验的积累，没啥学不懂的，只要认真学了，多少都会有些进步。正是这样的观点支撑着我始终没有放弃，渐渐地，那两个曾经在考场上不写作文的孩子再也没出现这些问题了，更重要的是，语文学科他们后来居然没有影响过班级平均成绩，没有出现不及格的现象了。

在这样不断引导下，班级的认同感和凝聚力逐步提升，大家都觉得所有同学都是班级的一分子，即使成绩差一点，也肯定是这个统一的班集体的一员，绝没有谁看不起谁的问题，班级就越来越和谐了。

3 共演“同心曲”，需要仁爱之心

班级每一个人都要作为演奏者，但一开始并不是每个学生都适合或者愿意参加的“演奏”的，有的学生一开始甚至是不想“上台”的，需要老师的耐心和爱心去鼓励和感化。××就是这样，因为一个“经济纠纷”，她一直回避着班上的同学，只愿意和她小学甚至外校的同学在一起，一直没有很好地融入班级。

初二的一天，一位当时我还不熟悉的曾老师来问我班有没有××同学，虽然曾老师连这个同学的名字都说错，但我纠正后，曾老师还是肯定地告诉我就是她，我以为是同事的亲戚需要关照的，结果听了曾老师的话后我却大吃一惊，虽然××本身有些小毛病，曾老师所说的事发生在她身上并不奇怪，但因为涉及“经济”问题而且数额较大，让我有点不敢相信。虽然这事发生在校外，而且当事的另一方也不是我校的学生，按理说我是可以顺便过问一下就可以了，但出于对孩子负责的态度，我还是觉得必须得认真过问一下。

××一直是一个让我特别头痛的孩子。在此之前，我花了那么多功夫在她身上，我希望她能在我的反复教育下有所改变，因为当时我发现她的确和初一时比起来有些变化，如果真是从根本上有点变化的话，只要我不放弃，我觉得应该可以改变她的。但到底该从哪里说起来呢，再过两天就是国庆节了，如果这事没有在大假之前处理好，我担心放假回来之后我就没热情了。当晚我反复想了很久，始终都觉得谈话不好切入，只是决定第二天放学后让她留下，目的只是找机会和她谈谈心。

第二天放学后，所有同学都离开了教室，就我和她坐在教室里，我依然像以往一样攀着她的肩膀（因为她一米七几）和她毫无目的地聊着，当感觉气氛差不多的时候，我示意她坐，我也坐了下来，但此时我却不知说什么，结果她主动开口了："何老师，我是不是又犯了啥子错误，你看我这学期已经开始认真了，我再也没有去找高年级和外校的那些同学了，所以，你看我的数学都有些进步了，同学关系也相处好了。"我认真地点了点头，并更充分地肯定了她这学期在我心中的印象，而且找出一些老师的观点来佐证我对她的看法（当然有夸张和编造的成分在里面），同时告知她只要这样坚持下去，不仅是老师对她的看法要发生改变，同学、家长对她的态度也会发生改变的。她表示非常后悔以前没听我的话，所以不仅成绩很差，就连同学也看不起她，现在她是绝对要听我的话。我感觉时机差不多了，便告知她虽然我不相信我听到的一个消息，但为了证明我自己的观点，我还是得找她确认一下，以便帮助她赶快融入这个集体中来，希望无论我说的是不是事实都希望她实话告诉我，这样我才有办法帮她。她见我很认真，也非常肯定地说，她一定会说实话。

于是我问她在其他学校结交的朋友有哪些，她说了几个同学的名字，都说是她的小学同学。我见她没说到我想关注的人时，便直接问她是否认识某某，她说以前认识，但现在没在一起耍了。这更加引起了我的重视，因为曾老师说过他亲戚小孩就说她为了逃避责任现在联系不上了。我没问为何不在一起耍，就直接问她："你和这个同学有没有经济上的瓜葛？"她点了点头，我说："有多少？"她先说是 5000 元，我告诉她一定要说实话，同时让她不要紧张，然后问她出现经济上的交往是为什么，再告诉她这样的坏处，她似乎更相信了我。然后我问她是不是只有这么多，因为我听到的远不止这个数字。终于，她可能一方面是真的想我帮助她；另一方面可能是觉得肯定隐藏不下去了，告诉我的数字和曾老师所说金额一样——30000 元。

我没有批评她，只是告诉她这么大的数字是她这个年龄不能承受的。我问她现在怎么办，她说她已经做好准备在国庆还这笔钱。我自然是不会相信的，因为以她目前的情况，根本没有能力解决这个事情。但是如果不及时解决的话，她可能一直会被这事影响着，别人也会来找她"追债"，所以我告知她希望这事能让她的父母出面帮忙解决。

她一开始并不同意，原因是她好不容易有点进步让父母高兴，就因为有了改变，最近她的父母对她好像特别关照，所以，她不想因为这事让父母对她失望。但我的想法不一样，我深知如果不让她父母出面处理的话，她是不可能彻底改变的，而且作为老师，我有责任让她的父母知道这事，加之过去我给她父母讲了一些关于她的情况后，不但没得到他们的理解，反而认为老师对她的孩子有偏见，因为，在他们看来，他们的孩子是不会出现这些情况的。因此，我认定必须尽早让她的父母知道，但我没有硬性要求，而是引导她自己告诉她的父母，终于她答应可以让父母知道了。

为了更好地解决此事，我颇费了一点心思。一方面是担心这么晚了让她单独回家，途中因为这事而节外生枝；另一方面是担心过了今天，她如果拒不承认的话我还真没办法，所以立即打电话让她的家长到学校来。在她家长来学校的这段时间中，我告知她这事一旦了结后，从此不提此事，同时保证这事不会从我这里让除了她父母和她以外的人知道，她感动得哭了。

在她父母快进校园的时候，我提前给他们提出要求：不准在我面前骂孩子，更不能打孩子。虽然他们很生气，但终因我的要求而冷静地听完孩子的叙述，最终表示一定会在国庆放假期间把这事处理好……

这件事情后来到底解决得怎样，我“严格遵守”当初和孩子们的约定，没有再去过多关注，但肯定是妥善解决好了的。因为从那天起，感觉这个同学就变了一个人，无论是品行方面还是从学习方面，她都变成了一个很让老师欣慰的孩子。更重要的是，前不久，我班一个成绩和品行都很好但在初三下期开始有明显的逆反浮躁现象的学生，我和家长花了好多功夫都没有明显的改变，突然一个周末，在这位孩子的“劝说”之下突然就发誓要认真学习了，而且还真的就见到了效果。有时，我真觉得“过来者”现身说法带来的改变似乎比我们老师和家长都还要明显。

4 齐唱“欢乐颂”，需要调动听众

再好的乐曲，如果得不到听众的认同和肯定，那这支曲子必然是失败的，要想使自己演奏的乐曲得到听众的认可，还需要充分调动起听众的热情，在“营造和谐班级氛围”的过程中，我除了调动孩子们的积极性，还不时地要调动家长们的力量来鼓励孩子们。要让“乐手们”生活在一个和谐的环境中，家庭氛围的营造也是非常重要的。班上曾经有位非常令人头痛的孩子，每一次出现问题后家长都要打他，本来我觉得孩子都有些变化了，但家长始终改不了打孩子的习惯，家长的“出手”使得这孩子教育起来非常困难，有一次，他竟然拿出手机让我看他打孩子的视频，那场面，可真叫惨。后来我告诉家长，如果孩子出现了问题，我不得不找他，但他还是控制不住要打孩子的话，我就不再管孩子了。他看我不像是开玩笑，而是在一本正经地提出要求，所以也就认真地答应了。而且事实证明家长听进去了我的“忠告”，因为后来这孩子越来越听话、越来越容易接受家长和学校的管理和教育了。

2007 年 3 月 16 日温家宝总理在人民大会堂答记者问中说：“一个舰队决定它

速度快慢的不是那个航行最快的船只，而是那个最慢的船只。”对班级管理也是一样的道理。今天，借用温总理的这句话来表达我对班级管理的基本思路：“一支乐曲，决定它好坏的，不只是那几个最优秀的乐手，而在于这个团队所有乐手的和谐配合。”

代号“20109”

——我的班级家长 QQ 群

【摘　要】微信和QQ具有“交互性、平面性”和“隐藏身份”的特点，以此搭建家校沟通的桥梁，家长、学生更能敞开心扉，平等地进行交流，老师也因此更能有效地了解孩子的内心世界，更容易地把一些日常管理中“头疼”的问题巧妙地化解掉。

【关键词】QQ群；家校合作；交流沟通；家庭教育

我新接手管理的2010级9班有点特殊——都是父母自己带孩子，而且我又是一位新进教师，一直担心自己的教学管理与家长脱节，家访不是对所有孩子都能实现的，请家长到学校也是会受时间限制的，面上的事想与家长全面沟通也不可能随时召开家长会。总而言之，我就想尽快让自己的管理与家长间能实现快速有效沟通。为此，我注册了代号“20109”家长QQ群，并亲任“主持”，建立了班级交流管理的学校、老师、家长、学生“四方会谈”机制，借助QQ群实现了班主任、科任老师和学生、学生家长“跨时空”的有效沟通，实现了班级管理的“四方联动”。

QQ群是常用工具，但关键在于怎么用活、用出效果。QQ交流能避免面对面的尴尬，有利于克服心理障碍。没有QQ群前，当有的学生在学校的学习差一点或者表现差一点，需要家长到校面对面交流时，家长在心理上会有一种“异样的感觉”。建立了这个群之后，通过私聊QQ，老师、家长、学生都能够谈一些心里话，甚至有的同学会和我谈未来、谈人生、谈社会，和我谈他们自己的苦恼和秘密。有时候，“主持”会公告科任老师在群里讲课、答疑的安排，有时会策划一些专题的讨论，可以是家长参加，也可以是学生参加，等等。“20109”QQ群既是我班级管理的工具，也是同学们学习的工具。

通过网络，我发现很多学生有比现实中更迫切的关爱需求，有些学生在网上的思维比课堂上还活跃，有的同学在网络空间里比在学校的时候还懂事可爱——给人的感觉是“比现实还真实”，由于网络交流可以避免“面谈”可能遇到的尴尬，包括我自己都确实比现实中还“坦诚”，一下子还缩短了老师和学生的“心理空间”，感觉孩子们好像都变乖变懂事了，学习也更努力了。一到周末或假期，学生和家长都爱在群里留言，问候老师同学的、谈学习情况的、问各学科问题的、谈成长心事的……原想用来作为与学生家长沟通的网络成了和学生沟通、了解学生情况的补充手段。

作为班主任，只要有空，我都会及时“主持”这个群的工作，因为毕竟这不是主要的学习、管理途径，而是网上联络和教师跨时空答疑的一种手段，不管用于班级管理还是用于学习答疑，“20109”群都只是辅助手段。根据学生各个时间点上的学习安排和管理需要，当学生在上面没有主题地过分闲聊，或者发现言及不良信息时，我会及时引导纠正，或通知家长“配合管理”……因为孩子们毕竟还小，在网络上，他们更需要大人们的良性引导。互联网是积极和消极共性的载体，而 QQ 是互联网的“入口”，作为班主任兼科任教师，我更是有责任教育引导孩子们正确看待网络时代，教育他们正确利用网络信息，使他们在网络空间中增强明辨是非的能力，养成自控自律的习惯，保证孩子们既不会因噎废食，也不会受到互联网负面信息的影响和伤害。

随着家长们对“20109” QQ 群赋予的讨论课题丰富程度和参与热情的增加，网络缩短了老师、家长、学生之间的心理和空间距离，加强了家校信息沟通，增进了彼此的感情，同时使我更准确、更快速地发现了学生思想上、学习上存在的问题，并针对性地予以解决。和学生的沟通增多了，关系也就更密切了，就有了更多的相互信任，班风班纪也有了明显好转。不用做太多组织和动员，每次学校评选“芝兰之室”，我们班都会顺利“夺旗”，每一次学校组织的集体活动，我班上的同学也都一定会“同舟共济”，学风也随之好转，爱学习的多了，各次考试成绩总评都保持在了年级前列。

强基固本促提升

——从学会听课入手强化初中新生学习规范

【摘　要】初中是中学生人生的转折阶段。新生来自各个小学，学习习惯各异，有的小学“优生”自我感觉良好，不适应初中学习特点，有的进入初中后不能及时调整，离开老师的安排就不能进行自主学习，有的则对初中多学科的学习有所畏惧。针对这些问题，我将如何学会初中阶段的学习作为“新生”规范的抓手，从课堂“会听、会记、会用”入手进行“入学规范”。

【关键词】课堂学习；方法；规范

送走毕业班的学生，又迎来了新一届的学生，这些好不容易进入“一流学校”的学生（甚至是家长），对学校、老师给予了非常高的期望。但实际情况是：和以往一样，这些学生来自教学水平、教学方式各异的学校，学习能力、学习习惯千差万别、良莠不齐，个别学生在课堂上只是傻傻地盯着老师，连基本的如何听课都不知道，或者直接告诉老师：“我根本就不知道怎么听课、怎么做作业。”

面对这样的情况，我决定“先停下来，从基础抓起”——结合自己语文学科教学，先从教学生听课开始——教学是从“讲”开始的，但只有老师讲，学生不会听，不引导学生的习惯养成，后续教学的开展将会非常困难。

培养学生“听课”的能力，我一贯的要求就是3个方面：一是学会听课，要做到用心专一，在充分预习的基础上顺着老师引导的思路走，确保弄清楚各知识点需要掌握的内容；二是要学会记录，课堂笔记要力求系统完整，在认真听的基础上做好笔记，能在需要的时候找到依据和出处；三是要学会应用，要经常反思总结，要在课堂教学的基础上做好复习巩固，建立牢固的知识体系。

1 随堂听课，必须要力求做到用心专一

课堂的核心是老师对教学目标、知识点的传授。要保证听课的效率，我引导学生建立的第一个习惯是每次都要求做好预习，在预习中发现自己解决不了的问题，带到课堂上来，在老师的讲解中寻求答案。如果老师集中讲解没有解决自己的问题，还可以在探究阶段、课后主动找老师请教。第二个习惯是课堂上一定要跟上老师的思路，能够在老师的引领下把握每堂课的重难点、关键知识点和每个单元的实施体系，以及这些知识在之前（包括小学）体系中的差异，知识点最好能够“当场”理解、掌握、消化，最好能触类旁通。第三个习惯是要边听边思考，听字的繁体从耳从心，没有思考的听，就是前面提到的“傻傻”盯着老师，不会有太多的收获。

因为是初中刚入学，老师的教学内容必然不会很难，以免学生被“当头一棒砸晕”，对那些基础较好的学生，一是要求优生带着尊重他人的心态听课——尊重老师的劳动，尊重其他同学的需求。二是引导优生“对比印证”，在老师讲课的过程中，印证自己已经学过的知识是不是正确，是不是已经“以点成面”，老师提出的新见解是不是“科学”，实际上就是在老师的引导下，把自己（小学学习或者预习）已经掌握的内容再“回忆”一遍，自我检查，自我强化。三是引导优生拓展能力，在老师的讲解中印证自己的理解是否正确，已经学过的知识是否有误差，从而激发自己更认真地再学习、再巩固。如果这样都还“学有余力”，我甚至给学生讲，我原则上不“武断扼杀”，同意特别优秀的学生“爬到更高的地方去”。但是我还是把道理给学生讲清楚，强调每一门知识都要有层次性、体系性、系统性，不要只往一个小胡同“钻”。从历年初一新生的实践看，一方面毕竟“天才”不多；另一方面，很多自行其是的学生其实不会“自己走得很远”。随着良好习惯建立后教学内容的逐步深化，认真听课才能打牢根基稳步提升。

2 课堂笔记，必须要力求系统完整

刚进初中，环境变化、学科增多，很多小学非常优秀的学生一般都会“力不从心”，很多知识即使在课堂上听懂了、记住了，下课后没有像小学一样单一的课程和充足的复习巩固时间，往往造成遗忘。课堂笔记的重要性就凸显出来了，笔记是对大脑记忆的有效补充，好记性不如烂笔头，讲的就是这个道理。引导初一新生做好课堂笔记，我要求各科都必须记好笔记，在习惯养成之前，我会做检查。至于记笔记的方法，这需要因人而异，一般没有“定法”，我也不要求学生

千篇一律。记忆力好的、预习中自己已经弄懂的问题，可以提纲挈领地记重点，新的知识点、有难度的问题就稍微记录详细点，复习巩固中发现知识点遗忘了可根据记录进行反思。数理化等学科要结合预习和课堂讲解，把一些重要的问题解决思路记下来，甚至把自己的一些心得、解决问题的过程都简单记录，这样长期坚持自然会形成一套可行的学习方法。对需要提升学习能力的同学而言，我则要求原则上是知识点、重点、疑难都要涉及。小学阶段各个学校、老师对记笔记的要求“不迫切”。因此对学力不超常的学生，则需要教给其方法，否则学生可能做到专心听讲就忘了做笔记，要记全上一个内容，就容易分心听不全老师讲的下一个内容，所以要教会学生在学会听的基础上，首先学会“三记”——一是记重点，关注开头和结尾，明确提纲、把握重点，记录时就有目的性、有提示和呼应作用；二是记疑点，记自学或课堂上发现的疑难，避免问题越积越多；三是记老师提示、补充、强调和师生探讨中形成“定论”的内容，确保知识点理解透彻，确保解决问题的方法有据可查，方便复习；四是记自己自学中收获的知识点，扩展自己的视野和能力。

3 知识应用，必须要善于总结反思强基固本不断提高

学习是要通过总结归纳才能得到巩固和能力提升。在各科任老师组织复习的基础上，我要求学生一是要学会随时对所学知识进行梳理，对学习方法进行总结，查漏补缺，初期可以在老师的指导下进行知识点整理，形成习惯后学生要逐步自行整理，做学习的主人翁。二是要总结自己的记忆规律，所学知识点要反复强化记忆，也就是自己多进行记忆训练，确保知识点不遗忘。三是课外自学，初中不同于小学，各科都需要有适当的课外扩展，否则，知识面就会像小学一样局限于课本，没有适度的扩展，自然也有可能跟不上老师课堂教学的进度。

以上 3 个方面是检验学生听课能力的几个要素，简言之就是“会不会听，听懂没有”“会不会记，记准没有”“会不会用，应用没有”。3 个方面实际上是对学生进行学习能力培养的核心。多年来的实践表明，打好了良好学习习惯的基础，初中 3 年，孩子就会获得健康的成长和能力的明显提升。

奇怪的“通行证”①

【摘　要】学校对学生在校期间进出校门的管理是非常严格的，所有学生都必须“凭证出入”，而学生申领出入证是需要班主任批准的。然而我班竟然有几位同学在没有经过我批准获证的情况下，凭“捡来”的“通行证”，堂而皇之地多次自由出入校门，甚至将“多余”的出入证作价卖给了其他同学，幸亏发现及时、处理到位，才避免了更大的风险。

【关键词】出入证；违纪；细节管理

下午第一节课下课铃响后，由于还有两本作业未批改完，所以我没能提前到班上去守着孩子们做眼保健操，很快批改完剩下的作业后，我从四楼“飞奔”到二楼，只为去教室监督孩子们做眼保健操——才开学，孩子们的习惯还需要强化规范。我很不愿意在小事情上因为我的原因让孩子们辛苦挣来的操行分被扣，而且孩子们良好的行为需要不断强化才能形成习惯。

幸好孩子们做得很认真，我正暗自高兴，突然发现小 W 的座位下有两张糖果包装纸静静地躺在那里，而且这种现象已经不是第一次发生了。出于“本能”，我将糖纸捡起来，计划在眼保健操结束之后再给他进行一次“思想教育”——这个问题，我已经教育过好多次了，但他“上课吃零食”的习惯始终没有改正过来。

眼保健操结束了，小 W 知道我一定会找他的，便主动来找我了。我和他面对面“僵持”了大约一分钟，他见我不说话，可能觉得有点难堪，便主动说：

① 该案例为“班主任工作特色案例研究”课题成果之一，原载于课题组《杏坛心语》——班主任日记选。

“何老师，其实，自从你上次给我讲了之后，我真的再也没带糖来学校了，但今天中午学校食堂的饭实在太难吃了，所以他们出去吃饭的时候，我就请他们给我买了两个巧克力来补充一下！”

“他们出去吃饭？他们是谁？”小W不经意的一句话引起了我的警觉，在我的追问下，他不得不告诉我。听到“热心帮忙”的同学的名字，一个新的疑问在我心里产生了：这两个同学明明午餐是在学校吃了的，怎么可能出校园呢？不过这两个同学一向在学校吃饭都吃得很少，经常匆匆吃完便离开了教室，几乎要在下午上课之前才会回来，会不会有什么新情况？而且这两位同学也没有经我批准同意怎么可以随意进出校园呢？我假装不再质疑，只是给小W把道理讲清楚便让他回教室去了。

第二天中午，我特意暗中观察了一下昨天帮小W买东西的两个同学，感觉他们的表现还是和过去几天的情况差不多——他们都没吃多少，匆匆午餐后又习惯性地一起走出了教室。

我目送他俩直到校门口，然后很自然地走出了校门。等他们出校门后，我直接守在校门口候着他们的归来。一会儿工夫，俩同学大大方方地走进来了，我迎上前去，故意与他们撞了个正着。突然见到我，他们显得非常紧张。我便问：“去哪了？怎么出去的？”把他们带进办公室，经过一番询问后，才得知了他们之所以能够“自由进出”校门的原因。

原来，这两位同学是在上学期地震之后就已获得自由进出校园的“特权”了——“5·12”地震过后，学校全体老师、同学都搬离了原来的教学楼，就在我们搬进新借用的办公楼教学期间，一天中午，三个同学因好奇偷偷溜进了已经废弃停用的教学楼，并来到四楼的班主任办公室，在零乱的办公室地上，他们竟然捡到了平时用来贴在学生校园卡上用以证明学生是否可以进出校门的“标签”，其中有四张蓝色的标签，是可以凭证随便进出校园的。他们像见了救星，每人捡用一张，都还有一张多余的。就这样，四张“特别通行证”被他们一并带走了。于是就有了他们今天能自由进出校门的机会。

更让我惊讶的是另一张多余的标签的“下落”。在我的反复追问下，他们交代：得到两张通行证的那个同学居然以四十元的价格卖给了班上另一个同学。如果没有及时发现，一个学期他们都可以“凭证”随便进出校门了。

我把四个同学叫到办公室，让他们把事情经过想清楚、写清楚、说清楚，包括借此出了几次校门、都到哪去了，做了什么一一写清楚，才让他们去上课。

放学后，我事先通知的四位家长都准时来到了办公室，我在孩子们还未到之前把问题的来龙去脉给家长讲了一下，他们个个都表现出很生气的样子，都说不敢相信孩子会这样做。

我随即叫来四个孩子，让他们各自把“聪明”之举讲给家长听，然后让他们自己总结出这样做有哪些隐患。

通过深入交流，两个同学突然告诉我他们的家长是知道这件事的，并且两个孩子的家长还告诉过他们“只准他们一周出去一次”。两位家长顿时非常尴尬。我虽有些生气，但还是压下了怒火，没有当着孩子的面“教训”两位默许孩子犯错的家长，我相信他们也无法再“狡辩”什么了。

孩子说完之后，我只是将问题的严重性告知了几位家长和孩子，然后让其中一位同学将自己的“不当得利”当着众家长的面还给了另一个同学，当众把四张卡上贴的蓝色标签撕毁并贴上红色标签，事情基本告一段落。

后记：

从卫生管理的角度，我一直反对学生在外面乱吃，但是在家长会上我也明确讲过，如果家长同意孩子在外面吃午餐，只要写了申请，我原则上是会同意的，但是两位早就知道孩子“捡”到“通行证”的家长是怎么想的呢？

幸好开学还不到两周，如果没有关注到孩子吃零食这个细节，或者发现问题后没有一追到底深入了解的话，不知要等到什么时候问题才会暴露出来，也不知时间长了会出现什么样的安全隐患。

以小见大，班主任工作绝不能放过任何一个细节，说不定一些小小的现象中往往会牵出很难控制的事情来，只有细节管理才能帮助我们防微杜渐、做好预防，通过前置化的工作化解很多潜在的难题和问题。

永恒的青春，永远的哲学命题

——关于孩子青春期的家校 QQ 群讨论实录①

【摘 要】QQ 群讨论是我在多年的班主任工作中进行班级管理、家校沟通的一个常用的手段和平台。本文是众多的家校 QQ 群讨论会中的一次。感谢家长“阿里乔”所做的整理。原文实录载于班级博客——我爱吾班初 2018 级 5 班。本书“班级管理”板块中有通过 QQ 群载体进行家校沟通和班级管理的案例，这种沟通方式我一直在用，此次“QQ 群家长会”实录，就是这一班级管理方式中的一个“案例”。

【关键词】QQ 群；家长会；讨论；青春期

1 引言

2017 年 2 月 28 日，本月的最后一天，周二，按我们 5 班的老传统，晚 8 点大家聚在 QQ 群研究最难研究的对象——孩子，讨论最为永恒的话题和着手解决世上最为复杂的问题——青春期的孩子。

孩子们如何顺利安全地度过青春期？对我们家长来说，确实是一个永恒的“哲学问题”。

你家小孩这段时间跟你闹别扭了吗？你家姑娘不理你了吗？你家小男生开始长胡子变声了吗？他（她）们开始嫌你话多了吗？晚上回来吃了饭就想睡觉，也不管作业多与少了吗？考完试半天也不给你说个结果了吗？上课经常在走神吗？吼了半天若干次同样的题还会出错吗？……

面对这些共性问题，群里的家长和老师们就很快打开了话匣子。

① 本文选自班级博客——我爱吾班初 2018 级 5 班，地址：hxxp：//blog. sina. com. cn/201805ban.

2 实录

漫漫（班主任）：请大家摆一摆青春期的孩子们在家里都有哪些表现？或者有没有出现什么异常？

甲（家长）：开始有点懂事了……

乙（家长）：长高了……

丙（家长）：男孩子开始变声了，声音好难听……

丁（家长）：感觉比较情绪化，开始变脾气了，没了往日的温和……

戊（家长）：开始跟家长顶嘴了，嫌家长太啰嗦……

己（家长）：变得烦躁，看老爸老妈有些不顺眼了……

庚（家长）：这段时间孩子不爱跟家长说话了，比较拒绝交流，大人无法了解他们内心真实的想法……

辛（家长）：……

……

对于正处于青春期的孩子，有些家长很“受伤”，表示孩子们进入青春期后，再也找不到小学时的那种一起散步一起聊天的感觉了；有的则感到好像自己付出的爱没被孩子理解；有的家长觉得自己的孩子顶撞自己，感觉只要是受到挑战，马上就觉得不被孩子尊重，不被理解！也很受伤！有的家长提出是不是该学习国外的研究经验，跟孩子多吵架，说不定反而会促进跟孩子的关系……

漫漫：大家觉得自己的孩子需要处于怎样的一个状态，才是你们最想要的？

甲：孩子天天开心地，和自己讲心里话是最好的……

乙：孩子再阳光、积极、努力一点，就是家长想要的……

丙：听到自己娃儿对我们说真实话，这是我们最开心的……

丁：不管是学习还是生活，孩子们都能有专注力和内省力，还能再大方开朗一些就更好了……

戊：有的家长觉得孩子能够跟老师进行有效和良好的沟通，状态就一定会越来越好……

己：……

……

对于目前还没有找到一个很好的突破口的家长，漫漫建议家长务必想办法发现孩子的兴趣点在什么地方，兴许能找到突破的关键点。

漫漫：我个人坚决反对把孩子们弄得只会读书的做法，这违背了教育的初衷，相对于学习，老师们更愿意看到孩子们阳光灿烂的一面。

漫漫：最好的教育是学会做人的教育，要注重孩子们的心理健康。

漫漫：家、校要真正联起手来，因为大家的目标和理念必须高度一致，不管孩子是什么样的状态，都要共同努力，而且家长一定要相信孩子们，让他们在学习的同时做一个真正开心快乐的人。

（在大家讨论的过程中，科任老师也加入进来，针对开学以来同学们的状况进行了沟通。）

糖糖（英语老师）：新学期以来，孩子们整体懂事多了，特别是性格上越来越阳光大方了，尤其值得表扬的是颜×、张×、胡××、林××等，进步很大。

漫漫：借机给大家说一下，这次艺术节合唱比赛，咱们班得了第一名。不仅是因为我们歌唱得好，更重要的是因为孩子们的积极乐观、阳光向上，整体的精神面貌非常好才获得这样的好成绩。因为孩子们在活动中充分彰显出了青春期应有的活力和张力，所以给评委留下了深刻印象，得到了一致好评。

对于如何跟青春期的孩子相处，综合各位家长列举的一些现象，几位老师都给出了以下建议。

漫漫：处于青春期的孩子，本身就易躁，不愿跟家长多交流，这是这个年龄的孩子的基本特征，家长们大可不必过分紧张，应关注的是自己孩子的表现是不是和普通孩子不一样，如果和普通孩子不一样就要及时关注了；尽量融洽家庭关系，这学期生物地理有会考，孩子们难免会因为紧张而导致情绪化，如果孩子身上有啥突出问题要及时与老师沟通。

甲：孩子不愿和大人交流沟通，怎么办吗？

乙：（调侃）孩子如果不和我沟通，有时该吵还得吵，和他吵，刺激他辩论，当然，最后必须握手言和。

丙：……

……

糖糖：就个人曾经逆反的青春和以前教过的青春期的学生们的经验而言，所谓的逆反就是一种需要更多关怀或者自由的表现，所以首先是不要太在意，因为它会过去，很快就会过去；其次，要摆正大人的心态，不要硬碰硬，顺着下去，朋友似的谈心、倾诉、解决，逆反就会消失得更快更远；最后，请求多方帮助，比如托孩子们信任的长辈、朋友、同学、老师去与孩子沟通，然后自己再从第三方去了解，对症下药，这样自己也轻松一些。

张老师（数学老师）：因势利导，晓之以理，动之以情，多交流，多沟通；不把大人的意志强加于孩子，有时我们自认为说什么都是对的，实际上忽略了孩子的感受和想法，孩子一顶撞，好像尊严受到了挑战，实际上现在的孩子多聪明呀，你一个眼神，他就领悟了；爱也是需要相互理解和尊重的，大人自认为是爱，孩子可不一定这样看，所以交流沟通太重要，多听听自己的孩子怎么说，当一个好的倾听者，学会在孩子面前适当示弱，说不定在孩子面前示弱，就会成就一个顶天立地的男子汉。

张老师：讲一个我亲身经历的例子。我曾经听到过一家人的谈话（男的是卖烤红薯的，孩子应该是在读小学），老婆给老公和儿子说：我们要齐心协力把家庭搞好。我听后深受感动，这简简单单的一句话，把家庭搞好对娃娃的成长太重要了。后来，那家的娃娃出国留学并找到了很好的工作。我一直经常回味这句话，这对我们一家的帮助也挺大的。所以，要想顺利让娃娃度过青春期，家庭和谐，齐心协力把家庭搞好也很重要。

听了老师们的意见和建议，家长们纷纷表示认同。

甲：现在孩子们的学习压力也大，是不是我们做家长的应该少一点挑剔多一点宽容呢。

乙：孩子们应该有好的心态，才会有好的学习；好的心态就是来自开心快乐的每一天。

丙：能够做孩子们讲话的倾听者就好。

丁：青春期孩子既喜欢搞怪、从众，又有自己不成熟的见解，这就需要正面引导，扩大知识面，我们期望孩子自信、快乐、阳光、有主见，但往往家长如何从应试中把握好度，如何调整焦虑的情绪，都是需要家长认真总结和加以改变的。

戊：听了大家的讨论后才明白自己过去可能是打着爱的旗号，其实做了好多伤害孩子的事情！所以，比起孩子来，更需要成长的是我们家长自己，需要改变的首先是我们家长自己。

己：……

……

不经意间，3 个小时过去了，大家都意犹未尽、兴趣盎然地期待着下期的 QQ 家长会！

3 本期家长会总结

第一，相对于学习，老师们更愿意看到孩子们阳光灿烂的一面。

第二，不管孩子是什么样的状态，都要共同努力，相信孩子们在学习的同时是一个真正开心快乐的人。

第三，孩子们处于青春期，本身就易躁，不愿跟家长多交流是青春期孩子最基本的特征，家长们大可不必过分紧张。

第四，要想顺利让娃娃度过青春期，大家尽量处理好家庭关系，家庭和谐，齐心协力把家庭搞好也很重要。

第五，当发现孩子们不爱与大人沟通时，该“吵”还得“吵”，就是要通过和孩子“吵”，刺激孩子辩论，但最后必须握手言和，这一点非常关键。

第六，所谓的逆反就是一种需要更多关怀或者自由的表现，不要太在意，因为它会过去，很快就会过去。

第七，要摆正大人的心态，不要硬碰硬，顺着下去，朋友似的谈心，能够倾诉就能够解决问题，逆反就会消失得更快更远。

第八，请求多方帮助，比如孩子们信任的长辈、朋友、同学、老师等，然后自己再根据第三方提供的信息，对症下药。

第九，不把大人的意志强加于孩子，有时我们自认为说什么都是对的，实际上忽略了孩子的感受和想法。

第十，孩子一顶撞，好像尊严受到了挑战，爱也需要相互理解和尊重，大人自认为是爱，孩子可不这样看。

第十一，多听听自己的孩子怎么说，当一个好的倾听者，在孩子面前适当示弱，你就成功了！

第十二，家庭和睦很重要，家长之间的方法应用和孩子是否认可也很重要。

第十三，家长们过去可能往往是打着爱的旗号，其实做了好多伤害孩子的事情。所以比起孩子来，更需要成长的是我们家长自己，需要改变的是我们家长自己。

后记：为谁辛苦为谁甜

从策划到选题，从统稿到编校，自春历冬，几近一年，这份书稿终于初步汇集成型，可以提交送审了，算是完成了这项“业余工作”。此刻，窗外草色遥看，虽然病毒仍在各地暴发，但大地已经做好入春的准备了。

文集所选的这50篇文章，成文于2007年到2019年间，前后历时12年，其中大部分是教育教学论文和实践经验总结，小部分是学生成长和班级管理案例，另有少量附录选自学生习作和家校沟通实录。总体而言，这些文章既是自己教学经验的分享，也是个人从教历程的记录。

每届都会送出去一批大小孩，从少不更事的稚子到初谙世事的少年，孩子们一路义无反顾地奋力向前，而我则要周而复始地原路折返，迎接又一群满怀梦想和期望的小小孩。在年复一年的送往迎来中，渐渐地白发新生，渐渐地喜静避动，流光飞转的感受愈加明显，岁月变迁的心境愈渐沉重。堪堪可以安慰自己的，其一是“育人为先”理念得到实践印证，所有学生都已成为守法公民，至今没有听说哪个孩子道德败坏或违法乱纪；其二是“传道授业”后继有人，每届都会有几个学生受我影响走上讲台，薪火相传证明自己并未辱没育人的历史使命；其三是“教学相长”的执念始终未丢，执教之余倘有经验和感悟，执笔行文的动力还未减弱。

这个文集原本就不是一个成体系的作品，而是课余教研论文和班级管理案例的“拼接串缀”。如前陈述，我不是一个刻意写作的人，这些文字，仅仅是对教学实践的肤浅总结和粗略提炼而已。

教学实践和理论研究是相辅相成的关系，但于置身教学一线的我而言，孰重孰轻是有显著区别的，毕竟“教书育人”才是我的“主责主业”，所谓的理论研究，有时来自学校安排的任务（当然很庆幸学校有这种氛围），有时来自自己尚未泯灭的兴趣，有时则纯粹是个人偶有感悟而为之。

码字为文，汇聚成书，自有敝帚自珍的惶恐，却多暗含自我勉励的意思，更是自身20年来所经历的人（学生和家长）事（教学和管理）记录。所选案例和经验文章的“原始记录性”自不必说，即使是论文，也几乎每一篇都有写作当时的教改政策、学校管理、班级情况以及学生实际等特定的背景，从这个意义上，这些文字就是我陪着孩子们一起成长的过程记录。而对于这些亲历的人和事的回忆，也是为了检视和反省既往的不足，以此激励和警示自己再次更好地前行。

回想起来，执教初期遇到的那些孩子们，现在都已年过而立，最近“送走”的这届学生，也都已经升入高二了。已经毕业的这些孩子，有的就在近前，几乎每年都会邀约着突然出现在我面前；有的远涉他乡，联系大多是电话那头偶尔的问候；还有的选择了漂洋过海，沟通就变成了微信上断续的留言……但是不管时隔多年，也不管距离多远，每当翻看这些文字的时候，那些记忆深处的人和事，就又重来眼底、历历如昨……

于我而言，汇聚这些文字，就是收藏过往岁月的记忆！

何光漫

2019年8月初稿

2020年2月新型冠状病毒肆虐、全社会共克时艰期间再校于成都家中

成都市树德实验中学
2018
我们Together

特 别 致 谢

策划统筹：罗正强

封面题字：杨　频（博士、故宫博物院馆员、中国书法家协会会员）

插图摄影：陈　华

页面设计：罗浩鸣

封面底图：罗浩鸣